价值链重构

传统主流媒体平台化转型与产业模式创新

Reconstructing Value Chain

国秋华 著

上海科学技术文献出版社
Shanghai Scientific and Technological Literature Press

图书在版编目（CIP）数据

价值链重构：传统主流媒体平台化转型与产业模式创新/国秋华著. —上海：上海科学技术文献出版社，2023

ISBN 978-7-5439-8976-4

Ⅰ.①价… Ⅱ.①国… Ⅲ.①传播媒介－研究－中国 Ⅳ.①G219.2

中国国家版本馆CIP数据核字（2023）第216177号

责任编辑：李　莺　刘蔓仪
封面设计：留白文化

价值链重构：传统主流媒体平台化转型与产业模式创新
JIAZHILIAN CHONGGOU: CHUANTONG ZHULIU MEITI PINGTAIHUA ZHUANXING YU CHANYE MOSHI CHUANGXIN
国秋华　著
出版发行：上海科学技术文献出版社
地　　址：上海市长乐路746号
邮政编码：200040
经　　销：全国新华书店
印　　刷：商务印书馆上海印刷有限公司
开　　本：720mm×1000mm　1/16
印　　张：14.5
字　　数：244 000
版　　次：2023年12月第1版　2023年12月第1次印刷
书　　号：ISBN 978-7-5439-8976-4
定　　价：68.00元
http://www.sstlp.com

目　录

序 ··· 001

第一章　绪论 ·· 001

第二章　传统主流媒体平台化转型的动因及现状 ······························· 028
　　第一节　传统主流媒体平台化转型的多重动因 ······························· 028
　　第二节　传统主流媒体平台化转型及建设现状 ······························· 047

第三章　价值链理论视域下主流媒体的平台化转型 ·························· 064
　　第一节　主流媒体的价值链重构与平台化转型 ······························· 064
　　第二节　典型案例分析："中央厨房"融媒体平台的价值链重构 ··· 072
　　第三节　融媒体平台价值链重构中的瓶颈性问题 ··························· 077
　　第四节　解决瓶颈性问题的可行性路径 ·· 085

第四章　融媒体平台核心能力系统的建构 ··· 111
　　第一节　移动互联时代平台媒体的竞争优势 ·································· 111
　　第二节　融媒体平台核心能力的构成 ·· 122
　　第三节　融媒体平台核心能力系统的建构 ······································ 127

第五章 融媒体平台价值生态系统的建构及产业模式创新 ⋯⋯⋯⋯ 162
    第一节　媒体产业竞争的转向：从价值链到价值生态系统 ⋯⋯⋯ 162
    第二节　融媒体平台价值生态系统的建构 ⋯⋯⋯⋯⋯⋯⋯⋯⋯⋯ 167
    第三节　融媒体平台产业集成与模式创新 ⋯⋯⋯⋯⋯⋯⋯⋯⋯⋯ 184

第六章　结论与展望 ⋯⋯⋯⋯⋯⋯⋯⋯⋯⋯⋯⋯⋯⋯⋯⋯⋯⋯⋯ 204
    第一节　研究结论 ⋯⋯⋯⋯⋯⋯⋯⋯⋯⋯⋯⋯⋯⋯⋯⋯⋯⋯⋯ 205
    第二节　研究展望 ⋯⋯⋯⋯⋯⋯⋯⋯⋯⋯⋯⋯⋯⋯⋯⋯⋯⋯⋯ 209

后记 ⋯⋯⋯⋯⋯⋯⋯⋯⋯⋯⋯⋯⋯⋯⋯⋯⋯⋯⋯⋯⋯⋯⋯⋯⋯ 212

参考文献 ⋯⋯⋯⋯⋯⋯⋯⋯⋯⋯⋯⋯⋯⋯⋯⋯⋯⋯⋯⋯⋯⋯⋯ 214

Foreword

序

21世纪是数字经济、共享经济、平台经济蓬勃发展的时代。在经济活动中，数据成为高速流动的介质，在云、网、端集聚信息、输送资源、增加价值；数据成为新的生产要素、新的价值创造能源。大数据、云计算、移动互联网、物联网、人工智能等作为数字经济时代的通用技术，不断驱动产业融合、催生新经济形态。随着大数据、人工智能、5G、区块链等技术的发展与广泛应用，以互联网为基础架构的数字化平台成为加速资源优化配置、重构产业价值链的生态系统，成为人类生产、生活与交往的重要场域。数据的流动与共享，打破了传统的业务边界，使各种资源和要素可以通过数字化平台跨边界使用与整合，数字化平台成为跨界融合的核心枢纽。

在此背景下，以社交为连接、以算法为工具的平台媒体不断崛起，它们迅速聚合规模庞大的注意力市场，成为价值增长最快、社会影响力越来越大的媒体。平台媒体的崛起急剧改变了传媒生态系统的生存与竞争格局，传统主流媒体面临严峻的生存危机，其产业发展受到前所未有的挑战。党和国家领导人从国家战略的高度提出建设新型主流媒体，建构现代传播体系。自2014年起先后出台了多项关于推动传统媒体与新兴媒体深度融合的指导性意见。在国家传播战略的指引下，在技术和市场的双轮驱动下，我国传统主流媒体进行了自上而下大范围的融合转型。从"中央厨房"式融媒体中心建设到县级融媒体中心建设，从融媒体传播矩阵到全媒体传播体系建设，传统主流媒体加快了向数字化、平台化转型的进程，同时也进一步加快了产业模式的转型升级。

平台化转型是传统主流媒体从"借船出海"到"造船出海"的必经之路。在媒体融合之初，传统主流媒体着力于借助第三方平台（主要是新兴的平台媒体，如微博、微信、今日头条等）开设官方账号进行内容生产与传播。这种"借船出海"虽然可以实现以小成本获取较大范围的传播效应，但是也存在舆论引导、流量变现、意识形态安全等问题。随着媒体深度融合的推进，传统主流媒体开启"造船出海"之路，从内部"中央厨房"式融媒体平台建设到借助互联网、云平台构建具有跨界融合的全国公共服务平台（如人民日报社的全国党媒信息公共平台、新华社的"现场云"全国服务平台）。平台化建设将传统主流媒体从简单的内部新闻生产流程建设推进到大规模的产业模式重构。传统主流媒体变革的范围越来越大，面临的问题也越来越多。有一些关键性问题随之凸显：如何从产业发展的视角审视主流媒体的媒体融合与平台化转型？如何以平台思维洞察主流媒体平台化转型所遭遇的体制、机制变革等问题？如何建构以融媒体平台为中心的核心能力体系？如何培育和提升融媒体平台的核心竞争力？如何以融媒体平台为中心推动主流媒体产业模式创新？

国秋华教授的专著《价值链重构：传统主流媒体平台化转型与产业模式创新》从平台竞争与产业发展的视角，以产业价值链理论、虚拟价值链理论、价值共创理论、价值生态系统理论为理论观照，对以上问题进行分析和探讨。首先，从产业价值链理论的视角对传统主流媒体以"中央厨房"为标配的融媒体中心平台化建设进行分析，指出融媒体中心建设的本质是进行价值链重构。价值链重构就是根据媒体内外环境和市场竞争态势的改变，对媒体原有的价值链进行优化或重构，以此来重新分解、整合、协调、改善媒体的资源配置方式和价值生产活动，重新建构价值系统。在移动互联时代，传统媒体要真正融入互联网基因，实现与新兴媒体的融合，建构融媒体平台就不是简单的流程改造，也不是搭建一个线上空间，而是要进行以平台为核心的价值链重构。其次，本书在深度剖析平台媒体的运作机理与价值创造活动的基础上，运用虚拟价值链理论探讨在移动互联时代主流媒体进行平台化转型的关键路径，即完成从线下到线上的虚拟价值链体系的建构。本书选取了三个典型案例，以理论结合实践的方式，对主流媒体如何按照互联网的逻辑重新建构适应数字经济、平台经济发展的虚拟价值链系统进行了具体分析，并提出相应的建构策略。再次，本书根据平台价值生产与共创逻辑，提出融媒体平台要想突破建制化的线性价值生产关系，建构新型的价值共创关系，就需要打破传统的受众思维，遵照平台用户思维重新建构用户关系，以用户为中心建构以"信息交互、平台共享、价值共创"为核心的能力系统。本书根据主流媒体平台化建设的实际情况,提出了主流媒体融媒体平台价值共创核心能力体系的具体建构路径与建构方法。最后,在价值生态系统理论视野下,本书进一步探讨主流媒体融媒体平台的市场竞争与产业模式创新问题。数字经济时代,"数据+算法+产品"已成为新兴平台媒体的主要商业模式。未来任何组织的发展都需借力数据、算法、平台来实现产业结构的优化与产业模式的创新。未来媒体产业的竞争不再是价值链某些环节的竞争,也不再是产业价值链的延伸与扩展的竞争,而是围绕"大平台+小前端"的价值生态系统的竞争。因而建构平台价值生态系统是主流媒体面向未来进行产业模式创新的必经之路。本书从平台价值生态系统的构成、核心动力机制、运行机制、治理机制等方面探讨了如何将融媒体平台打造成具有共生演化功能的价值生态系统,使其具有持续创新的能力。本书还从生态位战略理论出发,探讨了不同量级的融媒体平台的产业模式创新之路。

这本学术专著的理论意义在于,从产业经济学和战略管理的视角,对媒体融合进程中我国传统主流媒体平台化转型的动因、主流媒体融媒体平台核心能力建设、融媒体平台价值生态系统的建构及产业模式创新发展等问题进行了理论分析。提出传统主流媒体进行平台化转型的关键就是进行价值链重构,即由线性的价值创造链向复合多元的价值创造网转变,由单向度的价值传播向双向交互的价值共享共创转变;主流媒体融媒体平台建设的重心就应落在以"交互、共享、共创"为核心能力体系的构建上;从平台生态发展视角来看,融媒体平台建设还是一项长期而复杂的价值生态系统的建构过程。主流媒体通过价值链重构建设起具有共生演化功能的融媒体平台价值生态系统,使其成为具有超强连接与服务功能的高维媒介,在更大范围内深深嵌入社会生活的方方面面,成为跨界融合创新的基础架构与核心纽带。融媒体平台最终将实现"新闻+政务/服务/商务"的融合功能,成为新型主流媒体与新型传播体系的架构核心。以上研究拓展了传媒转型与媒介融合研究的理论视域,可以为我国主流媒体建构新型的平台价值创造体系、建构具有未来竞争优势的传播体系提供理论参考。

国秋华教授这一研究的现实意义在于,平台化转型是我国传统主流媒体进行媒体深度融合的必经之路。本书作者在对主流媒体进行的各种融媒体中心建设的实践考察中发现,由于媒体经营管理者对于平台、平台功能、平台生态系统、平台治理的认知并不全面,缺乏平台思维和相应的理论与实践经验,在融媒体平台建设过程中出现模式复制、形式挂牌、政绩工程等问题。为此，本书从平台的基本功能及运作原理出发，探讨主流媒体的平台化价值链系统、平台化核心能力系统、平台化价值生态系统的建构路径与建构方法，最终目标是建造具有价值共创、互利共生、自我演化功能的融媒体平台，使其成为拥有持续创新能力的新型主流媒体。这些研究对主流媒体建构适应数字经济时代平台竞争的融媒产体业价值链、创新融媒体价值生态系统、提升融媒体平台竞争力有重要的参考意义。

传统主流媒体平台化转型是一个长期的、系统的、动态的建设过程，平台化转型不仅是媒体内部的变革，还是跨行业、跨边界的生态重构。既要对过去的、已不能适应或满足时代发展的价值链进行重构，又要面向快速发展的平台经济、智能经济建构新的、具有竞争力的价值生态体系。传媒业的特殊属性使平台化转型问题尤其复杂，本书从价值链重构的视角对媒体如何进行平台化建设进行了初步的探讨，尚有许多理论与实践层面的问题需进行更加深入的研究。其一，关于融媒体平台模式的研究。传统主流媒体现在进行的平台化转型，是在政府的主导下进行的自上而下的建设。建设时间短，一度出现"中央厨房"模式被大范围复制的现象，导致平台模式简单、同质。随着媒体经济的发展和跨界融合的推进，应该探索更多的融媒体平台模式。其二，关于融媒体平台治理模式的研究。主流媒体转企改制不彻底，是一直存在的制度性困境。媒体的政治属性功能和经济属性功能如何在平台建设中得到很好的安排和解决，是平台治理的关键问题。平台的开放性与意识形态的安全，平台的交互性与媒体把关，平台的自组织性与行政管控，这些问题都需要进行制度性规划和设计。在媒体产业边界越来越开放的情势下，对融媒体平台的属性定位将决定其制度安排。融媒体平台要不要按政（事）企两分开的原则，设立平台开放的边界？经营性的融媒体平台可以向商业性平台模式发展吗？这些问题都有待持续地进行研究。其三，关于融媒体平台价值生态系统的研究。未来平台的竞争一定是基于价值生态系统的竞争，价值生态系统多元且具有良好运行机制的平台将具有竞争优势。腾讯、阿里、百度、字节跳动公司都在倾力建构价值生态系统，不断地拓展平台的生态种群，扩大市场版图。主流媒体也需要建构平台的价值生态系统，应基于平台进行更多的跨界融合，将内容生产、信息服务扩展到更多的领域，建构更加多元的商业模式和盈利模式，创新更多的产业模式。

主流媒体平台化转型与产业模式创新是正在进行的历史过程，这一进程不仅会影响到未来的传播格局，而且还直接关系到国家的传播能力与文化软实力的提升。对这一富有前瞻性的重大现实问题的研究,需要进一步拓宽视野,引入更多学科的新理论与方法,进行跨学科的整合研究,为建构新型的主流媒体提供更充分的、更有价值的理论支持与实践参考。

是为序。

张 昆

2023 年 10 月 26 日

第一章

绪 论

一 研究背景

21世纪是互联网飞速发展的时期,以互联网为基础架构的新媒体不断崛起。它们以强大的生命力和竞争力在传媒市场攻城略地,很快便获得巨大的用户市场,成为价值增长最快、社会影响力越来越大的媒体。传统媒体面临严峻的生存危机,其产业发展受到前所未有的挑战。

2014年8月18日,习近平总书记在中央全面深化改革领导小组第四次会议上强调:"要推动传统媒体与新兴媒体在内容、渠道、平台、经营、管理等方面的深度融合,着力打造一批形态多样、手段先进、具有竞争力的新型主流媒体,建成几家拥有强大实力和传播力、公信力、影响力的新型媒体集团,形成立体多样、融合发展的现代传播体系。"会议审议并通过了《关于推动传统媒体和新兴媒体融合发展的指导意见》(以下简称《意见》)。

媒体融合发展战略第一次上升至国家层面。在《意见》的指导下,媒体融合由最初局部性的尝试转变为在全国媒体广泛开展的战略性行动。为实现"传统媒体与新兴媒体在内容、渠道、平台、经营、管理等方面的深度融合",各大主流媒体纷纷着力打造融媒体中心或全媒体新闻平台。人民日报社倾力打造全媒体新闻平台,筹建人民日报"中央厨房";新华社开始构建以云计算为基础的新闻在线生产系统;光明日报社率先成立"融媒体中心";中国日报社建构全媒体一体化采编平台和新媒体实验室;广州日报报业集团成立"中央编辑部"。到2015年,建设"中央厨房"式全媒体报道平台(简称"中央厨房")的报社逐渐增多,据统计在全国各地77家报社中,有11家建立了规模较大、整体运作较为完善的"中央厨房",而"新媒体部"已成标配。①

2017年1月5日中共中央政治局委员、中央书记处书记、中宣部部长刘奇葆在推进媒体深度融合工作座谈会上提出,"中央厨房"就是融媒体中心。推进媒体深度融合,"中央厨房"是标配、是龙头工程,一定要建好用好。2017年5月中共中央办公厅、国务院办公厅印发的《国家"十三五"时期文化发展改革规划纲要》提出,推动融合发展尽快从相"加"迈向相"融",形成新型传播模式。支持党报党刊、通讯社、电台电视台建设统一指挥调度的融媒体中心、全媒体采编平台等"中央厨房",重构新闻采编生产流程,生产全媒体产品。传统媒体再次掀起以"中央厨房"为融合龙头的融媒体平台建设。在人民日报社、新华社、中央电视台等大型媒体相继启用"中央厨房"后,"中央厨房"的概念与复制在媒体领域被大面积推广。② 各省级及地市级媒体在参考学习人民日报社"中央厨房"模板的同时,兼顾自身发展需要,建构有地区特色的融媒体云平台(中心),如江西日报社的"赣鄱云"、湖北广电的"长江云"、广西日报社的"广西云"等。

2018年8月22日,在全国宣传思想工作会议上,习近平总书记指出,要扎实抓好县级融媒体中心建设,更好引导群众、服务群众。同年,中央全面深化改革委员会第五次会议审议通过了《关于加强县级融媒体中心建设的意见》,提出要深化机构、人事、财政、薪酬等方面改革,调整优化媒体布局,推进融合发展,不断提高县级媒体传播力、引导力、影响力。2018年9月中国共产党中央委员会宣传部(以下简称"中宣部")在湖州市长兴县召开县级融媒体中心建设现场推进会,提出2018年要先行建设600个县级融媒体中心,要求2020年年底基本实现县级融媒体在全国的全覆盖。10月29日,"十四五"规划强调推进媒体深度融合,实施全媒体传播工程,做强新型主流媒体,建强用好县级融媒体中心。自此,县级融媒体中心建设被视为打通媒体融合和国家传播力的"最后一公里"而进入国家舆论战略视野。

无论是"中央厨房"式的全媒体新闻平台建设,还是省级的云平台和县级融

---

① 张志安、陈席元、章震:《2015中国报业媒体融合发展年度报告》,《传媒》2016年第5期。
② 黄楚新、彭韵佳:《2017年中国媒体融合发展报告》,《现代传播》2018年第4期。

媒体中心建设,其实质都是在党中央的顶层设计和战略规划下传统媒体进行的平台化转型。从最开始的内部新闻生产流程再造,到借助互联网、云计算等搭建内部融合平台,再到建设具有跨界融合的全国公共服务平台[如人民日报社的全国党媒信息公共平台(简称"党媒信息公共平台")、新华社的现场云全国服务平台],传统媒体与新兴媒体融合的程度越来越深,其变革转型的范围和层次亦越来越广,面临的问题也越来越多。如管理体制和机制的变革问题、组织结构的更新问题、人力资源的配置问题、产业模式的创新问题、平台的治理问题等等。这些问题始终伴随着媒体融合前进的步伐,解决得好就会促进融媒体平台建设和产业发展,解决得不好则时时掣肘融媒体平台实现跨界融合的步伐。

在媒体融合过程中出现的上述问题,从中央到地方,从行政管理部门到媒体单位,从业界到学界,都十分重视。媒体融合是一项系统而复杂的工程,是一种持续的动态的建设过程,因而也是一个需要持续研究的议题。本书将从产业价值链的视角,来分析和探讨传统主流媒体如何通过价值链的重构来实现平台化转型,以及如何借助平台化实现跨界融合产业模式创新等问题。

二 研究综述

"媒体融合"这一概念源于西方,但受中国的政治、经济、文化等因素影响,在社会实践中不断被建构和挪用,最终汇入了具有中国特色的新闻传播话语体系。[①] 媒体融合是在互联网迅猛发展的信息时代背景下一种媒介发展的理念,也是我国新闻事业发展的一次重大转型。2014年被称为"中国媒体融合发展元年"[②]。我国传统媒体在党的领导下,在政府的管理与推动下,进行着自上而下的数字化转型与平台化的建设。

对于如何进行传统媒体与新兴媒体的融合发展,虽已有国家的方针政策,但在具体层面的实践建设中绝大多数媒体处于摸着石头过河的阶段,尚有许多问题引发争论,还有许多问题需要进行理论研究和实践探索。国内学者有从新闻传播学视角探讨媒体融合的新闻生产、内容传播、人才培养等问题;有从媒介经营管理视角探讨媒体融合发展的商业模式、管理体制改革、组织结构变革、绩效

---

① 王菲、樊向宇,回顾与反思:《中国媒体融合研究十五年(2005—2019)》,《当代传播》2020年第5期。
② 人民日报社,《融合元年——中国媒体融合发展年度报告(2014)》,人民日报出版社2015年版。

机制等问题;有从产业经济学的视角探讨媒体融合发展的产业模式、传统媒体跨界融合创新问题;还有从文化的视角来探究媒体融合所形成的融合文化对社会的影响。研究的视野多重,研究的议题多样。既有宏观层面的政策解读、调研报告,也有中观层面的理论与实践研究,还有微观层面的个案研究。

我国媒体的融合有非常明确的政策导向,党和国家领导人的重要讲话和不同时期出台的重要文件,都决定和影响着媒体融合的进程。媒体行业的融合实践也有一些阶段性的热点、重点建设项目,伴随其间的研究也呈现阶段性的热点议题和讨论。本书根据党和国家的传媒政策以及在政策指导下推进的融媒体建设,将媒介融合划分为三个阶段:第一阶段,2014—2017年以大传媒集团"中央厨房"建设为重点的媒体融合;第二阶段,2018—2019年以县级融媒体中心建设为重点的媒体融合;第三阶段,2020年以来以建设"四全媒体"为重点的媒体融合。本书按这三个阶段对国内外已有的相关研究予以梳理和述评。

第一阶段:2014—2017年以大传媒集团"中央厨房"建设为重点的媒体融合研究。这个阶段的研究主要集中于三个层面:(1)关于媒体融合路径的研究;(2)关于中央厨房建设的研究;(3)对以中央厨房为核心的媒体融合实践的总结与反思。

(1)关于媒体融合路径的研究。互联网技术和新媒体技术所带来的冲击是全球性的,世界各国媒体都向媒体融合进发。在欧美,传媒集团竞相打造移动互联网新闻端口,如《纽约时报》《华尔街日报》《华盛顿邮报》《洛杉矶时报》等在自建新闻网站后,还打造各自对应新闻网站的 App;而英国广播公司(BBC)也先后建立了 BBC News、BBC Sport、BBC iPlayer Radio 等数十种 App。① 在我国,传统媒体先后经历数字化转型与三网融合,报业从建构数字化采编系统到建立报网互动体系再到建立全媒体平台,广播电视从创建各种新闻客户端到建构以移动优先的智能移动广播电视 App。我国媒体同世界各国媒体一样积极转向媒体融合,但与西方由市场主导媒体融合不同的是,我国的媒体融合是由党和政府主导、兼顾市场需求的转型。

国外关于媒体融合的理论发展已逾30年,与媒介融合的实践相辅相成。国外媒体融合开始的时间比国内早,且很长一段时间处于领先状态,尤其是美国和

---

① 黄楚新、王丹,《2014—2015 中国媒体融合发展状况、问题与趋势》,《现代传播》2016 年第 5 期。

欧洲发达国家①。这些发达国家的媒体融合已经有了一些较为成熟的模式和经验,也有一些失败的案例。② 国内学者试图从国外的媒体融合实践及理论发展吸取经验教训和理论支持。蔡雯认为,国外媒体的融合实践大致经历了五个阶段:产品融合、系统融合、流程融合、内容分享和全面融合。刘滢考察了国外大型媒体集团融合的基本历程,它们是从最初的部门配合转向互联网思维与传统媒体基因的竞合,再到融合媒体有机体的形成。国外媒体集团为构建真正的融合媒体,从最初的产品融合转向组织机构的融合,纷纷建构一种新的运作模式——"联合编辑部",英国《泰晤士报》"新闻360编辑部",德国《明镜》周刊的"联合编辑部"。③ 这种通过互联网思维来实现改造编辑部的变革曾一度引领媒体融合的潮流。魏然、黄冠雄对英美媒体融合现状与趋势进行了分析,归纳出英美媒体融合的三种典型模式,并对其经验教训进行了探讨,为国内媒体融合转型提供参考。④ 吕岩梅等对国外视听新媒体产业创新和政策创新展开研究,着重分析了一些西方发达国家借助较为成熟的市场机制和法制体系,大力推进高速宽带网建设,推动传统广电媒体与新兴媒体融合,加强媒体治理。他们认为西方发达国家的融合创新可以为中国媒体的融合发展提供经验借鉴。⑤ 田智辉等对国外媒体融合发展现状进行了详细的研究,国外媒体在5G、人工智能、区块链等技术加速发展的背景下,在体制机制、内容形态、流程管理、人才技术等方面进行许多变革。媒体融合的主流趋势是"技术为王、兼并整合、产品创新、平台搭建",平台搭建尤其是抢占新闻传播阵地的重要手段。⑥

通过对国外媒体融合理论与实践的跟踪研究,我国学者提出了不少理性思考与实践操作建议,这对于起步晚、危机大、急需转型升级的传统媒体来说,无疑是有参考价值的。但是"媒体融合,我们无法克隆国外的模式"⑦,因两者的媒体属性不同,管理体制也不一样,因此还需探索有本国特色的媒体融合发展模式。

在2014年之前,我国传统媒体进行过零散的、局部的、试点式的融合转型,

---

① 田智辉、肖玉笛,《国外媒体融合发展现状研究》,《现代视听》2020年第10期。
② 刘滢,《配合、竞合与融合——国外媒体融合的探索和尝试》,《对外传播》2014年第12期。
③ 刘滢,《"联合编辑部":国外媒体组织机构融合新趋势》,《中国记者》2014年第10期。
④ 魏然、黄冠雄,《美英媒体融合现状与评析》,《社会科学文摘》2016年第2期。
⑤ 吕岩梅、朱新梅、关宇奇,《媒体融合背景下国外视听新媒体产业创新和政策创新研究》,《现代传播》2015第1期。
⑥ 田智辉、肖玉笛,《国外媒体融合发展现状研究》,《现代视听》2020年第10期。
⑦ 刘守华,《媒体融合,我们无法克隆国外的模式》,《传媒观察》2014年第9期。

有的收效甚微,有的有所突破,但受传统传播观念的影响和各种条件的限制,很多尝试没能持续开花结果。如最早进行类似"中央厨房"建设的广州日报报业集团、烟台日报报业集团、解放日报报业集团、浙江日报报业集团、宁波日报报业集团、北京日报报业集团、南方日报传媒集团、洛阳日报报业集团等,在开发"中央厨房"模式的采编平台后,因技术和体制机制改革遇阻而没能发挥实质性效用。李彪曾总结过1997—2014年间的国内报业集团转型的融合路径是:办新闻网站—电子报、手机报、3D报—报网互动—电子读报器—全媒体记者—二维码—微博媒体账号—微信公共账号。① 到2014年媒体融合被提升至国家战略层面,由党和政府来主导进行顶层设计和战略规划后,"中央厨房"模式再度重启,甚至被当作媒体融合的龙头工程和标配被大力推广。

2014年《关于推动传统媒体和新兴媒体融合发展的指导意见》出台,要求传统媒体与新兴媒体在内容、渠道、平台、经营、管理等方面深度融合。学界和业界共同探讨媒体融合路径。黄楚新认为微博、微信和客户端组成的"两微一端",是传统媒体进军互联网和移动互联网的主要端口。② "微博、微信等社交媒体作为当下最主要的两大信息入口,其在新闻线索提供与热点信息搜索方面的价值早就被诸多媒体认可。"③微传播已引发了经济和政治领域的变革,并将改变中国的传播格局。④ 传统媒体应该充分利用微传播。因此,有人提出应将微信作为媒介组织内部"云平台"的一个信息出口,在媒体组织内部搭建基于大数据支撑的云平台。⑤ 还有学者敏锐意识到"大数据将在生产信息提供者层面、媒体层面和用户层面对新闻业态产生深刻的变化,这种变化将对媒体的跨界融合带来影响,并可能在未来对新闻业态形成重构。"⑥而"基于大数据收集、整理、分析,进而挖掘数据背后的关联和意义而形成的一种新的报道形态——数据新闻"⑦将成为新的新闻融合方式。

此外,还有学者探讨另一条融合路径,就是建构新闻客户端或全媒体平台。

---

① 李彪,《媒体融合背景下的传媒集团融合转型路径及趋势分析》,《南京政治学院学报》2015年第4期。
② 黄楚新、王丹,《2014—2015中国媒体融合发展状况、问题与趋势》,《现代传播》2016年第5期。
③ 胡泳、周庆华,《马航事件中网络媒体的表现与反思》,《新闻战线》2014年第5期。
④ 唐绪军、黄楚新、刘瑞生,《微传播:正在兴起的主流传播——微传播的现状、特征及意义》,《新闻与写作》2014年第9期。
⑤ 李彪、陈璐瑶,《传媒微信:现状、问题及对策》,《新闻战线》2014年第3期。
⑥ 喻国明,《大数据对于新闻业态重构的革命性改变》,《新闻与写作》2014年第10期。
⑦ 宋素红,《数据新闻:对传统新闻的完胜?》,《中国记者》2014年第8期。

2014年新闻客户端成为中国各主要媒体发展新媒体业务的热门选项。一些大型报业集团试图通过建构独立新闻客户端进行移动化转型。① 新闻客户端呈现着信息聚合和信息挖掘的潮流,体现着新闻碎片化、集纳式、专业化的趋势。② 新闻客户端本质上是一个信息资讯分发平台,而非内容生产平台,传统媒体做客户端,核心竞争力主要在于内容。③ 除了打造新闻客户端外,主流媒体纷纷开始着手打造各种形式的融媒平台——全媒体平台、中央编辑部、融媒体中心、全媒体采编发平台等,业界将其统称为"中央厨房"。许多报业通过建立"中央厨房"来进行内部人力和实体空间资源整合,以新组织机构的形式为报业转型提供保障。④ 也有不同的研究意见,有学者认为"中央厨房"是媒体内部业务流程再造。随着自媒体平台的不断崛起,社会化大生产方式已逐渐取代组织化生产,若不将信息生产大环境的改变考虑进去,搭建任何形式的"中央厨房"都无异于"闭门造车"。⑤

无论传统媒体选择何种融合路径,进行何种融合实践,都不难看出:我国的媒体融合是一场自下而上、不可阻挡的产业革命,媒体融合的发展进程受制于政策管控的力度,媒体融合主导权的归属存疑。因此,无论是哪一类媒体机构,唯有结合我国媒体融合的整体环境以及自身的媒体特征,重新规划融合路径,才有可能赢得未来。⑥

(2) 关于"中央厨房"建设的研究。经过2014年的顶层设计,人民日报社、新华社、光明日报社等主流媒体着力建设"中央厨房"式全媒体报道平台(简称"中央厨房")。2016年2月19日习近平总书记在人民日报社调研时,充分肯定了"中央厨房"的做法。2017年人民日报社的"中央厨房"成为业界学习的样板。从国家媒体到省级、地市级媒体纷纷开始筹建"中央厨房"。而关于"中央厨房"的研究也从零星到井喷。研究的议题主要集中在对"中央厨房"的内涵、功能、模式的讨论和实践经验的交流。《人民日报》总编辑杨振武认为,"中央

---

① 黄楚新、王丹,《2014—2015中国媒体融合发展状况、问题与趋势》,《现代传播》2016年第5期。
② 陈昌凤,《新闻客户端:信息聚合或信息挖掘——从"澎湃新闻"、纽约客的实践说起》,《新闻与写作》2014年第9期。
③ 程惠芬,《媒介融合下的新闻客户端之争》,《新闻战线》2014年第11期。
④ 黄楚新、王丹,《2014—2015中国媒体融合发展状况、问题与趋势》,《现代传播》2016年第5期。
⑤ 李彪,《媒体融合背景下的传媒集团融合转型路径及趋势分析》,《南京政治学院学报》2015年第4期。
⑥ 刘珊、黄升民,《解读中国式媒体融合》,《现代传播》2015年第7期。

厨房"是面向受众、面向国际、面向未来的新一代内容生产、传播和运营体系[①];人民日报社"中央厨房"建设的总负责人叶蓁蓁认为,融合发展需要流程再造、结构调整、用户关系重构、善用资本力量四轮驱动,而"中央厨房"就是这四轮驱动的主体。[②] 新华社建成以"现场云"为核心的中央厨房,并大力推广这种"云平台"模式。"云平台"实质上是"中央厨房"的另一种新形式,是媒体融合平台实践上的另一创新实践。[③]

人民日报社的"中央厨房"自建成后便成为试点典范和行业标杆,是业界学习和模仿、学界研究和讨论最多的模式。围绕人民日报社"中央厨房"模式讨论最多的是其结构体系、功能属性、新闻生产方式等。人民日报社的"中央厨房"体系,主要由空间平台、技术平台、业务平台构成;其业务架构是"金字塔"式的,"金字塔"的底座是技术、资本、运营三大平台。[④]"中央厨房"是媒体内容生产的中枢系统,其生产方式是"一次采集、多元生成、多渠道传播"。不仅如此,人民日报社的"中央厨房"是自主、高效、多元的开源平台,其模式是对外开放的、免费的。许多媒体纷纷引进人民日报社的"中央厨房"模式,进行转型升级改造。由此产生不少问题,如耗资巨大的"中央厨房"建成后,却不能常态化运营,成为中看不中用的平台。还有"中央厨房"能够解决的问题依然是采编业务问题,没有涉及新的商业模式和盈利模式探索等难题。[⑤] 现今,各地各个媒体的"中央厨房"建设仍然面临花费成本高、利用率低、同质化严重等问题。因此,还需要从理论与实践层面寻找破局方法。

新华社以云计算为依托建造的"中央厨房"式线上采编系统平台——"现场云",也是受到国家领导人肯定的试点典范,成为行业标杆。"现场云"上线两年,就吸引数千家媒体和数万名记者入驻平台。如今,新华社"现场云"全国服务平台已有3 200多家媒体入驻,4万多名采编人员注册使用,日均现场报道400余场,全网总浏览量逾亿次,基本实现了对国内大部分媒体的覆盖。[⑥]"现场云"是国内媒体共享共建的"现场新闻"移动化在线生产平台,它开启了媒体融合纵深

---

① 杨振武,《用好中央厨房机制 再造党报传播优势》,《中国报业》2017年第1期。
② 叶蓁蓁,《"互联网+"巨变刚刚开始——从中央厨房的建设理念谈起》,《中国编辑》2017年第9期。
③ 彭祥丽,《2016年我国媒体融合研究简述》,《新媒体研究》2016年第11期。
④ 陈玉林,《人民日报"中央厨房"的打造与运行》,《传媒》2017年第7期。
⑤ 郭全中,《"中央厨房"的扬弃与完善》,《新闻爱好者》2018年第2期。
⑥ 贺大为,《迈向全程、全息、全员、全效:现场云的媒体融合实践》,《中国记者》2019年第2期。

发展的新局面。① 有研究者从新闻生产的视角分析,"现场云"让国内媒体都能共享新闻素材与产品,既实现了新闻的实时采编,又能保证内容的多渠道分发,使"现场云"成为媒体记者手中的一项"利器"。② 还有研究基于若干实践案例分析,认为"现场云"给媒体融合带来助力,让广播人可以在现场直播、直播带货、大型活动、公益宣传等各种场景为受众带来全新体验。越来越多的媒体人借助"现场云"平台生产更多、更好的传媒产品,生成全新的传媒阵地。③ 有研究者认为"现场云"的优势在于基于移动端,采用智能化生产方式,实现即采即编即审即发的直播方式,不仅提高新闻生产的效率,而且增加新闻的临场感。④

在省级媒体融合进程中,在学习和借鉴人民日报社"中央厨房"模式和新华社"现场云"模式的基础上,各大省级媒体集团开启各种云平台建设,如"长江云""赣鄱云""津云""广西云""丝路云"等等。经过几年的建设,各种经验总结与建设反思的文章面世。一方面是对建成云平台所带来的革新进行肯定与赞扬的,一方面是对尚存在的困境进行反思的。如有研究者对"津云"中央厨房实践进行观察与分析后,一方面肯定其为创新新闻形态、吸引年轻用户所做的努力,另一方面也指出其日常运营中面临平台功能交叉、传统采编思维定式、固有利益格局束缚、日常运营成本高昂等现实发展困境。⑤ "赣鄱云"在打造全省一张网,并助力地市县级媒体建设县级融媒体中心等方面起到了很好的引领作用,但其融媒体模式在发展中也面临人才建设、内容市场、渠道创新、资金投入等方面问题。⑥ 而这些困境是许多省级云平台共同面临的问题。

(3) 对以"中央厨房"建设为核心的媒体融合实践的总结与反思。负责人民日报"中央厨房"建设的叶蓁蓁指出:现在一些媒体的中央厨房建设陷入一种误区——重建设轻运营、重项目轻改革、重资金轻团队。⑦ "中央厨房"不是万灵药,不是为了建设而建设。不破除思想藩篱、拨正错误认识,一味盲目地建设"中

---

① 张嘉琪,《新华社"现场云"新闻生产模式创新研究》,《科技传播》2020 年第 12 期。
② 钱浩然,《"全程媒体"新闻报道的时代变化——以新华社"现场云"为例》,《传媒》2019 年第 9 期。
③ 戴婷、张亮,《论现场云对广播人媒体融合的助力》,《广播电视信息》2020 年第 9 期。
④ 岳强,《现场云、媒体大脑、全媒体采编发助力新华社现代化分社建设》,《中国传媒科技》2020 年第 11 期。
⑤ 梁波,《"津云"中央厨房运营探索与实践》,《中国广播电视学刊》2018 年第 2 期。
⑥ 张记刚、张洋洋,《江西"赣鄱云"融媒发展模式的困境与出路》,《科技传播》2019 年第 12 期。
⑦ 叶蓁蓁,《媒体中央厨房存在什么问题》,《青年记者》2017 年第 7 期。

央厨房",并不能真正达到效果。① 陈国权在对各媒体"中央厨房"运作情况深入调研后认为:"中央厨房"仍是以传者为中心的传播理念,成本高昂,容易导致同质化,无助于建立新闻产品的个性与特色;不适合作为"标配"在所有媒体中推广。② 胡翼青、何瑛从新闻编辑部生产的视角,并结合媒介组织中的实地观察和新闻从业者的访谈来反思"中央厨房"建设,认为中央厨房建设已经对新闻生产的既有逻辑和记者群体产生了巨大冲击,并在实践中遭遇文化和心理认同的困局。因而需要以更为现实的态度去认识"中央厨房",并重新审视运行"中央厨房"的代价。③ 还有研究者将澳大利亚媒体"中央厨房"建设与国内媒体的建设进行对比分析,提出"中央厨房"建设应坚持用户思维、创新体制、加大技术投入和人才队伍建设。其内部机制不理顺,建设就是纸上谈兵。④ 曾培伦、朱春阳则讨论了"中央厨房""如何来用"到"用来如何"的问题,他们分析认为媒体应该借助"中央厨房"加快对内对外的融合与改革,对内应进行面向内部的生产机制重构、数据中心建设、创新产品孵化、薪酬人事机制等方面的改革;对外应加强外部的技术服务、党政宣传与政府社区服务的平台拓展。只有通过内外相结合的融合改革,将"中央厨房"的"龙头"功能进行"载体化"的实践改造,才能形成"顶层设计"与"基层改造"的合力,推动我国媒体融合向更深层、更务实的层面发展。⑤

纵观这一阶段的研究重点,大多集中在"中央厨房"建设上。对"中央厨房"建设,业界和学界展开过许许多多的研讨。一方面,是业界在各级政府主管部门的领导和推动下,从上至下对如何进行中央厨房建设展开了大讨论,并在如火如荼的建设实践中不断地总结与反思,产生了大量的经验性文献。既有宏观层面的政策解读、愿景构想,也有中观层面的模式建构、机制改革与组织变革的建设方略,还有微观层面的流程设计、融媒产品生产等经验的总结与推广。可谓百家之言,各有表陈。另一方面,是学界的冷静观察与学理反思。陈昌凤对国内媒体融合初期研究述评时指出:"从融合的理念到组织机制、内容生产、平台建设等各方面的创新都有涉及,有些讨论和研究比较深入,但更多的是肤浅、表面化的简

---

① 张天培,《走出"中央厨房"三大认识误区》,《中国报业》2017年第7期。
② 陈国权,《中国媒体"中央厨房"发展报告》,《新闻记者》2018年第1期。
③ 何瑛、胡翼青,《从"编辑部生产"到"中央厨房":当代新闻生产的再思考》,《新闻记者》2017年第8期。
④ 丁新科,《澳大利亚媒体融合实践的借鉴意义》,《新闻前哨》2017年第8期。
⑤ 曾培伦、朱春阳,《"如何来用"到"用来如何":中央厨房的"载体化"实践改造面向》,《新闻界》2018年第8期。

单理解与描述。"①

第二阶段:2018—2019年以县级融媒体中心建设为热点的媒体融合研究。2018年8月22日,习近平总书记在全国宣传思想工作会议上指出:要扎实抓好县级融合媒体中心建设,更好引导群众、服务群众。同年,《关于加强县级融媒体中心建设的意见》出台意味着县级融媒体中心建设正式纳入党和国家宣传思想工作的战略布局。如何打通基层宣传思想文化工作的"最后一公里",推进县级媒体融合发展,成为全国实践推进和理论研讨的热点。②

县级融媒体中心建设是"中央厨房"融媒体平台建设的延伸,在建设中出现三种路径:一是国家级媒体向县级媒体输出"中央厨房"模板;二是省级媒体输出模板;三是县级媒体自建。与此相关的研究就体现在三个方面。

(1)围绕"中央厨房"建设继续探讨媒体融合转型。相关的研究依然围绕"体制改革、机制创新、资源整合、流程再造、绩效考核和激励机制、技术和人才"等方面展开。如有讨论"中央厨房模式下纸媒转型"的,认为"中央厨房为传统纸媒的话语转型提供了有效平台和途径,可以扭转纸媒在新媒体环境下的不利地位,实现话语转型"③。有从编辑部转型的角度研究后认为,"中央厨房"是网络时代我国报纸编辑部走向融合的必然形式。④ 尤其是在智媒时代,"中央厨房"模式急需在人才、管理和生产流程基础上获得智能技术加持,让媒体从业者们在更高效的同时减负,让新闻生产的各个环节更科学、更智能。⑤ 还有研究者认为,"中央厨房"建设正经历从最初的"如何来用"的流程改造走向实现媒体融合"改革载体"角色的转变。⑥

也有不少学者对媒体融合进行更加深入的理论探讨和实证研究。如彭兰教授认为,移动化、社交化、智能化是传统媒体转型的三条主要路径。对于媒体转型中出现的"中央厨房"、平台化媒体、内容付费等新实践,需要从障碍因素及实施效果等方面进行更深入的思考。⑦ 朱鸿军从颠覆性创新理论的视角研究大型

---

① 陈昌凤、朱小妮、黄雅兰,《2014年国内新媒体研究综述》,《全球传媒学刊》2015年第3期。
② 韩鸿、丁继楠,《县级融媒体中心建设面临的问题与破局方向》,《电视研究》2019年第5期。
③ 张建,《中央厨房模式下纸媒转型路径分析》,《中国报业》2020年第13期。
④ 王君超、张焱,《中央厨房的创新模式与传播生态重构》,中国报业2019年第15期。
⑤ 韩婧,《智媒体时代"中央厨房"转型路径探析》,《新闻研究导刊》2021年第1期。
⑥ 曾培伦、朱春阳,《"如何来用"到"用来如何":中央厨房的"载体化"实践改造面向》,《新闻界》2018年第8期。
⑦ 彭兰,《移动化、社交化、智能化:传统媒体转型的三大路径》,《新闻界》2018年第1期。

传统媒体的融媒转型,认为需在身份定位、目标群体、内容风格、载体升级、技术使用、资本运营、管理制度、商业模式、政府规制和媒体角色等十大领域,展开颠覆性创新。① 严三九课题组通过对中国 24 个城市代表性的平面媒体、广电媒体和新兴媒体单位进行问卷调查与深度访谈,分别从内容、渠道、产业、体制等方面进行分析,对各种问题的成因做出判断,对加快推进传统媒体与新兴媒体融合发展的路径创新进行探讨。② 此外,随着 5G、人工智能技术的进一步发展,业界和学界也不断在讨论和研究 5G 时代下的机遇与挑战、媒介融合趋势下的人机协作、短视频传播等有关的理论与实践问题。③ 在 5G 时代,人工智能将更多参与到新闻媒体的内容生产、分发、反馈等环节,传播效果愈发呈现超高清、沉浸感特征,传播终端互联互通、无缝链接。传统媒体要避开技术短板,开发新的产业运营模式,实现新时代的媒体融合。④

(2) 对"中央厨房"模式下沉,助推县级融媒体中心建设的探讨。如有人探讨了"省级中央厨房+县级融媒体中心"的模式,认为这是省级、市级、县级平台三方竞争合作博弈的过程,有利有弊。县级融媒体中心建设只有因地制宜,通过横向融合、垂直融合、跨界融合解决发展问题。⑤ 朱春阳分析后认为:第一阶段大媒体的媒介融合探索实践为县级融媒体中心的建设提供了经验,而嵌入大平台,形成广泛联结会是县级融媒体中心发展壮大、获得资源与养分的主要方向。⑥ 谢新洲等基于对全国县级媒体机构的问卷调查与实地调研,总结了我国县级融媒体建设的基本情况、发展困境,并据此提出了相应的对策与建议。⑦ 谭天提出县级媒体融合过程中,移动社交至为关键。包括重建用户关系、响应用户需求和增强用户黏度。⑧ 李彪提出县级融媒体中心建设应以服务群众、引导基层舆论、勾连基层关系网为基本方向,向上打通中央及省级融媒体云平台,向下

---

① 朱鸿军,《颠覆性创新:大型传统媒体的融媒转型》,《现代传播》2019 年第 8 期。
② 严三九,《中国传统媒体与新兴媒体融合发展的现状、问题与创新路径》,华东师范大学学报(哲学社会科学版)2018 年第 1 期。
③ 董天策、魏小津,《5G 时代媒体融合的机遇与路径——第十四届中国传媒年会 5G 与媒体融合分论坛综述》,《传媒》2019 年第 22 期。
④ 黄楚新、文传君,《2019 年媒体融合研究热点综述》,《媒体融合新观察》2020 年第 3 期。
⑤ 韩鸿、丁继楠,《县级融媒体中心建设面临的问题与破局方向》,《电视研究》2019 年第 5 期。
⑥ 朱春阳,《县级融媒体中心建设:经验坐标、发展机遇与路径创新》,《新闻界》2018 年第 9 期。
⑦ 谢新洲、黄杨,《我国县级融媒体建设的现状与问题》,《中国记者》2018 年第 10 期。
⑧ 沙垚,《审时度势谋发展 媒体融合纵深行——县级媒体融合发展与加强基层主流舆论阵地建设论坛会议综述》,《新闻与写作》2018 年第 9 期。

联系和引导基层群众,将县级融媒体中心建设成新时代基层社会治理和凝聚新生代农村网民的综合平台。① 还有不少研究者认为:县级融媒体中心并非只是一个集成县域内媒体资源和相应业务的新机构,而应是可以消解舆情隐患、有效引导舆论的全新治理平台。② 因而要加强县级融媒体中心的治理功能。

(3) 对县级融媒体中心自建模式的探讨。在县级融媒体中心建设过程中,一些县级媒体通过自主筹建的方式建成了有地域特色的融媒体中心,出现了一些有代表性的模式,如"浙江长兴模式""甘肃玉门模式""河南项城模式""广东鹤山模式""江西分宜模式""江苏邳州模式"等。这些模式引起了业界和学界的关注,据此进行的个案研究不少。有研究者对浙江长兴模式进行考察分析,认为其之所以能成为县级融媒体中心建设的典范,是因为通过强化顶层设计、优化组织结构和打造融媒体人才队伍筑牢了融合根基;通过优化工作流程、倡导移动优先、推进新兴技术在媒体融合中的深度应用强化了平台建设;通过节目内容创新、经营产业创新和在集团内部打造创新氛围深化了创新广度。③ 北京市大兴区融媒体中心坚持"立""破"并举,重塑"策采编发用评"融媒体流程,初步形成了"内容为王、技术为用、渠道为金、服务为翼"的融媒体生产模式。④ 玉门模式是依靠"祁连云"数据融合中心,结合自身县级媒体特点,建构起"一中心四系统+爱玉门App"融合媒体共享平台。这一平台的建立和运行将解决长期存在的功能重复、内容同质、力量分散等问题。⑤ 项城模式的特点是借助外部技术公司为其搭建全媒体融合平台系统,探索出"新闻+政务+服务"的融媒体运行模式。⑥

纵观这一阶段的研究,研究议题异常丰富、研究的对象及范畴非常广泛。尤其是县级融媒体中心建设的研究成为热点。但是有许多研究集中于讨论现实问题、介绍经验以及思考未来路径三个方面,整体停留在应用层面,媒体融合底层

---

① 李彪,《县级融媒体中心建设:发展模式、关键环节与路径选择》,《编辑之友》2019年第3期。
② 刘娅蒙,《5G时代的媒介融合与县级融媒体中心建设发展——中广联合会西部学术基地、中国传媒经济2019年年会综述》,《西部广播电视》2020年第4期。
③ 王晓伟、薛雅敏,《"融"出来的长兴模式》,《新闻战线》2018年第12期。
④ 马宪颖,《县级融媒体中心的"破"与"立"——以北京市大兴区融媒体中心为例》,《新闻战线》2020年第1期。
⑤ 宁黎黎、吕晓虹、张涛,《本刊融媒调研系列:县级融媒体中心建设的甘肃模式——甘肃省玉门、敦煌两地融媒体建设之路》,《中国广播》2019年第8期。
⑥ 宋恒蕊、杨丽雅,《县级融媒体建设路径探析——以河南省"项城融媒"为例》,《新媒体研究》2021年第3期。

理论研究还有待加强。①

第三阶段:2020年以来,以建设"四全媒体"为重点的媒体融合研究。主要包含三个方面的研究:(1)关于"四全媒体"的建设;(2)对已有媒介融合实践的理论反思;(3)对行业发展的持续总结与反思。

(1)关于"四全媒体"的建设。2020年"十四五"规划和2035年远景目标的建议提出"推进媒体深度融合";不论是中央级媒体、省市级媒体、县级融媒体还是新兴商业平台,如何明确定位、系统谋划发展都将是顶层设计中的重中之重。② 其中,建设"四全媒体"是推进媒体融合的新战略。"四全媒体"概念由习近平总书记在中共中央政治局第十二次集体学习时提出,是指要打造"全程媒体、全息媒体、全员媒体、全效媒体"传播新体系,构建全媒体格局。③ "四全媒体"论是对全新传播格局的总结,是全媒体建设发展的细化纲领,也为媒介研究提供了新的议题可供性理论。喻国明基于可供性理论解读了我国"四全媒体"建设实践与未来发展的可能进路。④ 郝萍探讨了人工智能在构建"四全媒体"中的作用,她认为人工智能可以提供不竭动力,为媒体增效。⑤ 段鹏从宏观、中观、微观三个层面对全媒体传播体系实践路径的内容、框架和模式进行了初步的探索与设计,为"四全媒体"建设提供新思路。⑥ 段峰峰等则从实践的角度探讨了"四全媒体"从传播流程、形态、主体和效果四个维度为融合下沉提供了新的目标定位,县级融媒体中心则可以从这四个维度加强建设。⑦

(2)对已有媒介融合实践的理论反思。在这一阶段,对于"中央厨房"的建设的反思与建议持续增加。如有人研究建设实践后认为,"中央厨房"新闻生产模式为我国新闻行业的变革带来了新的契机,但是"中央厨房"在人才储备、新闻加工、追踪报道等多个方面都存在一定缺陷。因此,不能急于求成,将"中央厨房"作为新闻行业的主宰模式,更不能过度追求"中央厨房"的普及。⑧ "中央厨

---

① 苏俊斌、王淑仰,《新时代·新媒体·新丝路——2019中国新媒体传播学年会综述》,《新闻战线》2019年第12期(下)。
② 黄楚新、许可,《2021传媒业:破局突围 智慧发展》,《中国报业》2021年第5期。
③ 方提、尹韵公,《习近平的"四全媒体"论探析》,《马克思主义研究》2019年第10期。
④ 喻国明、赵睿,《媒体可供性视野下"四全媒体"产业格局与增长空间》,《学术界》2019年第7期。
⑤ 郝萍,《试论人工智能在构建"四全"媒体中的作用》,《新闻前哨》2019年第12期。
⑥ 段鹏,《试论我国智能全媒体传播体系建设的实践路径:内容、框架与模式》,《现代出版》2020年第3期。
⑦ 段峰峰、肖沛雯,《县级融媒体中心"四全"媒体建设探析——以湖南省为例》,《青年记者》2020年第5期。
⑧ 罗曼,《中央厨房新闻生产模式对新闻品质的影响及其优化对策》,《湖北师范大学学报(哲学社会科学版)》2021年第1期。

房"作为一种尚未成熟的新闻生产模式,虽然提高了新闻报道效率,但是也导致了新闻报道出现"同质化、肤浅化、失真化"等负面现象。① 在互联网时代,传统媒体的融合发展呈现出平台化的趋势,"大平台嵌套小平台的模式正在成为主流"。② 以"中央厨房"为特征的全媒体平台应该加强与其他商业平台的合作与连接。因为商业平台依托其先进技术和多元化内容与用户群体(社会治理对象)具有紧密的贴合性,因此,在建设全媒体传播体系的过程中主流媒体平台可以与商业平台相互嵌套,建立竞合关系。③

(3) 对行业发展的持续总结与反思。不少研究机构和研究团体通过组织编写行业报告对媒介融合进行总结与反思。人民日报社、新华社每年都会组织编写中国媒体(或中国媒体与新媒体)融合发展年度报告,专门约请国家相关部委主管领导撰文解读中央关于媒体融合的方针政策,并收录各省区市有关融合发展的政策、规划,为融合发展实践提供权威的政策指导。陈昌凤教授曾对中国当前推动传统媒体和新兴媒体融合发展政策的形成过程、体系构成进行分析研究,认为《关于推动传统媒体和新兴媒体融合发展的指导意见》是"一个经过了政策议程创建、试点实践探索、施政纲领纳入、主管部门部署、调研意见综合、舆论动员引导以至核心文件出台的过程"。其政策的核心目标是通过媒体融合,建构新型的主流媒体占据核心地位的传播体系,使官方倡导的意识形态在新的媒体格局中拥有主流地位,发挥引领作用。④

除了人民日报社、新华社编写年度报告外,一些行业协会、科研机构、学术团体也编写发展报告,如中国行业报协会连续3年编写的"中国产经媒体融合发展实践报告";中国社会科学院新闻与传播研究所连续发布了10期"新媒体蓝皮书:中国新媒体发展报告"。这些报告从宏观层面记录和总结了媒体融合进程各行各业的发展现状,以及对未来发展趋势的预测。这些年度发展报告既是对媒体融合政策实施的反馈,也是对媒体实践的总结与反思,为我国媒体融合的持续发展提供了理论支持与实践参考。此外,还有一些学者,如黄楚新每年都会撰写

---

① 罗曼,《中央厨房新闻生产模式对新闻品质的影响及其优化对策》,《湖北师范大学学报(哲学社会科学版)》2021年第1期。
② 张路曦,《我国媒体融合的新模式、新问题与新趋势》,《上海大学学报(社会科学版)》2020年第5期。
③ 刘芳儒、范以锦,《融入与延伸,商业平台在全媒体传播体系建设中的属性与功能》,《当代传播》2020年第2期。
④ 陈昌凤、杨依军,《意识形态安全与党管媒体原则——中国媒体融合政策之形成与体系建构》《现代传播》2015年第11期。

对媒体融合情况进行回顾、反思和展望的研究报告,张志安也组织发起过对报业媒体融合的调研,形成行业的研究报告。

纵观这一阶段的研究,因疫情突发的影响,媒体融合进程受到影响,业界全力以赴组织抗疫报道,学界对疫情和后疫情时期新闻舆论与社会治理问题给予了关注。如丁柏铨先生提出在后疫情时代,对舆论生态、社会治理与新闻传播的相互作用关系需要深入研究,呼唤与社会治理相对应和相适应的新闻舆论工作。[1] 对于"四全媒体"如何建设,业界尚处于摸索过程中,而学界的探讨也还不够深入,依然是实践层面的探讨多,理论层面的研究少。

三 选题意义

传统主流媒体是我国媒体系统中的核心组织,是我国舆论引导的核心力量。在推进媒体深度融合战略中,传统主流媒体又是一个急需变革与转型的组织。传统主流媒体的管理理念、经营思维、生产方式、传播模式、组织形态越来越不适应互联网时代的发展。尤其随着移动互联时代的到来,平台思维与平台化发展将成为媒体生存的关键。传统主流媒体迫切需要利用数字技术、移动互联技术、人工智能技术等新一代信息技术来加速数字化转型与平台化建设。通过平台化建设,传统主流媒体重构产业模式,重塑产业核心竞争力,实现跨界融合、体制创新的目的。基于此,本书从产业价值链理论、价值共创、平台理论等理论出发,在对我国传统主流媒体的融合转型历程进行深度扫描的基础上,深入分析和探讨传统主流媒体如何通过价值链的重构来推进平台化建设,又如何通过平台价值生态系统的建构来进行产业模式的创新,从而实现向新型主流媒体的转型。具体意义如下。

(一) 理论意义

1. 从产业价值链理论的视角对以"中央厨房"为标配的融媒体中心平台化建设进行了探索性思考,提出融媒体中心平台化建设的核心是进行价值链重构

在移动互联时代,传统媒体要真正融入互联网基因,实现与新兴媒体的融合,建构融媒体平台就不是简单的流程改造,也不是搭建一个线上空间,而是要进行以平台为核心的价值链重构。价值链重构就是根据媒体内外环

---

[1] 丁柏铨:《后疫情时代的新闻舆论工作与社会治理》,《新闻爱好者》2021年第5期。

境和市场竞争态势的改变,对媒体原有的价值链进行优化或重构,以此来重新分解、整合、协调、改善媒体的资源配置方式和价值生产活动,重新建构价值系统。

在关于媒体融合的研究中,运用产业价值链理论来探讨融媒体平台建设的论著不多。本书以媒体"中央厨房"建设为切入点,从平台的生态系统结构、价值生产活动、资源配置方式等入手来探讨融媒体平台的价值链建构问题。随着大数据、人工智能、5G、区块链等技术的发展与广泛应用,以互联网为基础架构的平台将是实现跨界融合的核心枢纽。而不断崛起的平台型媒体以平台为据点、以算法为工具,迅速聚合了规模庞大的注意力市场,成为价值增长最快的媒体。而主流媒体的平台化建设一直处于形式大于内容的阶段,未能真正实现产业模式的发展与创新。本书在深度剖析平台型媒体的运作机理与价值创造活动的基础上,运用"虚拟价值链理论"来探讨在移动互联时代主流媒体如何通过虚拟价值链的建构来进行融合转型。本书还选取了三个典型案例,以理论结合实践的方式,对主流媒体如何按照互联网的逻辑,重新建构适应数字化经济、平台经济发展的虚拟价值链系统进行了具体分析,并提出相应的建构策略,以期为当前的媒体融合提供新的理论视野与实践参考。

2. 以"价值共创"理论分析和探讨融媒体平台的价值生产与创造问题

融媒体平台建设的目的是建构新的价值体系,实现价值创新,以获得市场竞争优势,从而占据主导地位。因此,本书尝试以"价值共创"理论来分析和探讨融媒体平台的价值生产与创造问题。移动互联彻底改变了媒体受众的地位与角色。技术的赋能与平台的赋权,使普罗大众拥有越来越多的主动性与能动性,他们由被动的价值消费者(受众)变成能动的价值创造者(用户),媒体需要重新审视并重视用户的创造性。融媒体平台要想突破建制化的线性价值生产关系,建构新型的价值共创关系,就需要打破传统的受众思维,遵照平台用户思维重新建构用户关系,即以用户为中心,建构以"信息交互、平台共享、价值共创"为核心的竞争能力系统。本书根据主流媒体平台化建设的实际情况,提出了价值共创核心能力体系的具体建构路径与建构方法,为融媒体平台如何通过价值共创实现跨界融合和产业模式的创新提供了新的理论支持与实践参考。

3. 从平台价值生态系统的构成、核心动力机制、运行机制、治理机制等方面探讨了融媒体平台价值生态系统的建构问题

"数据+算法+产品"已成为新兴平台媒体的主要商业模式。未来任何组织

的发展都需借力数据、算法、平台来实现产业结构的优化与产业模式的创新。未来媒体产业的竞争也不再是价值链某些环节的竞争,也不是产业价值链的延伸与扩展的竞争,而是围绕"大平台 + 小前端"的价值生态系统的竞争。因而建构平台价值生态系统是主流媒体面向未来进行产业模式创新的必经之路。本书从平台价值生态系统的构成、核心动力机制、运行机制、治理机制等方面探讨了融媒体平台价值生态系统的建构问题。本书还从生态位战略理论出发,分别探讨了不同量级的融媒体平台的市场结构、商业模式及盈利模式的建构问题。这些研究可以为我国主流媒体建构新型的价值创造体系、具有未来竞争优势的传播体系提供理论参考。

(二) 现实意义

本书在对数字经济、平台经济的宏观环境与我国媒体融合转型现状考察和分析的基础上,从产业经济学和管理学视野出发,对我国媒体平台化转型进行了深度的理论分析与实证研究,对主流媒体进行融媒体平台的价值创造系统建设提出了相应的策略。这些研究可以为传媒管理部门和媒体经营管理者提供理论参考,为提高或改善各级融媒体中心建设提供解决的思路。

本书的研究基础在于对媒体的跨界融合进行了广泛调研和深度访谈,并跨学科地运用多项理论,多层面多维度地研究融媒体中心平台化建设问题,据此提出的建设策略是有针对性、实用性的。本书研究成果对主流媒体建构适应数字经济时代平台竞争的融媒产体业价值链、创新融媒体价值生态系统、提升融媒体平台竞争力有重要的参考意义。

四 基本思路、研究方法、主要观点和创新点

(一) 研究思路

本书以产业价值链理论、虚拟价值链理论、价值共创理论、价值生态系统理论为理论观照,首先对我国主流媒体的平台化转型与融媒体中心建设现状进行全景式扫描和分析,进而探讨在平台竞争时代,主流媒体如何通过价值链重构来建立具有竞争力的融媒体平台。其次,根据平台价值生产与创造逻辑,探讨融媒体平台如何重构用户关系,建构以"信息交互、平台共享、价值共创"为核心的能力系统。最后,在价值生态系统理论视野下,探讨融媒体平台价值生态系统的动

力机制、运行机制与治理机制的建构,以及基于生态位战略,各种结构的融媒体平台如何进行产业模式创新。

本书成果大致分为六个部分:第一,研究背景和相关理论;第二,主流媒体融媒体中心平台化建设的现状及瓶颈性问题;第三,对以人民日报社为代表的主流媒体所推进的"中央厨房"全媒体平台建设进行产业价值链分析,并基于虚拟价值链理论探讨主流媒体应进行价值链重构,以建立适应平台发展的融媒体平台;第四,基于平台的价值创造逻辑,研究主流媒体如何通过用户关系重构,建构以"信息交互、平台共享、价值共创"为核心的能力系统;第五,探讨面对未来数字化、智能化的平台竞争,主流媒体如何建构融媒体平台的价值生态系统,并基于生态位战略进行产业模式持续创新;第六,研究结论和展望。

(二) 研究方法

1. 文献资料法

通过查阅大量的国内外相关文献资料,对产业价值链理论、价值共创理论、价值生态系统理论进行梳理和分析,准确把握这些理论的核心思想和研究方法。在充分占有资料的基础上,寻找适合解释和研究融媒体产业价值链的思想和方法,从而确定本课题的研究视角和研究内容。

2. 深度访谈

对一些已经或正在进行全媒体"中央厨房"建设的媒体有关负责人进行访谈,分析和探讨全媒体"中央厨房"模式的建设过程中可能存在的问题,为主流媒体跨界融合寻找更切实可行的路径与对策。

3. 个案研究

本文根据每章研究的核心内容,选取典型案例进行实证分析,以个案研究的方式,进行理论验证与实践探讨。如对人民日报社的"中央厨房"模式进行价值链分析,对以抖音为代表的短视频平台的算法动力机制进行案例式解析,对以喜马拉雅FM为代表的移动音频平台的价值创造进行个案分析。

4. 交叉研究法

本研究采用的主要理论是价值链理论、平台生态系统理论、价值共创理论。媒体融合是媒体行业和媒体组织的系统性、结构性的变革,也是媒体跨界融合进行产业模式创新的过程,因而必须借鉴和运用传播学、产业经济学、管理学、生态系统论等相关学科的相关思想和方法。

(三) 主要观点

随着数字经济、平台经济的兴起与发展,以互联网为底层架构、以"大数据、算法、平台"为核心运行机制的平台媒体不断崛起。平台媒体迅速获取了庞大的用户市场,成为建构注意力市场的新兴力量。为应对时代环境的变迁、确保意识形态的安全、建构新型的传播体系,主流媒体在政策的推动和市场竞争的压力下开启了平台化转型。

以人民日报社、新华社为代表的主流媒体建构起以"中央厨房"为特征的融媒体平台,迅速成为全国各大媒体争相效仿的模式。"中央厨房"模式加快了媒体新闻业务流程再造,触发了越来越多的体制机制改革。但这种遍地开花的"中央厨房"融媒体平台建设也面临诸多的问题。人才、技术、资金、平台思维的缺乏成为一些融媒体平台建设的瓶颈性问题;在"中央厨房"落地实践中,还存在盲目跟风,缺乏对平台性质、功能及系统作用认知的情况,因而也就不能充分使用或发挥融媒体平台建构注意力市场的效能。因此,各大媒体须从平台思维出发,在明确融媒体平台的功能定位的基础上,重构产业价值链,重构用户关系,建构以"信息交互、平台共享、价值共创"为核心的能力系统,通过与用户价值共创来实现平台的网络效应,来获取市场的竞争优势。

随着数字化、智能化、平台化的发展,"数据+算法+产品"将成为新兴平台媒体的主要商业模式,媒体产业的竞争将集中在价值生态系统的有效运行与良性发展上。各大主流媒体的融媒体平台建设是一个长期而复杂的价值生态系统的建构过程。平台价值生态系统是以新一代互联网技术、大数据、人工智能、物联网、区块链为神经网络,以算法为动力机制,以种群为单元细胞,以自组织演化为特征的开放性系统。"大平台+小前端"是平台价值生态系统最主要的组织形式;"数据+算法"是平台价值生态系统的核心动力机制;而价值共创是平台价值生态系统的创造机制。融媒体平台只有建构起结构完备、机制健全的价值生态系统,才能持续地进行产业模式的创新。为此,各大主流媒体可以基于生态位战略,建构形态多样的融媒体平台价值生态系统,通过协同治理来不断地改善或推进融媒体平台系统自我创新的能力。

通过价值生态系统的建设,融媒体平台将成为具有超强连接与服务功能的高维媒介,它将在更大范围与更多层面深深嵌入社会生活的方方面面,成为跨界融合创新的基础架构与核心桥梁。融媒体平台最终将实现"新闻+政务/服务/

商务"的融合功能,成为建构新型主流媒体与新型传播体系的核心架构。

(四) 创新点

1. 在理论架构和学术思想方面

本书在借鉴和吸收中西方的产业价值链思想、媒介经济学中的产业模式论、生态学中的平台生态系统论、管理学中的价值共创理论的基础上,对我国主流媒体进行的以"中央厨房"为模式的平台化建设进行分析,从价值链重构的角度探讨融媒体平台应建构以"交互、共享、共创"为核心的价值生态系统,重构价值生产关系,优化资源配置方式,并以价值共创为手段来建构融媒体平台的价值创造力和产业竞争力。本书拓展了媒体融合研究的理论视野,从产业经济学和管理学的视角探讨了融媒体平台建设的新路径。

2. 在研究方法方面

本书采用交叉研究方法,即综合借鉴和运用传播学、产业经济学、管理学、生态学等相关学科的理论思想与方法,通过定性与定量研究,多层面、多角度地探讨了融媒体平台价值链重构、平台核心竞争能力系统与平台价值生态系统的建构,以及融媒体平台产业模式创新等问题,丰富了媒体融合的研究方法。

五 关键概念及基础理论

为便于后续研究的开展,本书将所涉关键概念和运用的核心理论在此进行简述。

(一) 平台及平台理论

平台(platform)最初的词意是指工程学上的"工作操控台"。在市场经济中,"平台"被视为是一种市场交易场所,也是一种市场交易机制,它通过向买卖双方收取一定的市场交易费用促进市场的"平滑"运行。① 随着平台经济的兴起,"平台"被视为一个多元的概念,既可以是产品、服务、组织,也可以是商业模式与战略;既可以是现实的,也可以是虚拟的。② 随着互联网平台的发展,"平台"又被视为"促进生产者和消费者进行价值互动的结构","平台"还是"生产者

---

① 陈玲,《基于平台理论的市场平台组织体系及其构建》,《求索》2010 年第 9 期。
② 徐晋、张祥建,《平台经济学初探》,《中国工业经济》2006 年第 5 期。

和消费者进行信息、商品、服务、金钱交换的双边市场"①。随着人工智能技术、区块链技术的发展,各种类型的互联网平台不断崛起。"平台"已不是一个简单的概念,它可以被看作是"交易接口""技术创新架构""中间网络组织",其共性在于它是一个依托网络信息技术向双边(或多边)用户群体提供沟通服务、促进互动与交易的运行空间。②

平台媒体 美国社交网站 Sulia 的 CEO 乔森纳·格里克首次提出平台媒体(platisher)的概念,他认为平台媒体是一个能同时满足用户和广告商快速生产内容,并且具有综合信息处理、差异化的品牌推广和提供独家内容等"编辑基因"的互联网平台。③ 杰罗姆将"平台型媒体"界定为"兼具媒体的专业编辑权威性和用户平台开放性的数字内容实体"④。"平台"作为舶来概念被引入国内视野,后在本土语境下不断发生意义引申与再造,并逐步被嵌入以媒体融合为核心的话语实践。⑤ 目前国内学界普遍将平台媒体视为新闻内容生产与互联网新技术融合的产物;平台媒体是集技术和媒体于一体的开放性服务平台,关注内容聚合和用户关系维护。⑥

融媒体平台 融媒体,是信息时代随着网络社交和多媒体技术的发展而产生的一种新媒体概念。融媒体是指整合网络、电视、纸质媒体、广播电台等不同新闻传播媒介的资源和优势,充分利用它们之间的共通点和互补性而形成的一种新兴媒体。⑦ 融媒体平台是以传统媒体资源与新媒体资源深度融合为基础,采用云计算、大数据、可视化、移动互动等技术建构而成的智能型新媒体。本书将最近几年建设的中央厨房、融媒体中心、各种融媒体云平台统称为融媒体平台。

(二)价值链、虚拟价值链、价值网、价值生态系统理论

价值链理论 1985 年美国学者迈克尔·波特在《竞争优势》一书中首次提

---

① 杰奥夫雷·G.帕克、马歇尔·W.范·埃尔斯泰恩、桑基特·保罗·邱达利,《平台革命,改变世界的商业模式》,机械工业出版社 2017 年版。
② 罗兴武、林芝易、刘洋、陈帅,《平台研究:前沿演进与理论框架——基于 CiteSpace V 知识图谱分析》,《科技进步与对策》2020 年第 22 期。
③ 张志安、姚尧,《平台媒体的类型、演进逻辑和发展趋势》,《新闻与写作》2018 年第 12 期。
④ 喻国明、焦健、张鑫,《"平台型媒体"的缘起、理论与操作关键》,《中国人民大学学报》2015 年第 6 期。
⑤ 张淑玲,《原生代平台型媒体的"去平台"转向——〈赫芬顿邮报〉的衰变及对我国媒体平台化转型的思考》,《中国出版》2021 年第 10 期。
⑥ 陶喜红、周也馨,《生态位理论视角下平台型媒体价值链生成逻辑》,《中国编辑》2021 年第 7 期。
⑦ 周芳,《融媒体时代新闻生产的流程再造》,《传播力研究》2019 年第 1 期。

出"价值链"的概念。波特认为企业的价值创造是通过一系列活动构成（主要分为基本活动和辅助活动），这些互不相同但又相互关联的生产经营活动，构成了一个创造价值的动态过程，即"价值链"。① 企业与上游供应商和下游的渠道分销售商、顾客发生关联活动时，每一个关联的活动又分别构成供应商价值链、渠道价值链、顾客价值链。所有的价值链关联起来形成企业的产业价值链。利用价值链可以分析企业内外竞争势态，可以识别价值链环节中的竞争优势资源。波特的"价值链"理论揭示，企业的竞争，是整个价值链的竞争。企业的竞争力取决于对价值链中的核心资源整合的能力。

虚拟价值链理论　互联网、虚拟价值链概念是由哈佛商学院的杰弗里·F. 雷鲍特（Jeffrey F. Rayport）和约翰·J. 斯维奥克拉（John J. Sviokla）于1995年在"Exploiting the Virtual Value Chain"一文中提出的。② 杰弗里和约翰认为，在知识经济时代，信息、知识和智力资本已经成为独立的生产要素，越来越多的新兴企业依靠信息为顾客创造价值、获取竞争优势。现在的企业在两个世界中竞争：一个是管理者可以看到和触摸的物质世界，即市场场所；一个是由信息构成的虚拟世界，即市场空间。在物质世界，企业依靠传统资源进行价值生产和创造；在虚拟世界，企业通过对信息加工和利用来为顾客创造价值。物质世界和虚拟世界是可以通过互联网进行连接的，即企业在传统物理世界中所做的一切活动都可以通过互联网镜像到虚拟世界，演变成一种新的经济活动。与传统经济活动不同的是，在虚拟世界里经济活动主要是围绕信息的收集、组织、选择、合成和分发而进行，并由此产生出一种新的价值链形态，即虚拟价值链。③ 虚拟价值链理论弥补了传统价值链在互联网时代适用的局限性，揭示了信息作为核心生产要素的在竞争中的作用，也可以更加清楚地解析以互联网为基础架构的企业的价值生产与创造过程。

价值网理论　价值网概念最早由美智高级顾问斯莱沃斯基在《发现利润区》一书中提出，斯莱沃斯基认为在互联网时代企业应将传统的供应链设计为价值网。④ 此后，大卫·波维特（David Bovet）、约瑟夫·玛撒（Joseph Martha）和

---

① 迈克尔·波特，《竞争优势》，华夏出版社2005年版。
② Jeffrey F. Rayport、John J. Sviokla，《Exploiting the Virtual Value Chain》，《哈佛商业评论》（Harvard Business Review）1995年第9期。
③ 国秋华、刘畅，《传统媒体的镜像能力与虚拟价值链的建构》，《现代传播》2018年第9期。
④ 亚德里安·J. 斯莱沃斯基等，《发现利润区》，中信出版社2000年版。

R. 柯克·克雷默(R. Kiek K Kramer)在《价值网：打破供应链 挖掘隐利润》一书中分析指出，在互联网时代，企业与供应商、销售商、顾客、合作伙伴的价值链关系不再是线性的，而是网络式的。因此，企业应该致力于在多家供应商、顾客、合作伙伴等之间建立多链条的价值网关系。建立价值网的优势在于价值网中的成员可以共享资源、共创价值，实现优势互补，从而最大化满足客户多样化或个性化的需求。① 价值网理论进一步突破了传统价值链理论的局限与不足，将企业放置于更大的市场环境中进行优劣势分析，从而帮助企业更好地建立价值生产关系。

价值生态系统理论 随着新一代互联网技术、人工智能技术、5G 通信技术，尤其是云计算和大数据的快速发展与应用，大量的平台企业快速崛起。平台企业的价值创造逻辑与竞争重心发生巨大转向。价值的载体从产品转向体验，顾客参与使用、体验过程成为价值创造的核心环节，大数据挖掘的有效信息和智能算法可以创造新的价值，开放共享共创成为可持续发展的核心动力。以往的价值链无法解释平台企业的价值创造机制。有学者借鉴自然生态系统的规律提出"价值生态系统"理论。所谓的"价值生态系统"是指由具备共同特征或偏好的顾客形成的价值种群或价值群落，与支撑其发展的周边环境共同形成具备生态系统特征的新型产业组织。② 顾客是价值生态系统中重要的生产者和主要的消费者，与顾客相关的数据蕴含着巨大的价值，是平台企业进行资源配置与能力整合的依据。

（三）价值共创理论

Ramirez(1999)首次提出"价值共创"一词，他认为顾客（消费者）可以通过不同环节进入企业的价值创造流程，并与企业进行不同程度的互动，完成资源整合和价值输出。价值共创具有协同性和交互性。21 世纪初，越来越多的学者和企业管理者认识到价值共创的重要性，并对价值共创进行了更加深入的研究，慢慢形成了两支比较有代表性的理论流派：一是以普拉哈拉德(Prahalad)和拉马斯瓦米(Ramaswamy)为代表的基于消费者体验的价值共创理论；一是以瓦戈(Vargo)和勒克斯(Lusch)为代表的基于服务主导逻辑的价值共创理论。

---

① 〔美〕大卫·波维特、约瑟夫·玛撒、R. 柯克·克雷默：《价值网：打破供应链 挖掘隐利润》，人民邮电出版社 2001 年版。
② 金帆、张雪，《从价值链到价值生态系统：云经济时代的产业组织》，经济管理出版社 2019 年版。

基于消费者体验的价值共创理论的核心观点是:随着环境的变化尤其是网络技术的发展,消费者角色发生根本转变。顾客(消费者)不再是单纯的商品购买者、价值的使用者或消耗者,而是价值生产与创造的积极参与者。价值不再由企业单独创造,而转变为由顾客与企业共同创造。价值的基础由产品和服务改为共同创造体验,价值创造过程也从关注供需的匹配转变为构建消费体验网络。Prahalad 和 Ramaswamy 认为价值共创的核心是企业与顾客共同创造体验;而共同创造体验源于企业与顾客的互动。为此,对话、获取、风险管理和透明度是进行价值共创的基础。Prahalad 和 Ramaswamy 认为"对话"是指顾客和企业在双方都感兴趣的问题上进行交互和高度投入的意愿。"获取"是指消费者的个体目标不仅仅是产品或服务,更多表现为获得产品或服务的过程体验;"获取"还指消费者主动获取知识、工具或专业技能以建构个性化用户体验。"风险管理"是假定顾客是积极的价值的共同创造者,那么顾客在了解更多有关产品或服务存在的潜在风险信息的同时,也应该承担起风险责任。"透明度"是企业以往依靠信息不对称而占据优势的条件已经改变,企业的明智之举就是应该随着新一代信息技术的发展创造更高水平的透明性,使顾客更容易获得产品或服务的信息。[①] 价值共创过程就是基于对话、获取、风险和透明度,管理企业与顾客之间的交互;顾客、企业、价值网络成员之间的异质性交互是企业竞争优势的来源。后来一些学者继承和发扬了 Prahalad 和 Ramaswamy 的价值共创理论,如 Gouillar(2014)提出价值共创已经成为企业竞争优势的主要来源,企业可以借助以下五种类型的价值共创获取竞争优势:社区化或社会化媒体营销、用户体验设计或用户导向创新、共同创造的变革、众包或开源、开放式创新。[②]

基于服务主导逻辑的价值共创理论核心观点为:服务是一切经济交换的根本基础。在市场营销由以商品为主导的逻辑转向以服务为主导的逻辑之后,价值不再是企业以商品的形式创造,而是由顾客和企业共同创造。价值共创的过程是由作为生产者的企业通过市场提供物(产品或服务)提出价值主张,消费者通过使用和消费继续创造价值。价值只产生于特定的阶段,即消费者的使用和

[①] 〔美〕C. K. 普拉哈拉德、〔美〕文卡特·拉马斯瓦米,《消费者王朝——与顾客共创价值》,机械工业出版社 2005 年版。
[②] 孙璐,《企业信息交互能力对价值共创及竞争优势的影响研究》,2016 年哈尔滨工业大学博士论文。

消费阶段。瓦戈和勒克斯两位市场营销学者认为,顾客不再是被动的商品接收者、价值消费者,身处价值创造活动之外;相反,顾客是主动的、积极的参与者,价值由顾客来决定。梅尔兹(Merz,2009)提出,品牌价值是由企业和利益相关者共同创造的,且品牌价值共创过程是企业、品牌和所有利益相关者之间一个持续的、社会化的、高度动态和交互的过程。[①]

两种价值共创理论的研究视野不同,研究的侧重点也不同。基于消费者体验的价值共创理论是从战略管理的视野出发,重点在于探讨面临互联网环境的变迁和消费者能动性的增强,企业必须改变传统的经营管理理念,重视用户的价值创造能力,要通过与用户持续的对话和交互,来增强用户与企业以及价值网络节点之间的异质性交互活动,为消费者建构个性化的用户体验环境,从而实现价值创造。而基于服务主导逻辑的价值共创理论是从市场营销视野出发,重点在于讨论消费者如何在消费和使用的环节,通过与生产者的互动,与企业共同完成资源的整合和能力的使用,从而使企业的价值主张得以实现或发展创新。两种理论主张的共同点在于,都强调随着互联网技术的发展和社会化媒介的广泛使用,价值由企业和用户共同创造,交互是价值共创的前提和基础,价值共创是企业获取竞争优势的主要来源。

目前,价值共创理论被广泛运用于各种领域的研究,能够为移动互联网时代各种企业的发展提供理论解释与实践指导。在我国传媒产业发展与转型时期,媒体企业或组织面临互联网时代的环境变迁与商业模式的重构,借鉴价值共创理论来探索媒体产业的价值生产与创造活动,无疑具有极强的现实意义。

本章小结

本章从研究背景及选题意义,对所要研究的对象——传统主流媒体的平台化转型问题进行了说明。在移动互联时代,数字经济与平台型媒体的兴起与发展,急剧改变传媒生态系统的生存与竞争格局,传统主流媒体在国家媒体融合战略的指引下,开启了数字化、平台化转型。以平台化转型促进媒体融合是一项"摸着石头过河"的媒体改革,对于媒体融合路径、媒体如何进行平台化转型,国

---

① 李朝辉,《顾客参与虚拟品牌社区价值共创研究》,中国社会科学出版社 2014 年版。

内学者进行了多层次的探讨,本章根据媒体融合转型的三个阶段对已有研究进行了总结与分析。本章提出从价值链理论、平台理论、价值共创理论等视角对主流媒体平台化转型展开研究,具有理论拓展与现实参考意义。为此,本章对一些核心概念和所要运用的关键理论进行了梳理与说明。

第二章

传统主流媒体平台化转型的动因及现状

随着数字经济的兴起和移动互联时代的来临,一场以数字化为特征的平台革命、场景革命正深刻地改变着商业、媒介与人的关系。平台企业成为经济活动中最主要的商业主体,平台型媒体成为媒介生态系统迅速崛起的传播主体。平台型媒体改变了传媒行业的生态和竞争格局,也改变了传媒行业的价值生产与创造方式。传统主流媒体面临巨大的生存压力。在国家媒体融合传播战略的指引下,在政府与市场双轮驱动下,传统主流媒体主要通过两种方式——"借船出海"和"造船出海"来进行平台化转型。

第一节 传统主流媒体平台化转型的多重动因

一 经济动因:数字经济兴起与平台革命

(一)数字经济的兴起

数字经济是指以数字化的知识和信息作为关键生产要素、以现代信息网络为载体、以信息通信技术的有效使用作为效率提升和经济结构优化的重要推动力的一系列经济活动。① 随着大数据、云计算、移动互联网、物联网、人工智能、5G、智能终端等技术的发展与应用,数字经济已成为经济增长的新引擎,引领时代发展。

在数字经济活动中,数据成为核心生产要素,一切基于数字技术的产业融合、经济变革都受数据驱动;而以数据为核心运作的数字化平台已成为最主要的经济体,拥有数字化平台的企业在数字经济活动中扮演主角,成为核心的商业主体。

数字经济在形态上表现为"平台经济+共享经济"。以网络信息技术为依托、以数字智能化算法为核心动力机制、以双边市场为交易模式的平台,具有聚合数量众多且零散的资源,连接相互依赖的多方,并促进彼此互动与交易的功能。② 围绕平台所展开的各种经济活动和经济关系的总和被视为平台经济。平台经济是一种新的商业模式,它不断孵化新商机、培育新动能;平台经济还是一种新型的资源配置方式,它可以聚合海量的资源、按个性化方式进行供需的精准匹配。③ 共享经济同样是以互联网新一代信息技术为依托,由资源供给方基于数字化网络平台将大量有闲资源有偿交给需求资源的一方使用,从而实现资源的共享。共享经济是另一种有效配置资源的方式,它借助平台聚合海量的、分散的、闲置的资源,按市场化的方式进行最优化的配置,从而满足多元化的社会需求。

平台经济以连接创造价值,共享经济以分享创造价值,两者都是以平台为枢纽、以信任为基础的开放性生态系统。它们打破了传统的价值创造逻辑,颠覆了B2C(企业对个人)标准化大生产的商业模式,开创出C2B(消费者到企业)的个性化生产的商业模式。C2B商业模式对消费者高度赋能赋权,使消费者处于经济活动的中心,消费者的需求是一切价值生产的起点,消费者还是价值生产与创造的参与者。随着人工智能技术的发展,未来的平台经济、共享经济将变成智能经济,将更加深刻地改变各行各业的发展。资源、能力、关系可以进行无边界的连接、流通与共享,跨界融合、共享共创、协同治理将成为经济生活的常态。

(二)数字经济时代平台型媒体的崛起

1. 平台型媒体的崛起

在数字经济时代,3G、4G移动通信技术的应用加速了互联网的移动化、媒

---

① 汤潇,《数字经济》,人民邮电出版社2019年版。
② 赵昌文,《平台经济的发展与规制研究》,中国发展出版社2019年版。
③ 于凤霞,《平台经济:新商业 新动能 新监管》,电子工业出版社2020年版。

介化，智能触屏手机成为互联网移动化的载体。以门户网站和垂直网站为主的网络媒体纷纷开建手机新闻客户端，手机新闻客户端从一个产品变成了一个具有"入口"特征的终端，一时成为移动互联领域的竞争焦点。① 而以新浪、腾讯、网易、搜狐为代表的互联网科技公司着力打造新型的社交媒体——微博、微信等。以移动互联网为基础、以平台为架构、以多媒体形式呈现为手段的社交媒体，可以为用户提供多端连接、多元互动的信息传播与分享，迅速成为使用率最高的平台型媒体。

数字经济时代是大数据产生价值的时代，媒体行业开始利用大数据技术进行新闻生产，在新闻的采编发及内容呈现方面做出了一系列的探索。大数据新闻、可视化新闻、机器人写稿异彩纷呈。以个性化精准推送为特征的新闻资讯类客户端——今日头条、一点资讯应运而生。这是不同于传统新闻客户端的新型的平台媒体，它们基于大数据、云计算等技术，可以快速聚合海量的资讯信息，又可以根据用户提供的信息和留下的行为轨迹进行用户画像，从而能根据用户的需求或偏好精准地匹配并推送信息。

随着人工智能技术、虚拟技术、5G通信技术的发展和应用，短视频平台成为新注意力经济的聚集地。自2016年起，以抖音、快手为代表的短视频平台不断崛起，其用户规模、广告市场急剧增长。据中国互联网信息中心（CNNIC）发布的第47次《中国互联网络发展状况统计报告》显示，截至2020年12月短视频用户规模为8.73亿，占网民整体的88.3%。② 据艾媒咨询调查数据显示，2020年中国短视频市场规模达到1408.3亿元，2021年预计接近2000亿元。③ 在数字经济时代，注意力依然是信息经济中首要的稀缺资源。短视频平台快速建构起规模庞大的注意力市场，成为价值增长最快的平台型媒体。

2. 平台型媒体崛起带来的影响

平台型媒体的崛起正在改变传媒行业的生态格局。平台型媒体以一种新的产业形态出现在媒介生态系统中，它带有互联网的基因，具有天然的开放性和跨界融合的能力；它依托网络信息数字技术，具有自我迭代、自主调适的能力；它自

---

① 朱江丽、蒋旭峰，《媒体融合的探索与实践（2014—2018）》，社会科学文献出版社2020年版。
② 中国互联网信息中心，第47次《中国互联网络发展状况统计报告》，https://www.cnnic.cn/n4/2022/0401/c88-1125.html。
③ 艾媒咨询，《2020—2021年中国短视频头部市场竞争状况专题研究报告》，https://www.iimedia.cn/c400/76654.html。

身就是一个种群多样的生态系统,具有对内对外进行能量交换的能力。因而平台型媒体的崛起将改变传媒行业的生态格局,使原有的媒体生态位面临重新洗牌。以往占据主生态位的传统主流媒体,随着业务的不断萎缩和经营业绩的持续下滑,其影响力和竞争力日渐衰退,其主导地位受到极大的威胁。而实力不断增强的平台型媒体,有可能开辟更广阔的用户市场,成为建构大规模注意力市场的结构性力量,其影响力和竞争力日益增加,从而占据主导地位。这是传统主流媒体面临的最大挑战。

平台型媒体的崛起改变了媒体市场的竞争模式。传统媒体的市场竞争是对广告市场占有的竞争,一切生产活动都围绕抢夺受众注意力而展开。平台型媒体的竞争是以关系网的增值为中心,即利用社交关系来创造无限增值的可能性。平台型媒体经营的不是产品,而是建立一个完善的生态系统,让系统内利益相关的诸多群体交流互动,让系统外有兴趣的个人或群体踊跃地加入进来,以此产生积极的网络效应,从而实现价值的飞跃。

平台媒体的崛起改变了媒体的价值创造逻辑。平台型媒体对用户开放生产权限,任何人都可以在平台规则之下进行信息的生产与传播,产消界限被打破。用户既可以是生产者也可以是消费者,产消身份在平台内自由切换。用户逐渐变成价值创造的主体,不再单纯是被平台服务的对象。这与传统媒体的价值创造逻辑十分不同,传统媒体的价值创造来源于媒体工作者生产的大量高质量内容产品,通过产品吸引受众,再将受众的注意力售卖给广告主,最终以广告营收的多寡来实现经济利益,以产品对受众精神的影响力来实现社会效益。在移动互联时代,受众在技术赋能、平台赋权的形势下,变得具有主动性与能动性,越来越远离被动接受信息和宣传的境地。

(三) 数字经济时代媒体的平台化竞争与生存

在数字经济时代,媒体的平台化竞争日趋激烈,任何类型的媒体都需根据技术的发展和用户个性化消费需求的变化进行内容生产、信息提供服务。传统媒体要借助数字技术和新一代信息技术向数字媒体转型,通过重构组织形式与产业模式,优化资源配置方式,才能在平台化的世界生存。而新媒体同样需要进行持续的技术升级与迭代,进行更智能化的生产与服务,才能维持竞争优势。

事实上,平台可以被用来激活媒介经济活动中的存量部分,如对传统媒体进行技术赋能,使其转变结构、优化流程、提高效率、节约成本,从而提高媒体的价值创造能力。平台也可以被用来建构媒介经济中的增量部分,如智能技术助推新媒体创造更多的经济形态,拓展或创新价值创造的方式。如何建构平台并有效地利用平台是媒体竞争的关键。传统媒体在向平台媒体转型的过程中,一方面可以借助已有平台媒体的技术和空间,开展平台化生存;另一方面是建构自主平台,进行平台化生存。选择何种方式取决于媒体在产业生态系统中的生态位和经济实力。

二 环境动因:移动互联时代传播的场景革命

(一) 移动互联时代的场景

"场景"一词很早就被人们使用,原指戏剧、影视、文学作品里的场面或情景,既包括场所或景物等硬要素,也包括空间和氛围等软要素,硬要素与软要素密不可分,软要素依赖于硬要素并反作用于它。[1] 美国传播学者约书亚·梅罗维茨在 20 世纪 80 年代将"场景"引入传播学研究。他在吸收戈夫曼的场景主义和麦克卢汉的媒介理论基础上提出了媒介场景理论。首先,梅罗维茨从媒介、场景、行为三个维度建构起媒介场景理论的分析范式。其次,他提出了一个新的社会场景观念,即社会场景除了物理场景外,还包括由媒介所创造出来的"信息场景",比如由印刷媒介(书籍、报纸、杂志、小册子等)构成印刷场景,由电子媒介(电视、收音机、电报、电话、计算机技术等)构成电子场景。随着数字技术和互联网技术的发展,"新的传播媒介的引进和广泛使用,可能重建更大范围的场景"[2]。这种更大范围的场景就是数字化场景,数字化场景由数字化、移动化的媒介构成,比如移动设备、社交媒体、手机、传感器、定位系统等。数字化场景与印刷场景、电子场景一样,具有明显的场景特征,但又有别于以上两种场景。数字化场景不仅促使"地域"(各种信息或社会交往的界限、障碍)更大范围地"消失",而且能为人们提供更多元的互动、交往与分享空间。

在"互联网+"时代,场景被重新定义,成为一种思维方式、一种商业能力;场景思维对传统商业逻辑进行颠覆、终结,并重塑个性化服务的时空情景。场景思维的核心是基于场景的用户服务思维,这与互联网思维不同,互联网思维的实质

---

[1] 郜书锴,《场景理论的内容框架与困境对策》,《当代传播》2015 年第 4 期。
[2] 约书亚·梅罗维茨,《消失的地域:电子媒介对社会行为的影响》,清华大学出版社 2002 年版。

是以用户为中心,是注重用户需求的用户思维;而场景思维则更进一步,不但以用户为中心,而且以用户个性化场景为中心,更加注重用户对情境的感知和信息的适配。①

(二)移动互联时代的场景革命

由于数字技术的广泛使用,移动通信、媒体、计算机之间的技术壁垒被打破,信息可以无界限流通、传播与分享;而基于数字技术产生的大数据、定位系统、传感系统等更是加快了万物互联的步伐。当时间的车轮带领人类进入移动互联的时代,一场以数字化为特征的场景革命正深刻地影响着商业、媒介与人的关系。

1. 数字化场景正在重构商业、消费、社交的模式

在网络技术的推动下,多元的、去中心化的、非利益驱动的生产行为已经占据越来越主要的地位,更多的商业模式开始涌现出来。② 以"O2O"(线上到线下)为代表的商业化模式完全打破了传统的商业格局。电商通过数字化场景将线下资源和线上交易有效地连接和整合,建构起跨行业、跨地域、跨系统的交换空间,为人们提供了丰富多彩的消费、交往场景。不仅如此,数字化场景还改变了生产与消费之间的关系。在数字网络化技术的推动下,信息代替传统的能源和资本成为经济的主导力量,而信息的生产和传播越来越分散。媒介领域正在由被一撮最专业人士所经营转变成由全球个人用户参与的领地,媒介正在从一种特殊的经济部门转变为一种有组织的廉价而又全球适用的分享工具。③ 越来越多的业余爱好者从信息消费者融入信息生产者的行列,从消费媒介转向利用媒介,从媒介围观到媒介参与,生产者和消费者的角色越来越模糊,用户既是生产者也是消费者。如今在互联网空间出现的用户生产内容(UGC)现象比比皆是,许多的网络用户依靠开放的平台来搭建内容堡垒,同时又成为内容的消费者。UGC 不仅仅是个人行为,更是一种社会行为,它体现了数字化场景对生产与消费关系的重构。

数字化移动互联技术的发展也深刻重构社会主流的行为模式、生活方式和消费习惯。今天的移动互联技术整合了线下识别和线上交互,赋予了场景更多

---

① 王军峰,《场景化思维:重建场景、用户与服务连接》,《新闻与写作》2017 第 2 期。
② 胡泳、王俊秀、段永朝,《后工业时代:意义互联网的兴起》,《文化纵横》2013 年第 12 期。
③ 克莱·舍基,《认知盈余:自由时间的力量》,中国人民大学出版社 2018 年版。

的商业价值和社会交往意义。① 数字化场景本身也成为一种新的价值交换方式和生活方式。这些新型商业、消费、社交等模式的兴起,使媒体传播环境变得日益复杂、多变。传统的传播理论和策略或已失去效力,需要建构(或采取)新的传播模式或方法。

2. 建构数字化场景是传播竞争的焦点

在移动互联时代,随着云计算、大数据、移动互联网、各种智能穿戴设备的广泛使用,世界中的人、物、场被有效地连接与整合,人们卷入由各种数字化场景拼接起来的社会生活当中。数字化场景具有超强的连接性,它可以借助技术的力量,根据人的需求,将万物互联互通。按照场景的连接方式及使用情况,数字化场景可以分为以下三种类型:

入口场景(或称应用场景)。通常由互联网(浏览器、门户网站、论坛等)、移动通信设备(移动电视、智能手机等)、社会化媒介(微博、微信、各种客户端、App等)、二维码、VR(虚拟现实)、H5(第五代 HTML)、可穿戴智能设备等构成,为人们提供进入娱乐(游戏)、社交、购物的入口空间。

消费场景。通常是由网上购物商城(如淘宝、京东、亚马逊、美团)、微信商圈、滴滴出行等构成的各种消费空间。

支付场景。通常是由移动支付,如网上银行、掌上银行、翼支付、支付宝、微信支付、二维码扫码支付等构成的各种支付空间。未来企业的品牌传播竞争就在于:搭建这三种场景,并整合利用场景的功能绘制无边无际的数字化网络,将目标消费网罗其中。

3. 数字化场景的跨界连接催生分享经济,传播的重心已转向分享

数字化场景的连接是一种跨界连接。无论是入口场景、消费场景,还是支付场景,所搭建的空间是跨界限的,是现实世界与网络空间的互嵌。如虚拟现实就跨越了虚拟与现实之间的"分界线",未来还有可能将逝去的世界和未来时空连接在一起。跨界连接使不同行业之间有了多点的、多领域的连接,不同行业之间的界限也逐渐可以逾越,跨界融合得以实现。跨界连接催生分享经济。首先,数字化网络降低了人们获取信息、分享信息的成本,使发现和分享变得廉价,让全世界的人都成了潜在的参与者。② 数字化分享不同于传统的竞争式分享,竞争

---

① 朱建良、王鹏欣、傅智建,《场景革命:万物互联时代的商业新格局》,中国铁道出版社 2016 版。
② 克莱·舍基,《认知盈余:自由时间的力量》,中国人民大学出版社 2018 年版。

式分享需要花费一定的边际成本,且东西分享出去以后你便不再拥有(比如报纸、杂志);而数字化分享几乎无须花费任何边际成本就可以通过复制把东西分享出去,分享之后你还继续拥有。其次,日渐兴起的基于社交网络建构起的社交场景为数字化分享提供了更加便捷的空间。如存在于微信、微博、QQ群等移动社交平台的社群化分享,使信息传播更具有开放性和病毒式的扩散效应,社群分享越多,连接的机会越多,互为渠道的结合点就越多,也就更容易把有限的市场空间无限扩展。社群不仅重塑了人的生活态度和情感认同,也产生了分享经济,为商业领域带来了全新的场景革命。① 跨界融合、协同分享将是企业品牌传播竞争发展的核心战略。企业利用数字化场景引导用户分享的不仅仅是媒介所连接的内容,更重要的是媒介所传播品牌的有效信息和资源的分享。

(三) 品牌传播竞争的核心:建构数字化场景

美国科技创新领域知名记者罗伯特·斯考伯和谢尔·伊斯雷尔在2013年就提出,移动互联时代就是场景时代,场景是未来商业竞争的焦点。而运用五种技术力量(移动设备、社交媒体、大数据、传感器、定位系统)建构场景,通过场景产生商业联动效应是未来企业取胜的必经之路。② 朱建良、王鹏欣等认为,在万物互联的时代,场景正在引爆新一轮的互联网革命,场景思维将对传统商业逻辑进行颠覆、终结与重塑,场景营销正开启新的营销革命。③ "逻辑思维"联合创始人吴声认为,未来的生活图谱将由场景定义,未来的商业生态也由场景搭建。④ 胡正荣教授提出互联网Web3.0是场景细分时代,场景、细分、垂直、个性化服务是移动互联时代的主要特征。⑤ 彭兰教授则将场景视为移动互联时代媒体的新要素,也就是继内容、形式、社交之后媒体的另一核心要素;场景会成为移动媒体的一个新的入口,移动互联网时代的竞争是场景之争。⑥

随着移动通信技术、互联网技术和新媒体技术的紧密结合,人们渐渐脱离了固定的上网空间,步入移动互联时代。移动互联时代,数字化场景连接一切,并

---

① 朱建良、王鹏欣、傅智建,《场景革命:万物互联时代的商业新格局》,中国铁道出版社2016版。
② 罗伯特·斯考伯、谢尔·伊斯雷尔,《即将到来的场景时代》,北京联合出版公司2014年版。
③ 朱建良、王鹏欣、傅智建,《场景革命:万物互联时代的商业新格局》,中国铁道出版社2016版。
④ 吴声,《场景革命:重构人与商业的连接》,机械工业出版社2015年版。
⑤ 胡正荣,《移动互联时代传统媒体的融合战略》,《传媒评论》2015年第4期。
⑥ 彭兰,《场景:移动时代媒体的新要素》,《新闻记者》2015年第3期。

不断整合和重构商业、社会、生活与消费的所有维度。新的商业模式如"O2O""P2P"(个人对个人)正颠覆传统的商业逻辑,日益兴起的社会化媒体正改变着人们的日常交往与生活消费。这些改变使品牌传播面临革命性变革。传媒企业在进行品牌传播时不得不重新审视时代环境的变迁,认识移动互联的时代特征与发展逻辑,寻找有效通往消费者需求的传播路径,建构自己的品牌形象。

传统的品牌传播大多依赖广告的创意表现。在印刷场景时代,广告是"印在纸上的推销术"(约翰·肯尼迪)。在电子场景时代,品牌的传播就是用广告提出"独特的销售主张"(罗瑟·瑞夫斯),或者用广告塑造品牌形象并广而告之(大卫·奥格威),品牌传播就是在消费者的心智空间寻找一个恰当的定位(里斯·特劳特),再到品牌传播就是"整合营销传播",也就是整合运用各种传播媒介和传播手段传递品牌一致的声音或形象(唐·舒尔茨)。纵观这些品牌传播的思想和方式,其核心理念就是利用媒介广告来传播品牌的信息,而传播的好坏取决于广告表现的优劣。因此,在品牌传播的过程中,广告创意成为核心要素,成为企业、广告公司、媒介共同关注的问题,而品牌信息的接收者(品牌潜在的消费者)却被不同程度地忽视,即便有重视,但却苦于缺乏直接捕获注意力市场(消费者的"眼球经济")的有效途径或工具。因为印刷媒介和电子媒介是单向的传播,信息的传播者和接收者是分离的。绝大多数广告对消费者来说是被动的信息接收,消费者是信息传播的旁观者,甚至是信息的逃避者(如在电视广告时段就调台)。

进入移动互联时代,数字化媒介的传播是双向的、及时的、移动的,信息的生产者、传播者、接收者之间是互动的,甚至彼此的角色是互换的。相较于传统媒介提供的场景,数字化场景的连接更快、更广、更方便,它可以搭建各种各样的超越时空限制的互动、多元、沉浸式的体验平台,充分满足人们个性化的生活方式、价值追求与情感满足。不仅如此,移动互联技术还不断打破行业壁垒、推动跨界融合。现代企业价值的获取不再是以自身运营为中心,而是需要从渠道和自身资源的角度出发,打破品牌与行业壁垒,围绕用户的个性化需求搭建出适宜的数字化场景,形成互补的品牌跨界和连接,创造新的场景用户群,进而实现品牌价值。① 要改变传统品牌传播中品牌与消费者之间的弱连接状态,使消费者与品牌在关系网中产生强连接,现代企业必须利用数字化媒介和移动互联技术来建构数字化场景,利用场景来整合、加强品牌与消费者的连接关系。

---

① 朱建良、王鹏欣、傅智建,《场景革命:万物互联时代的商业新格局》,中国铁道出版社2016版。

三 技术动因：数字化、智能化的新闻生产叙事

随着新一代信息技术和人工智能技术的发展，大数据、传感器、算法推荐、语音识别等技术被不断运用于媒介领域，推动新闻生产走向智能化。智能化新闻生产借助移动设备、社交媒体、大数据、传感器、定位系统等技术手段建构数字化场景，将彻底打破"前台"与"后台"的场景边界，"传媒业生态也将在用户系统、新闻生产系统、新闻分发系统、信息终端等方面实现无边界重构"[①]。

（一）智能化新闻生产的"时空脱域"

约书亚·梅罗维茨在吸收欧文·戈夫曼的场景主义和马歇尔·麦克卢汉的媒介理论的基础上提出媒介场景理论。梅罗维茨认为由媒介创造出来的信息场景，不断改变着人们的社会交往场景；而随着新的传播媒介的引进和新技术的广泛使用，可能重建更大范围的场景，促使更多社会交往"地域（时空界限）"的消失，推动更加多元、繁复、自由的交往行动；非物质的、无固定场所的信息虚拟空间将取代具体的物理空间，流动的、虚拟的社会交往逐渐取代稳定的、面对面的交往。[②] 安东尼·吉登斯也认为现代通信技术和各类传播媒介的发展，已将人们带入现代化"脱域"的过程，即人们的行动越来越脱离特定的场景，进入时空日益被虚化和分离的进程，社会关系也从彼此互动的地域性关联中，从通过对不确定的时间的无限穿越而被重构的关联中"脱离出来"。[③] 吉登斯视"脱域"为一种生产机制，并以此描述现代时空转换组合中社会关系的重构以及社会变迁的特征。[④]

"时空脱域"说到底是一种场景变迁。梅罗维茨认为正是因为信息流动模式的改变，推动了媒介场景的变迁。报纸、杂志等平面媒体建构了印刷场景，广播、电视等电子媒体建构了电子场景，而互联网、社交媒体、移动设备等数字化媒体则建构了数字化场景。在印刷场景和电子场景时代，信息的生产、加工与传播受到时空地域的影响，新闻生产的主客体界限分明，传受关系明确。进入数字化场景时代，媒介领域正在由一批专业人士所经营转变为全球个人用户参与的领地，

[①] 彭兰，《智媒化：未来媒体浪潮——新媒体发展趋势报告（2016）》，《国际新闻界》2016 年第 11 期。
[②] 约书亚·梅罗维茨，《消失的地域：电子媒介对社会行为的影响》，清华大学出版社 2002 年版。
[③] 安东尼·吉登斯，《现代性的后果》，译林出版社 2011 年版。
[④] 操慧，《脱域：互联网时代的新闻生产》，《四川大学学报（哲学社会科学版）》2012 年第 3 期。

媒介已经从一种特殊的经济部门转变为一种有组织的廉价而又全球适用的分享工具。① 数字化场景不仅是人人可以参与信息选择、进行内容生产与传播的空间,还是人们进行互动与分享的社会交往空间。

当新一代信息技术和人工智能技术不断被引入媒介生产领域,进一步加快了现代社会的信息扩张范围和发展速度,创造出更加丰富多元的数字化场景。借助大数据、传感器、定位系统、移动设备、社交媒体等技术手段和设备,新闻的选择、加工与传播日益智能化、移动化与可视化。机器人写稿、无人机新闻、可视化新闻、VR新闻相继出现,为人们带来更加流动的、超体验的、多重的信息交往场景。智能化新闻生产的"时空脱域"特征更加明显,它以交互、可视、拟真等手段进一步消解了大众传播媒介的权威和媒介之间的话语界限,使新闻生产主体与客体的共享与同构关系更加深入,使新闻生产的加工与传播空间更加自由与无限。智能化新闻生产开启了新的信息流动模式,推动着媒介与社会变迁,重构人们的社会关系。

(二)智能化新闻生产的场景思维与叙事逻辑

在文学范畴里,"场景"有两个义项:一是戏剧、影视剧中的场面,二是泛指情景,前者侧重于空间环境,具有客观性;后者偏向于行为情景与心理氛围,带有主观性。② 不同的场景表达不同的意义,因而场景是文学作品的重要组成部分,是文学叙事的一种手段。在传播学范畴里,场景是指由媒介创造出来的信息环境,既包括信息流动的空间,也包括因信息流动而产生的关系与行为。场景是继内容、形式、社交之后媒体的另一种核心要素③,是移动互联时代智能化媒体的一个新入口,是新闻叙事的一种手段。

在传播学领域,以虚拟现实/增强现实技术、算法推荐、机器学习为代表的人工智能技术提供了穿梭时间和空间、跨越虚拟和现实的可能;而以媒介融合、"O2O"为代表的社群媒体和以视频直播、知识付费为代表的新兴产品模式,为线上线下场景化内容生产和多屏传达提供了宽广空间,为用户个性化需求与满足提供了无限可能。④ 未来的智能化新闻生产应以场景思维为导向,以满足用户个性化信息需求为目标指向,来建构用户极致化体验场景。场景思维也将对传

---

① 克莱·舍基:《认知盈余:自由时间的力量》,中国人民大学出版社2018年版。
② 易图强、钟贞慧:《喜马拉雅FM场景构建的路径与启示》,《中国编辑》2019年第4期。
③ 彭兰:《场景:移动时代媒体的新要素》,《新闻记者》2015年第3期。
④ 陈昌凤:《未来的智能传播:从"互联网"到"人联网"》,《人民论坛·学术前沿》2017年第23期。

统的新闻生产叙事逻辑进行颠覆与重塑。传统的新闻生产叙事逻辑遵循由传者（主体）向受众（客体）的单向叙事原则，叙事的重心在于信息选择、内容生产与渠道传播。当移动互联技术超越时空物理限制能将一切即时连接、无限沟通时，传者和受众都变成互联网中的节点，原有的主客关系开始倾覆，原有的生产链条被打断。由传者主导的媒介信息王国慢慢变成受众狂欢的场所，受众成为具有能动性与创造性的媒介用户。他们也可以进行内容生产、参与信息传播，更重要的是他们的行动越来越分散、越来越自由，注意力变得漂移、难以捕获。用户地位的确立代表新的叙事逻辑兴起，即以用户为中心、以场景体验为指向，进行内容的生产、关系的连接、信息的推送、交互共享的维护，最终实现价值的共享共创。

（三）智能化新闻生产的场景叙事方式

叙事学家杰佛里·温思罗普认为，媒体技术是叙事形式的基础和支柱，不同媒体技术的应用会产生不同的叙事方式。在口语传播时代形成在场叙事，在印刷媒体时代形成文本叙事，在电子媒体时代形成影像叙事。那么随着数字技术、人工智能技术、信息交互技术等在媒体生产与传播领域的应用，场景思维与互动叙事逻辑开始呈现。以用户为中心建构生产场景和用户场景，成为叙事的核心。与传统新闻叙事只关注文本形式、话语方式、传播主体思想等不同的是，场景叙事更多包含用户（受众）自身的感受、思想与参与，在一个开放的语境中传播主体与客体（用户）共同建构叙事话语系统。因而，场景叙事更加强调交互、跨界、共享、共创，其叙事方式从传统的单边叙事走向人机交互互动叙事、用户画像精准叙事、多元主体协同叙事、跨界融合共享共创叙事。

1. 人机交互互动叙事

互联网的本质是连接。web1.0时代是"信联网"时代，实现了信息在不同时间和空间的连接；web2.0时代是"物联网"时代，实现了虚拟空间和物质空间的连接；web3.0时代将是"人联网"时代，极有可能实现生物信息和计算信息的连接。[1] 人机交互将成为未来传播的主要趋势，成为建构社会关系的主要方式。

人机交互是智媒化媒体进行信息采集、信息处理、内容生成、信息传播的重要手段。如果说印刷媒体的文本叙事和电子媒体的影像叙事为人们提供了具体

---

[1] 陈昌凤，《未来的智能传播：从"互联网"到"人联网"》，《人民论坛·学术前沿》2017年第23期。

的可看可感的符号或形象,智能化媒体则为用户提供了可以阅读、观看、参与及发表看法的交互空间;文本叙事和影像叙事是线性逻辑思维,其意义在于形象塑造、情节发展与阅读后的愉悦,叙事意义的核心在于作者的创造;而智能化媒体场景叙事的魅力在于交互性,其意义在于角色扮演、情节探索与参与的快感,叙事意义的核心在于用户的创造。① 传统的新闻叙事是由传者作为权威主体建构一个封闭的、意义固定的叙事空间,整个叙事链呈线性状态,是一种单边叙事。智能化新闻生产利用技术建构起人机交互的多种界面,打破了传统的新闻叙事空间,增加了用户的主动性与能动性,使其成为叙事文本的生产者、叙事话语的参与者。

界面是指信息传播者和信息接收者之间关系赖以建立和维系的接触面,包括呈现信息的物质载体的硬件(硬界面)和支撑信息系统运行的软件(软界面)。② 人机交互界面主要包括触摸交互界面、感官交互界面、人机交融界面,不同的交互界面决定人与物、人与媒体、人与人交往的场景,也决定了新闻叙事的主要方式。首先,在触摸交互界面建构的场景叙事方面,随着触摸屏和智能手机的诞生,人与机器之间的物理距离再次缩短,鼠标、键盘不再是仅有的中间媒介,移动电子设备成为用户的掌中之物。智能化媒体从符合用户阅读习惯和使用操作习惯出发,运用计算机软件程序设计出简洁、便利、美观、实用的触摸界面,来提高用户的使用效率与满意程度。用户可以随时随地接收、选用、传播信息,也可以即时发表意见与看法。从简单的评论留言,到分享转发,再到自主创造内容,用户的主动参与性在触摸交互中得以实现。其次,在感官交互界面建构的场景叙事方面,通过利用 VR、AR(增强现实)等智能技术,在充分调动感官的情况下,使用户有了超脱以往的临场感和真实感。此时用户的心理状态、意识等都成为交互的"软界面",用户通过身体接触获得心理上的交互体验,机器通过获取用户的感官数据进一步获知用户需求,为进一步的交互行为创造了可能。在感官交互的场景中,人机交互已经不需要直接的物理接触了,身体控制、感官交互占据主导。比如 VR 新闻不仅给予用户身体在场的感受,也为用户打开扮演式参与的大门。最后,在人机交融界面建构的场景叙事方面,人机交融是人机交互行为的最终发展目标。人机界面逐渐趋向透明化,媒体的中间形态会趋向消失,

---

① 孙为,《交互式媒体叙事研究》,中国传媒大学出版社 2020 年版。
② 张佰明,《以界面传播理念重新界定传受关系》,《国际新闻界》2009 年第 10 期。

从而达到人机共生。比如新华社建构的"MAGIC短视频智能生产平台"就集纳了自然语言处理、计算机视觉、音频语义理解等多项人工智能技术,在信息采集、内容生产、新闻分发等方面实现了人机共生。使新闻叙事主体包含了记者、编辑、事件、平台用户等,文本叙事变成移动化、智能化、网络化、平台化的超文本叙事。

人机交互界面(场景)的建构使互动叙事成为智能化新闻生产叙事的主旋律。从物理层面和情感层面破除了单向传播,增强了新闻叙事主体与客体之间的互动与共鸣。从物理层面来看,通过多种交互场景的建构,用户可以与传者、其他用户、事件角色等进行多方互动,打破时空限制,直接参与新闻生产叙事过程;从情感层面来看,由于智能化技术让用户实现了感官沉浸与情感沉浸,人机关系逐渐亲密,机器在一定程度上填补了人们的情感空缺,通过这种情感桥梁,人们有了互动参与和创作的欲望。互动叙事让传者、用户、事件角色等多方主体在新的开放式的语境下共同建构了一种新的叙事系统。

2. 用户画像精准叙事动态数据

移动互联时代,是一个传受关系不断刷新的时代,也是一个内容丰裕而注意力稀缺的时代。① 如今的用户早已不是被动的受众,而是有想法、有见解的个性用户。要想捕捉用户游离漂移的注意力,就需要在充分了解用户的个性化需求与特征的基础上"对症下药"。为了获取用户个性化需求信息,首先需要对用户画像进行清晰定位。用户画像简言之就是用户信息标签化,即根据用户的目标、行为和观点的差异,将他们区分为不同的类型,然后从每种类型中抽取出典型特征,赋予名字、照片、一些人口统计学要素、场景等描述,形成了一个人物原型。② 用户信息能够直接反映用户行为习惯和态度偏好。

大数据技术及定位系统在智能化新闻生产中的应用,使用户画像成为新闻叙事的基础和依据。大数据挖掘可以获取用户数据并提供信息分析。用户数据分为人口学特征、设备信息、商业属性等相对稳定的静态数据和访问频率与深度、停留时间、拖拽行为等实时变化的大数据。首先获取用户基本的静态数据,进行初步的用户画像建构。其次获取用户网络虚拟空间中的"数字足迹",对其进行收集整理归类,生成用户的个性化标签,从而形成精准的用户画像模型。最

---

① 刘燕南,《数字时代的受众分析:〈注意力市场〉的解读与思考》,《国际新闻界》2017年第3期。
② 谭彦,《基于"用户画像"的内容在新闻App上的精准推送分析》,《记者摇篮》2019年第2期。

后利用大数据独到的信息处理能力,分析用户个人信息的特征和行为规律,挖掘出隐藏在背后的趋势和相关性,精准推送出满足用户真实需求的信息。定位系统则可以锁定目标用户,实现超越时空的实时推送,即在大数据描绘出用户画像之后,定位系统能够通过地理位置信息,以及用户的行为数据,精确推送用户周边信息、判断用户当下的实时需求。

基于用户画像进行精准传播成为智能化新闻生产的主要方式。在用户画像建构的过程中,用户的个性化标签渐趋明朗,用户媒介使用习惯、信息消费需求、个性化表达也越来越容易把握。这一方面有利于媒体实时选取叙事内容、调整叙事话语、提高叙事效果;另一方面,有利于用户获得个性化的适时体验,提高用户反馈的主动性和参与叙事的积极性,为媒体进一步进行生产叙事提供方向。如新华社的"媒体大脑"通过对话机器人服务,让机器人与用户聊天来获取用户的个性化行为数据,进行平台用户画像建构,据此进行内容生产与信息推送,实现精准化传播。还有基于数据库和计算机算法来进行用户画像建构,实现算法推荐,同样是精准叙事的一种方式。

3. 多元主体协同叙事

传统的新闻叙事主体主要是记者、编辑等专业传者。叙事主体的单一垄断性,强化了其意识形态的建构功能,也加大了媒体与用户之间的距离感,影响了传播效果。而智能化的新闻生产通过建构数字化场景,以交互、可视、拟真等手段彻底打破"前台"与"后台"的边界。当"前台"与"后台"的边界消失,人们自我呈现的欲望便大大增加,叙事话语权逐渐转移,从媒体专业生产者分散到普通用户手中,多元主体协同叙事应运而生。多元主体主要包括传者、机器(计算机、智能设备、移动终端、网络、媒体平台)、用户、利益相关者等,在新闻生产过程中,这些主体以各自的身份和技能参与新闻叙事,协同产出媒介产品。

传者专业化叙事。无论是传统叙事时代还是现在的场景叙事,专业的新闻传播者仍然是叙事的主体部分。新闻媒体以其自身的专业优势促使新闻叙事更加专业化、有针对性、多层面。在整个叙事环节中,大多数时候都是专业传者利用高度的新闻敏感性与事件挖掘能力,发起叙事,然后其他方叙事主体才陆续参与进叙事环节中。智能化时代,专业的新闻传播者更需及时掌握新的叙事技能:叙事呈现可视化打破图文叙事的阅读障碍;叙事方向交互性留足与用户的互动空间;叙事声音多元化打造事件角色多元层次。

机器智能化叙事。人工智能技术大面积使用于新闻媒体中,大幅度增强了新闻生产的生产效率、传播速度与数据分析能力。机器参与了新闻叙事环节,进行智能化叙事。机器以其独特的信息捕捉能力、大数据分析处理能力参与到新闻生产的线索收集、写作、分发、呈现等环节中。其中机器人写作风头正盛,其核心就是通过算法对海量数据进行排序、分类、关联和过滤,并将整理过的数据适配和组合进相应的文章模板之中。目前机器人写作已经被广泛运用于财经、体育、天气等领域的新闻生产活动中。新闻叙事更加智能化、高效化、精确化。

用户参与性叙事。当话语权下放,用户拥有了更多的表达欲望与机会,参与叙事成为能动性用户的常用动作。用户通过行动阅读叙事文本,体验叙事情境,参与叙事进程,创造叙事意义。参与性叙事以人机交互所建构的交互界面为基础,以人机对话为形式,以个体化表达为内容,强调用户的创造性。用户的这种参与行为可以分为补充式参与和扮演式参与。补充式参与是指用户充当补充事件完整性的角色。专业传者在开启叙事大门以后,很多时候由于各种条件限制,无法在短时间内快速及时地补充全面信息,而此时用户就能很好地参与到补充环节之中,补充完整事件全过程。扮演式参与是指用户将自身代入事件中,亲身体验事件全过程,给予真实有效反馈的参与活动。用户的参与性叙事丰富了叙事内容,增强了叙事效果。

利益相关者针对性叙事。利益相关者是指与新闻生产有着密切关联的组织或个人,如广告经营商、资源供应商等。他们的叙事活动主要针对用户,以达到商业化诉求。通常伴随着前三种叙事主体的叙事活动而产生,跟随热点事件,聚焦用户视线,结合自身商业需求进行针对性叙事。如广告主利用场景原生广告参与媒介叙事。场景原生广告最大的特点就是不破坏原有界面的叙事文本和话语风格,广告内容已成为原界面内容的组成部分,自然而然成为新闻叙事的一部分。

4. 跨界融合共享共创叙事

基于云计算和大数据建构而成的网络平台,成为群体共享的虚拟空间;媒介日益成为廉价的全球可以共享的工具,人们接触媒介的目的不再是信息获取,而是信息(经验)分享;市场的边界被打破,O2O 成为主要的商业模式。在这个新空间里跨界合作、共享共创成为一种经济行为,成为建构社会关系的主要方式。跨界合作、共享经济、价值共创是未来企业整合资源、建构核心竞争力,以获取市场竞争优势的主要途径。

外部环境的变迁，直接影响到媒体的新闻生产。在政策与技术合力的推动下，媒体行业进入跨界融合、共享共创的时期。媒体云平台的建设，将新闻生产的实体空间拓展至线上（虚拟）空间，多端连接、实时互动、多元分发促成资源共享、内容共享、渠道共享，使跨媒体、跨行业、跨地域进行媒介产品的生产与销售成为可能。媒介新闻生产的空间在变、生产关系在变、生产内容在变、生产的产品也在变，这些改变直接影响其叙事方式。

从宏观来看，新闻的生产叙事空间正变成共享叙事空间。越来越多的叙事主体借助网络平台接入一个公共的虚拟空间，进行资源交换、信息共享、内容共创、产品分销，然后从共同的媒介产品中获得各自的利益。从中观来看，媒介的叙事话语权正随着媒介生产关系的改变而改变，处于价值链末端的媒体消费者借助网络和新媒体技术，逐渐摆脱被动的消费地位，向价值链中端甚至上游环节渗透，变成主动的参与者、生产者，他们不再是价值的消耗者，而是价值的创造者。由此，他们从被动接受叙事变成主动参与叙事，因而获得越来越多的叙事话语权。从微观来看，跨界融合带来更多跨媒介叙事。越来越多的媒介产品集文字、图表、音频、视频于一身，以超文本的形态呈现；还有的媒介产品是开放的形态，需要用户参与才能促成产品的最终形成，如人民日报社推出的《穿越时光，这是我保家卫国的样子》（简称"军装照 H5"）、新华社推出的"点赞十九大，中国强起来"等融媒产品，就是依靠用户的参与和互动，才能完成产品的叙事。

智能化新闻生产以"时空脱域"的方式，消解了传统媒介市场的权力结构，消除了线性叙事逻辑与单向叙事的方式，重新建构了以用户为中心的场景叙事结构。场景成为新闻叙事的入口，不同场景的建构决定了新闻叙事的方式。人机交互场景决定了新闻生产的互动叙事，所有的叙事基础在于交互性、参与性；用户画像技术的应用使漫天撒网式的大众叙事变成精准叙事，依据用户的综合信息进行个性化叙事，从而提高了信息服务的效率；人工智能技术与社会化媒介的广泛使用，使用户、机器、利益相关者成为与传者同样重要的叙事主体，他们协同生产、共同创造，形成多元主体协同叙事的关系；媒介平台化建设使跨界融合、共享共创成为可能，新闻生产的叙事空间、叙事话语、叙事文本再次被改写，跨界共享共创叙事将成为未来的主流。罗兰·巴特曾说："叙事的功能并不是'再现'，而是建构一个场景。"通过场景变迁，我们能够洞察到智能化新闻生产的"脱域"

动力,以及场景重构新闻生产关系与叙事话语的意义。

四 政治动因:媒体融合传播战略的推动

(一)媒体融合是国家传播战略的要求

数字经济的发展推动各行各业向数字化、移动化、智能化方向发展,跨界融合成为推陈出新的强大势力,席卷政治、经济、社会、文化、生活的方方面面,给当今世界带来了许多新的模式与层出不穷的创新,也带来了更多的动荡与剧变。在传播领域,平台型媒体借助技术和资本的力量不断崛起,以强大的资源聚合与智能推送能力抢夺了受众资源,成为建构大规模注意力市场的结构性力量。越来越多的受众向平台型媒体转移,逐渐脱离主流媒体的影响。整个社会思潮激荡,主流和非主流的思想观和价值观并存。为确保国家意识形态安全和社会稳定发展,党和国家领导人一再强调要加快媒体融合,着力提高主流媒体的传播力、引导力、影响力、公信力。为此,党和政府相继出台了多项关于媒体融合的指导性意见或政策,将媒体融合纳入国家战略。

2013年,党的十八届三中全会提出传统媒体和新兴媒体要融合发展。2014年8月中央全面深化改革领导小组第四次会议审议通过了《关于推动传统媒体和新兴媒体融合发展的指导意见》,要求着力打造一批形态多样、手段先进、具有竞争力的新型主流媒体,建成几家拥有强大实力和传播力、公信力、影响力的新型媒体集团,形成立体多样、融合发展的现代传播体系。2017年5月中共中央办公厅、国务院办公厅印发《国家"十三五"时期文化发展改革规划纲要》,提出要深化媒体内部体制机制改革,拓宽传播平台,尽快推动传统媒体和新兴媒体从相"加"迈向相"融",不断提高新闻舆论传播力、引导力、影响力、公信力。2018年中央全面深化改革委员会第五次会议审议通过了《关于加强县级融媒体中心建设的意见》,提出组建县级融媒体中心,有利于整合县级媒体资源、巩固壮大主流思想舆论……调整优化媒体布局,推进融合发展,不断提高县级媒体传播力、引导力、影响力。2019年中共中央政治局在人民日报社就全媒体时代和媒体融合发展举行第十二次集体学习,中共中央总书记习近平主持学习并强调:要运用信息革命成果,推动媒体融合向纵深发展,做大做强主流舆论,巩固全党全国人民团结奋斗的共同思想基础,为实现"两个一百年"奋斗目标、实现中华民族伟大复兴的中国梦提供强大精神力量和舆论支持。① 2020 年 9 月中共中央办公厅、国务院办公厅印发了《关于加快推进媒体深度融合发展的意见》，明确提出要以互联网思维优化资源配置，把更多优质内容、先进技术、专业人才、项目资金向互联网主阵地汇集、向移动端倾斜，让分散在网下的力量尽快进军网上、深入网上，做大做强网络平台，占领新兴传播阵地。② 2021 年 3 月《中华人民共和国国民经济和社会发展第十四个五年规划和 2035 年远景目标纲要》发布，其中第十章《发展社会主义先进文化提升国家文化软实力》从顶层设计层面对主流媒体未来发展提出新要求和新期望，擘画了未来五年内媒体的定位与功能，其中包含媒体要提高社会文明程度，要提升公共文化服务水平，要健全现代文化产业体系，媒体要更加广泛地参与并推进社会进步和国家治理等四个维度。

（二）媒体融合是时代发展的核心命题

媒体产业数字化转型，媒体融合势在必行。2018 年底，中央经济工作会议首次将 5G、人工智能、工业互联网、物联网为代表的新型基础设施建设定性为基建的重要内容。这些新技术将成为我国传统产业技术升级和跨界整合的孵化器，推动各行各业的数字化发展。传统产业的数字化转型将给传媒行业提供更为广阔的市场发展空间，尤其是产业智能化将带来的市场增量空间。互联网技术作为社会操作系统和底层架构，已经从根本上改变了新闻传媒业的运作方式，大大拓展了新闻传媒业的内涵和边界。而 5G 等新一代信息技术的应用将使传媒产业数字化转型的步伐进一步加快，将推动媒体在更大、更广阔的层面展开跨界融合。

政府治理体系的数字化转型需要强有力的媒体支持，媒体融合成为各级政府加强治理体系建设的主要内容。党的十八届三中全会率先提出"推进政府治理体系和治理能力现代化"目标，党的十九届四中全会提出"到二〇三五年，各方面制度更加完善，基本实现国家治理体系和治理能力现代化"要求。"十四五"时期是我国政府治理体系和治理能力现代化的关键期。而"构建现代化的中国特色国家治理体系，全国提高国家治理能力与治理水平"的基础是要顺应数字时代的发展进行政府数字化转型。"十四五"期间，"智慧媒体＋智慧政务＋智慧城市

---

① 习近平主持中共中央政治局第十二次集体学习并发表重要讲话，http://www.gov.cn/xinwen/2019-01/25/content_5361197.htm。
② 中共中央办公厅　国务院办公厅印发《关于加快推进媒体深度融合发展的意见》，http://www.gov.cn/zhengce/2020-09/26/content_5547310.htm。

运营"模式已成为政府数字化转型的主要路径,智慧媒体将在政府治理中扮演重要角色。"新闻+政务/服务"是媒体参与政府治理的主要模式,而这需要推动媒体进行跨界融合。

总之,媒体深度融合是以习近平同志为核心的党中央准确研判和把脉全媒体时代媒体融合发展的趋势和规律,进一步推动构建全媒体传播格局所做出的重大战略部署,是对各级宣传管理部门和各大主流媒体提出的时代发展核心命题。2021年,站在新的历史方位和"两个一百年"的历史交汇点上,我国主流媒体需在国家传播战略的指引下,有计划有目标地进行融合转型,努力提高融合创新的能力。

第二节 传统主流媒体平台化转型及建设现状

传统主流媒体面临巨大的生存压力,在政府和市场双轮驱动下,传统主流媒体投入大量的物力和人力进行平台化建设。一方面,通过入驻第三方平台构筑新媒体传播阵地,积累平台化运营的经验;另一方面,通过建设自主可控的融媒体平台,以推进跨界融合创新。

一 传统主流媒体的"借船出海"

所谓的"借船出海",就是喻指传统媒体借助第三方平台进行信息的生产或传播。扮演第三方平台角色的是互联网平台、社交媒体平台等。

我国传统主流媒体在互联网发轫之初,就尝试拥抱互联网。报业最早与互联网公司合作,先尝试创建网络版报纸,后又搭建综合性的门户网站。2000年《人民日报》网络版改版为人民网,带动一批国家级媒体建立各自的门户网站。2006年重庆日报报业集团率先与腾讯公司合作开办了大渝网,随后西安、成都、武汉等各省市的报业集团也纷纷与腾讯合作,创办了各自的门户网站。网络版报纸将纸质版的内容进行数字化处理以后上传到网络服务器上,拓展了内容传播的渠道;而门户网站聚合了报业网络版的各类新闻,并按照各种分类对新闻内容进行整合,再放到一个站点上呈现给用户,由此改变了报业内容的呈现方式。但是由于不懂互联网的运营规律,也没遵循互联网平台的发展逻辑,许多报社的上网行动并没有带来预期的效果,一些网络版报纸只是纸质版的内容复制,门户网站也没有打造成可与商业门户网站一争雌雄的综合信息平台。

广播电视媒体则以"三网融合"的方式,开启借船出海的道路。2011年我国推进实施三网融合,广播电视集团开始了新的改革与尝试。一方面,借助电信公司的 IP 技术和宽带网络通道,开辟 IPTV(交互式网络电视)。2005年,上海文广集团与中国电信合作在上海推出首个 IPTV 业务。IPTV 具有"互动性"与"按需观看"的功能特性,彻底改变了传统电视单向播放的缺点。另一方面,借力互联网从传统广播电视网渠道向网站、"两微一端"发展,开辟手机电视、互联网电视等新媒体渠道。由于互联网是市场化发展,其技术升级迭代远超电信网和广播电视网,成为重叠在电信网、广播电视网之上的新型信息通信网络,兼具工具属性与媒体属性。以互联网为依托的平台媒体具有"内容+渠道+平台"的网络状分工体系,比广播电视的"内容+传输+终端"的分工体系更具有生产力和创造力,广播电视已远远滞后于平台媒体的发展。

与此不同的是,在数字经济发展初期,互联网因具有技术优势与市场基因迅速发展成长壮大。一些互联网公司从最初的网络传输服务,逐步向渠道运营与内容生产环节渗透。新浪、腾讯、网易、搜狐建立四大新闻门户网站,它们聚合海量新闻、分类编排、连续滚动,并结合文字、图片、音频、视频四种形态进行呈现。新闻门户网站培养了大众使用互联网进行信息消费的习惯,还以内置搜索引擎的方式交给网民主动搜寻新闻信息的权利。互联网迅速媒介化,成为区别于大众传媒的"第四种媒体"——新媒体。随着信息技术的发展,网络媒体继续开辟新的媒介形式和媒体领域,个性化媒体——微博,社交化媒体——微信相继诞生,迅速引发新一轮媒体革命。更多形态多样、功能丰富的自媒体、社交媒体、移动音视频等新媒体涌现。随着移动互联网技术和智能技术的发展与应用,领跑的网络新媒体又火速向移动化、个性化、智能化方向发展,微博、微信成为最大的社交入口平台,今日头条成为第一家智能化推荐的资讯类平台,抖音、快手成为用户规模超亿的短视频平台。这些媒体平台很快便撼动了传统媒体的霸主地位,成为市场和资本的"宠儿"。资本与市场的青睐为新媒体的发展提供了更多的物质基础与发展空间,使其不断向资讯、娱乐、社交、知识、生活、教育、金融等领域延伸。在此情形下,大型的平台媒体公司——腾讯、百度、阿里、新浪、网易、搜狐、字节跳动等相继建构以云网端为架构的媒体生态系统。腾讯在社交领域独占鳌头,其 QQ、微信的用户量超过了12亿人,是全国第一大社交平台媒体。新浪微博、今日头条、快手、抖音也各领风骚。这些平台媒体培养了大众利用平台获取信息、进行社交娱乐、实现跨界分享的媒介使用习惯和线上交互的生活方式,还培养了普通民众参与内容生产的主动意识和创造价值的热情。平台媒体对传统媒体主流地位的威胁越来越大,成为建构新传播格局的结构性力量。

传统主流媒体开始向微博、微信、今日头条等平台借力,纷纷在这些平台上开设官方账号。2012年据新浪微博统计官方媒体开设微博账号的只有1.8万个。至2013年11月底,媒体法人微博快速发展,仅在新浪和腾讯微博客平台,已有3.7万个媒体机构账号。[1] 自2016年起,人民网研究院每年调查发布《中国媒体融合传播指数报告》。2016年报告考察了国内382家报纸、140家杂志、37家电视台和250个广播频率的融合传播情况,显示报纸媒体的融合传播度最高,两微账号开通率均为100%,其中99%入驻聚合类客户端(表2-1)。2017年,被调查的党报媒体,在微博平台中,共有288家报纸入驻,入驻率达到97%;在微信平台中,共有290家报纸入驻,入驻率达到98%。[2] 2018年报纸、杂志、广播、电视等官方媒体在微博、微信、聚合新闻客户端、聚合音频客户端、聚合视频客户端等第三方平台的入驻率都超过90%(表2-2)。[3] 2019年调查报告显示被调查的报纸有287份报纸开通了共计321个微博账号,开通率为97.3%。报纸微博账号的粉丝量均值超过454万,同比2018年增长10.6%。[4] 2020年,考察范围内的275份报纸、278个广播频率、34家电视台共计开设微博账号900个,微信公众号800个,聚合新闻客户端账号1202个,聚合视频客户端账号841个(表2-3)。另有中国新闻史学会应用新闻传播学会发布的《媒体抖音元年:2018发展研究报告》显示,2018年,抖音上经过认证的媒体账号超过1340个,累计发布短视频超过15万条,累计播放次数超过775.6亿。截至2019年2月初,《人民日报》抖音账号的粉丝量超过1000万人,央视新闻、浙江卫视、人民网、中国网直播

---

[1] 全国微博账号突破13亿 有3.7万个媒体机构账号,http://tech.sina.com.cn/i/2013-12-05/10098978242.shtml.
[2] 《2017年中国媒体融合传播指数报告》发布,http://media.people.com.cn/n1/2017/0701/c14677-29376415.html.
[3] 《2018年中国媒体融合传播指数报告》发布,http://media.people.com.cn/n1/2019/0326/c120837-30994743.html.
[4] 《2019年中国媒体融合传播指数报告》发布,http://media.people.com.cn/n1/2020/0430/c120837-31693823.html.

在抖音平台上的粉丝量都超过500万人。①

表2-1 2016年各类媒体移动传播渠道占有情况　　　　　　　　　　单位:%

媒体类型	微博	微信	入驻聚合App
报纸 TOP100	100	100	99
杂志 TOP100	97	97	79

数据来源:人民网研究院。

表2-2 2018年报纸、广播、电视传播矩阵覆盖率　　　　　　　　　　单位:%

类型	网站	微博	微信	聚合新闻客户端	聚合音频客户端	聚合视频客户端	自建客户端
报纸 (N=284)	96.8	93.3	98.2	95.4	—	—	90.8
广播频率 (N=298)	97	67.8	80.5	56.04	98.99	—	95.6
电视台 (N=34)	97.1	97.1	100	100	—	97.1	97.1

数据来源:人民网研究院。

表2-3 2020年报纸、广播、电视传播矩阵覆盖率　　　　　　　　　　单位:%

类型	网站	自建客户端	微博	微信	聚合新闻客户端	聚合视频客户端	聚合音频客户端
报纸 (N=275)	97.8	69.5	98.9	98.9	97.1	89.1	—
广播频率 (N=287)	100	94.6	77	83.3	47.7	42.4	85.7
电视台 (N=34)	100	100	100	100	97	100	—

数据来源:人民网研究院。

---

① 《2018年中国媒体融合传播指数报告》发布,http://media.people.com.cn/n1/2019/0326/c120837-30994743.html。

二 传统主流媒体的"造船出海"

传统主流媒体通过"借船出海"扩大了传播渠道、开拓了用户市场、提升了传播效率。虽然传统主流媒体为第三方平台提供了许多优质的内容,为平台注入了公信力、影响力,但是用户是平台的、流量是平台的,因而绝大部分收入是平台媒体的。无论是处于意识形态的安全,还是市场竞争的需要,传统主流媒体都需要"造船出海"。

"造船出海"就是建设自主可控的媒体平台,然后利用自主平台去整合既有的存量资源(如媒体内部自身的资源,已建的微博、微信账号和新闻客户端等新媒体平台上的资源),激发存量资源的活力;同时又依托平台去开发新的媒体资源(如短视频、网络直播)或跨界资源。最终建构平台型的价值生态系统,使其具有核心竞争力。自2014年媒体融合上升至国家战略层面始,传统主流媒体将之前零散的"造船"尝试变成有计划有目标的工程建设,且受到政府的大力支持。

(一) 传统主流媒体着力自有新闻客户端的建设

自2014年起,媒体出现创办客户端的热潮,有的报业集团下面建有多个客户端,一些广播电视也创办了自有客户端。但是自有客户端的下载量非常有限,约七成报纸、杂志客户端的下载量不足10万。近四成广播频率、电视栏目的客户端的下载量不足1万。[①] 至2017年有许多家报纸和在安卓应用市场与苹果应用商店提供自建客户端下载。据人民网研究院调查的100家报纸媒体,其中有91家报纸在11个安卓应用市场提供自建客户端下载,平均每家入驻8.6个安卓市场,平均累计下载量约为590万,较2016年的百强报纸在10家安卓应用市场的平均累计下载量(269万)提高119%。还有70家报纸自建苹果客户端,其中《人民日报》在苹果应用商店排名最高。[②] 据2018年统计,在下载量过千万的报纸客户端中,绝大多数为报业集团或报社主推的客户端,子报子刊创办的客户端下载量普遍不高。广播频率自建客户端下载量均值为22万,中位数为1.8万,一些广播频率客户端已经停止运维。而广播电视台创办的综合客户端或广

---

① 刘旷,《盘点新闻客户端,未来谁主沉浮》,《商业文化》2015年第17期。
② 《2017年中国媒体融合传播指数报告》,http://www.ce.cn/culture/gd/201804/03/t20180403_28703789.shtml。

播电台创办的音频客户端下载量均值为220万,中位数为15.8万。因此,从实际传播效果来看,大多数传统媒体客户端同质化,功能不够多样,下载量低,有些客户端已经不再进行版本更新。① 2018、2019两年,许多报纸加强自有客户端的升级改造,其下载量有所增多。2020年媒体自建客户端的两极分化现象依然明显,报纸、广播、电视自建安卓客户端在考察的9个应用商店的下载量均值分别为1130.8万、584.2万、9451万,但下载量中位数分别为31.8万、40.3万、87.6万,部分自建客户端的下载量合计甚至未到千次。②

(二)传统主流媒体着力进行以人民日报社"中央厨房"为代表的融媒体平台的建设

2015年3月人民日报社倾力设计和打造的全媒体平台——"中央厨房"正式上线运行,2017年得到党和国家领导人的肯定,其模式成为"造船出海"的典范,引领媒体行业纷纷效仿。此后"中央厨房"成为传统媒体平台化建设的标配。在此基础上,各级媒体还纷纷探索适合自身发展的平台化建设路径,建设融媒体中心、建设各种功能的平台。

"中央厨房"原本是指一些大型连锁餐饮企业集中大规模采购、采取集约化方式生产半成品或成品的生产经营模式。传统主流媒体在媒体融合实践中,为整合内部资源,加快新闻生产的业务流程改造,提高传播效率,筹建融媒体中心(或平台)。融媒体中心(或平台)的生产运营模式类似于"中央厨房",即新闻生产实现素材一次采集、信息集中加工、内容多元生成、新闻多渠道发布。"中央厨房"因此被媒体借用来指称融媒体中心(或平台)。

人民日报社是率先启动"中央厨房"建设项目的媒体。自2014年开始筹建到2016年2月正式投入运行,"中央厨房"的运行获得预期效果。不仅"开启了人民日报融合发展的新征程"(人民日报社社长杨振武语),而且成为媒体融合的一项标杆。人民日报社的"中央厨房"的定位是做一个全行业的融合平台,即ToB(团体对企业)的大平台。主要目的是打破各个部门、机构、行业的边界,创新内容生产。"中央厨房"项目建设的总经理叶蓁蓁曾在不同场合解释说明,"中央厨房"作为融合发展的大平台,首先是给人民日报体系的所有媒体提供后台支

---

① 《2018年中国媒体融合传播指数报告》发布,http://media.people.com.cn/n1/2019/0326/c120837-30994743.html.
② 《2020年媒体融合传播指数报告》发布,http://yjy.people.com.cn/GB/437397/index.html.

撑，其次为全国党媒提供后台支撑。所谓的后台支持就是利用平台的功能模块为用户提供技术服务、数据服务、内容加工服务、智能分发服务等。基于ToB平台的定位，人民日报社"中央厨房"的主要功能集中于专业内容的生产与分发，服务对象为媒体单位或公司。"中央厨房"一方面为内容的采编发提供空间的、技术的、资本的平台支持；另一方面为生产的内容提供端口服务，即利用出口端向外推送内容或开放入口端让需要者抓取内容。具体来说，"中央厨房"是内容采编发的集中操控中心，所有的素材、信息、内容都汇集于大平台，由总编调度中心进行指控和调控生产，不同模块的系统进行加工生产，最后向不同的媒体端口分发。在端口服务方面，"中央厨房"不仅连接了人民日报社社属的所有子报、子刊及其网站，还连接了报社体系内的300多个新媒体账号。而置于人民网首页的"全国党媒信息公共平台"入口是对外开放的，各大新闻网站都可以从这里自动抓取内容。

人民日报社"中央厨房"的结构主要由空间平台、技术平台、业务平台、运营平台和资本平台构成。不同的平台都由不同的功能模块构成。"中央厨房"的空间平台是建筑总面积达3200多平方米的办公空间，内设融合指挥部和融合生产线两大模块，主要用于核心指挥、新闻采编、实时发布、视频制作、会务接待、形象展示、视频会议等。① 技术平台是"中国媒体融合云"平台，主要由以下模块组成：全媒体新闻平台数据中心与云服务层、用户资源云服务层、操作层、数据展示层。技术平台的主要功能为前方记者提供技术支持，为各编辑中心提供加工、呈现的技术支持，为内容的分发提供技术支持，为用户反馈和舆情监测提供支持。业务平台由总编调度中心和采编联动平台构成。总编调度中心的功能在于统筹报道策划、调度采访力量、整合新闻资源、协调技术支持等。采编联动平台内设全媒体编辑中心、采访中心、技术中心三个子系统模块。主要功能在于根据总编室的指令和任务安排，进行新闻采访、内容编辑、技术制作等联合办公、全流程协作。运营平台由内容推广、产品营销、对外合作等职能模块构成，主要功能是负责把产品推向各个终端，与海内外媒体联系合作。资本平台主要由人民日报媒体技术股份有限公司与招商局资本投资公司专门成立媒体融合产业基金，为人民日报社内、外媒体的融合发展提资金支持。到目前为止，人民日报社"中央厨房"的五大平台结构设计完备，其中空间平台、技术平台、业务平台都基本建构完

---

① 陈玉林，《人民日报"中央厨房"的打造与运行》，《传媒》2017年第7期（下）。

成,而运营平台和资本平台还在不断地建设中。

为发挥"中央厨房平台"的平台功能,人民日报社进行了业务流程和体制机制的再造。首先,对人民日报社内部的新闻生产流程进行了重新设计与整合,打通了新闻采访、编辑、技术等部门界限,实现多部门联席办公、跨区域全流程协作,建构起"一次采集、多种生成、多元分发"的新业务流程。其次,根据新的业务流程重新建构管理机制与生产机制。为保证"中央厨房"各平台之间的有效链接、高效运转,报社建立了"9+2"的管理办法,针对不同流程制定了10多项管理制度或考核方案。另外,为保证内容的生产与创新,"中央厨房"建构融媒体工作室,采取"四跨+五支持"的机制。"四跨"是指报社内记者编辑可以跨部门、跨媒体、跨地域和跨专业地组织长期或临时的团队,进行协作;"五支持"是"中央厨房"作为孵化器为所有融媒体工作室的组建及工作的开展提供资金、技术支持,为其内容或产品的推广、运营、经营提供帮助。随着全国党媒信息公共平台的建立,"中央厨房"依托"中国媒体融合云",建立新的合作分享机制。首先,依托云平台整合了互联网应用系统和数量众多的官方微博、微信公众号,并聚合了微信、微博、App、互联网媒体的海量内容,形成资源丰富的供给端。其次,通过端口接入的信息对平台用户画像,由此建立了用户数据库和用户爱好模型。再次,依托大数据、云计算等建构个性化推荐机制,在个性化推荐源头采取优选机制。优选机制是好的新闻或者融媒体产品被优先推送或媒体有优先发布权。比如对于好的、快的、短的新闻,人民日报体系有五分钟的优先权,五分钟之后全网推送;长的、有深度的内容,人民日报体系有十分钟的优先权,十分钟后全网分发推送。人民日报的个性化推荐机制可以基于B端(企业消费者)用户的需要,实现跨站点的个性化用户推荐、全链条的广告精准营销。总之,人民日报社"中央厨房"是完全免费开放的,它可以为合作伙伴提供自主、高效、多元的内容与服务。

人民日报社"中央厨房"的建成与运行所取得的成效吸引了众多媒体的目光,尤其是在得到党和国家领导人的肯定之后,其模式更是成为媒体行业争相学习与效仿的标杆。"中央厨房"建设成为各级媒体主管部门重点抓的龙头工程,成为各大媒体建设融媒体中心的标配。据有关资料统计,在2017年有23个省市的主流媒体开启了"中央厨房"的建设计划[1],到2017年底全国有55家地市级

---

[1] 陈铁,《中央厨房媒体融合模式在我国的现状与发展》,《天津科技》2017年第11期。

以上的媒体建成"中央厨房"。[①] 2018年随着县级融媒体中心建设的开启,"中央厨房"在县域遍地开花。如此大范围的"中央厨房"建设,既是政府大力推动的结果,也是各级媒体急于转型的表现。

"中央厨房"的平台建设不仅需要专业的技术和大量资金的投入,而且需要媒体业务流程和机制再造,才能真正运转起来。许多已建或在建的"中央厨房",实际情况却是这样的:(1)只有形没有神,即只搭建了一个物理空间,即空架子,没有相应的运行机制。(2)太多模仿,少有创新。搭建融媒体平台需要根据媒体自身的发展状态及实际能力来确定平台的功能定位。人民日报社做全行业的融媒体大平台的功能定位,是基于报社所处的行业领头者的生态位来决定的,其模式并不适合一切媒体。但许多媒体在定位不清晰的状态下,盲目照搬,结果是中看不中用。(3)不懂平台运营,"中央厨房"成为菜市场。有许多媒体人把"中央厨房"简单理解为"一个集中处理新闻原料的中央处理器,是供媒体选菜、配菜、做菜的大厨房"。还有人把中央厨房看作是节庆厨房,即只有当领导视察或者有重大节庆会议时才"炒菜"的厨房。这些错误的认知,导致"中央厨房"的建设偏离互联网平台的本质,成为新闻产品加工的车间。(4)模式输出与落地实践的差异。人民日报媒体技术股份有限公司(简称"PDMI")向外积极推广"中央厨房"建设方案和技术,已经输出了面向省级和地市级媒体的"中央厨房",面向区县级的"中央厨房"(融媒体中心),面向地方党委宣传部的"中央厨房"。模式的输出有利于建构标准一致的"中央厨房"体系,与人民日报社的"中央厨房"大平台系统实现对接,从长远来看有利于行业资源的整合。但在落地实践中,因各媒体的发展情况不同,有的缺少技术管理人才,有的缺少资金对"中央厨房"的运行进行维护,有的是体制机制跟不上,结果模式是好的,但不能真正起作用。

(三)县级融媒体中心的建设

2018年县级融媒体中心建设被提升至国家战略的层面。在国家政策的指导下,在各级政府部门的推动下,县级融媒体中心以星火燎原之势全面展开。国家级、省级媒体纷纷参与其中,"中央厨房"模式向下延伸,成为县级融媒体中心的建设的主要范式。有的县级融媒体中心直接是省级融媒体中心的翻版。这意

---

① 陈国权,《2017年中国媒体"中央厨房"发展报告》,《新闻记者》2018年第1期。

味着在"中央厨房"建设过程中存在的没有解决的问题,也影响到县级融媒体中心的建设。县级融媒体中心建设并不是单纯的县级媒体改革,而是以政府为主导,国家级、省级媒体参与的多边主体与县级媒体共建的过程,是更大范围的跨界融合。多边主体的"下沉"带来渠道、技术、平台的"下沉",为县级融媒体中心的建设提供了多种途径与模式,但同时也产生了一些不可忽视的矛盾。

1. 县级融媒体中心建设是在多边主体与多种形式"下沉"过程中进行的

多边主体的下沉表现在三个方面:其一,互联网公司和以互联网为基础的社会化媒体快速下沉至县级乡镇,助推县级媒体开建新闻网站和在微信、微博、抖音等平台开设公众号等。数据显示在当前县级融媒体中心的建设中,60%的县级媒体拥有三种及三种以上的新媒体平台类型,45.1%的县还在今日头条、一点资讯、网易新闻等第三方平台开设了官方账号。① 2018年快手用户日活过亿,这些用户很大程度上来自下沉县级市场的青年。② 其二,国家级主流媒体的下沉。以《人民日报》、新华社、中央广播电视总台等为代表的主流媒体,利用自身的融合发展优势,将已建成的融媒体模式向下推广。如《人民日报》搭建全国党媒信息公共平台,然后以地方媒体入驻该平台的方式,将其"中央厨房"模式向县级媒体推广,并对入驻的县级媒体进行技术支持和融媒平台建设指导。其三,省级主流媒体的下沉。自2016年始,各省主流媒体纷纷搭建各种融媒体云平台,进行融媒体建设。2018年县级融媒体建设被纳入融合发展战略,各省级主流媒体迅速切入县级融媒体的建设中。其主要方式是依据自身的融媒体云平台建设经验和模式,以模式嫁接的方式帮助县级媒体进行融媒体中心建设。如《江西日报》利用自己的"赣鄱云",在短短的两三个月之内帮助五十多个县级媒体建成融媒体中心,着力打造以"赣鄱云"为中心的全省传播一张网。

伴随多边主体"下沉"的是渠道、技术、平台的下沉。多边主体积极参与县级融媒体中心的建设,县级媒体逐渐成为多边主体进行渠道扩展、技术输出、平台移植的对象。一方面,多边主体利用互联网和平台技术,将原本疏离落后的县级媒体纳入自身的传播阵营,对其进行帮扶改造,使其成为新的传播渠道;另一方面,多边主体意欲通过渠道、技术、平台的下沉,将县级媒体纳入自身的产业行列,以此推进产业价值链的延伸,拓展用户市场,建构互联互通的产业价值网。

---

① 付莎莎,《县级融媒之变:融媒体中心建设路径再探》,《今传媒》2019年第4期。
② 沈阳、闫佳琦,《县级融媒体中心建设的思考》,《中国出版》2018年第11期。

而县级媒体作为被建设者，既存在被动依赖多边主体的状况，也有作为独立的行政单位或经济体的自身发展诉求。多边主体与县级媒体之间呈现多边主体引领、共谋跨界融合的态势。

2. 多边"下沉"中县级融媒体中心建设面临的问题

（1）市场演化与行政推进的矛盾。媒体融合的市场动因在于网络技术和新一代信息技术的迅速发展与广泛应用。以移动互联、物联网、大数据、可穿戴技术等为代表的新一代信息技术不断整合和重构社会、经济、生活的方方面面，颠覆了传统的商业逻辑与市场竞争格局。以互联网技术为依托的新兴移动社交媒体快速地适应了这种技术与社会的变迁，成为被广泛使用的媒介。它们建构起新的媒介市场逻辑与平台运营模式，能快速连接、便捷分享、多元传播，同时又赋予用户（受众）更多选择的权利，为用户提供更多的信息分享渠道，甚至为其提供信息生产与发布的虚拟空间。与此同时，随着智能移动终端的广泛使用，传统媒体的受众向社会化媒体迁移，他们不再是信息的被动接收者，而是越来越主动的媒介信息消费者，他们的身份从受众变为媒介用户。媒介技术的快速迭代，产业环境的急剧变迁，新型用户市场的崛起，均要求融媒体建设应按照用户市场的需求，运用网络技术和新一代信息技术，及时生产、快速传播、多元呈现、便捷分享媒体产品或服务。为此，媒体就需要彻底打破传统的经营管理理念，革新组织结构与管理机制，建立现代化的企业管理制度。这些变革不可能一蹴而就，需要行政力量通过行政规划、建设规范、项目支持等手段推进融媒体中心的建设进程。目前，大部分县级融媒体中心的建设是对省级融媒体模式的复制，但是省级融媒体往往只是初步搭建了融媒体云平台，刚刚规划出框架，将其匆匆运用于县级融媒体中心的建设，结果可想而知。这就可能导致一些参与建设的多边主体由于自身模式的不成熟，所参建的县级融媒体中心形式大于内容。深入调研就会发现，有许多的县级融媒体中心只是搭建起一个技术平台，初步构建了融媒体的外壳，而内部机制体制的深层次改革尚未开始，这是不能满足市场演化需要的。

（2）形式挂牌与实质转型的矛盾。2018年9月中宣部在长兴召开县级融媒体中心建设现场推进会，提出2018年要先行建设600个县级融媒体中心，要求2020年年底基本实现县级融媒体在全国的全覆盖。在此时间表的要求下，各省纷纷提出建设计划。在各省行政力量的推动下，省级媒体迅速下沉，县级融媒体中心以燎原之势在全国遍地开花。陈国权研究团队调研发现：一些县级媒体迅速挂牌成立了"融媒体中心"，但究其实质，尚属简单相加，如有的只是让新闻中心、电视台、网站等简单坐在一起"合署办公";有的新成立一个"融媒体中心",抽调不同媒体单位的员工到新中心挂职。①黄雪娇在 2018 年对中部六省经济十强县的县级融媒体中心建设进行调研后发现:中部地区县级融媒体的转型整体上仍停留在媒体形式整合阶段,尚未进入理念转变和体制改革的实质性融合阶段。②笔者于 2018 年 12 月至 2019 年 6 月对安徽广播电视台的"海豚云"及省内15 家已挂牌的县级融媒体中心进行实地调研和考察,发现也存在相同的问题:县级融媒体中心的挂牌签约形式大于内容,真正的体制机制改革、组织结构的整合、平台的建构都还处于探究与摸索中。目前,除了个别的县级媒体(如浙江长兴县融媒体中心)自主建设外,大部分县级融媒体中心的建设依赖头部和中部阵营媒体技术、平台、人力等的支持。底子薄弱的县级媒体本应循序渐进地进行融媒体中心建设,却采取急于求成的方式,欲把体量并不大的县级融媒体中心打造成跨媒体、跨行业的综合型平台,既想做融媒体新闻宣传,还想做政务民生等综合服务,甚至还要在平台上做一些经营性项目。但是受资金、技术、人才以及政策等方面的影响,这种贪大求全式的建设愿望恐难在短期内实现。

(3) 模式复制与系统整合的矛盾。随着多边主体"下沉"的是模式"下沉"。对很多县级媒体来说,复制模式比创建模式省时省事。所以"中央厨房"无论大小是要建的;融媒体云平台无论有多大的容量和技术端口也是要建的;用户市场无论需求有多大,新媒体矩阵("两微一端"、App)也是要坚持运营的。于是问题来了——模式拿过来容易,进行系统整合却并不容易。一是内部系统整合的问题。建设"中央厨房"需要对已有的业务采编流程再造,对技术设备改造升级;对广播、电视、网络新媒体等人员进行重新编制,对内部组织结构进行整合。这些整合关涉行政体制、组织关系、岗位绩效、管理机制等一系列的变革,并非轻而易举。许多省级媒体也是先搭框架模式,倒逼体制机制改革。为此,一些学者一再提醒:各地各媒体在创建"中央厨房"的探索中,应多点理性思考,不能一哄而上。③二是与外部系统整合的问题。融媒体云平台的确是移动互联时代进行资源、技术、内容、渠道共享的重要空间,是跨媒体整合的重要工具。但融媒体云平台是需要大量资金、技术和人才的建设项目,尤其是对一般县级媒体来说,一旦

---

① 陈国权,《中国县级融媒体中心改革发展报告》,《现代传播》2019 年第 4 期。
② 黄雪娇,《中部地区县级融媒体发展的创新路径研究——以 2018 年中部六省经济十强县为样本》,《出版发行研究》2019 年第 4 期。
③ 范以锦,《"中央厨房"产品不是终极产品》,《新闻与写作》2016 年第 3 期。

进入实质融合阶段,没有全面考察本地传统媒体运营状况以及新媒体发展现状的县域将很难达成与外部系统整合的目标。① 总之,无论是内部还是外部系统整合,若都以模式先行,不考虑根本的用户市场和用户需求,其建设都无异于缘木求鱼。

三 对传统主流媒体平台化建设的反思

(一) 融媒体平台建设需要互联网平台思维

随着移动互联时代的来临,网络化、移动化、智能化成为产业经济发展的主流趋向,万事万物的关系建构越来越依靠互联网平台。尤其是在移动互联时代,平台成为一种网络中介,它依靠强大的网络技术将各类生产者和庞大的用户群连接起来,并为其提供价值互动和交换的空间,这个空间是开放的、多边的、交互的,是以共享共创为特征的。

平台思维本质上是一种互联网思维,它的首要目标是通过平台匹配用户,即为生产者和用户创造一个开放的、可以交互的空间,使其通过商品、服务或社会货币的交换为所有参与者创造价值。平台思维更加注重利用大数据、云计算、物联网等技术实现信息交互、平台共享、价值共创。在媒介领域,依靠互联网建构起来的平台型媒体崛起,正不断重构媒体行业的市场逻辑。媒体的价值生产与创造转向以用户为中心,媒体的资源配置与价值关系的建构转向信息交互、平台共享、价值共创。

各类"中央厨房"融媒体平台的建设,多边模式"下沉"中的县级融媒体中心建设,都是以传统媒体转型升级、加快融合发展为立足点,进行新的传播体系的建构。融合转型的实质是在更大范围进行跨界融合。这种跨界融合以融媒体平台建设为纽带、以融合共享为特征、以提升传播"四力"为目标。其中,平台化建设是媒体融合转型的重点,也只有通过平台化建设,才能顺应时代的发展和媒介市场环境的变迁。

考察融媒体平台的建设现状,其建设过程中所凸显的各种矛盾与问题,主要症结在以下两个方面。(1)大多数建设主体尤其是县级媒体的建设者普遍缺乏

---

① 黄雪娇,《中部地区县级融媒体发展的创新路径研究:以2018年中部六省经济十强县为样本》,《出版发行研究》2019年第4期。

平台思维,对平台的专业知识和技能知之甚少,从而出现因不懂平台的经营和管理而照抄照搬平台模式的现象。笔者在调研过程中发现一些省级、地市级、县级融媒体中心的建设者要么认为平台就是"中央厨房",要么认为平台就是一些系统设备或设施,要么认为平台就是由互联网技术和各种设备搭建而成的运营系统。这导致县级融媒体中心建设的空壳化,平台缺少核心交互的设计和相应的治理。(2)将平台化建设视为进行渠道融合、内容融合、技术融合的一种方式,而不是新型的价值生产关系与价值生产模式的建构。这导致"中央厨房"、县级融媒体中心建设并没有充分理解和利用"互联网+"的效力,以至于建立起来的"大屏"成为数据信息的展示屏,对大数据、云计算的利用率较为低下。另外,在当前的县级融媒体平台的建设过程中,无论是"中央厨房"的搭建,还是"新闻+政务+民生"等融媒体平台的创建,其建设思维大都是围绕信息整合、多渠道融合、综合服务来进行,对于如何匹配用户、增强交互、提升共享共创的能力思之不多,这是融媒体中心平台化建设最大的瓶颈。从这个层面来讲,各级融媒体平台的建设主体都亟须转变传统的经营管理思维,学习平台专业知识和技能。

(二)融媒体平台建设的可行性路径

1. 基于核心交互设计融媒体平台的体系结构

任何一个基于互联网建构而成的平台,其基本目标就是促进核心交互。核心交互是平台内部进行价值生产与交换的重要形式,因此进行平台设计时应先对生产者与消费者之间的核心交互进行设计。对于融媒体平台的建设来说,首先要确定核心交互的参与者,即有哪些组织或个人是平台内部活动的参与者;其次要界定在平台内可以进行哪些商品、内容或服务的生产与交换;最后要选择合适的技术系统和工具,为平台的参与者、平台的各种交互活动提供技术支持与规则设定。比如,要建设一个"新闻+政务"的县级融媒体平台,建设者就要明确哪些媒体或新闻组织、哪些行政单位或部门、哪些社群组织或个人可以进入平台内部进行信息交互,交互的内容涉及哪些类别,借用什么工具进行交互。只有厘清这三个层面的关系,才能有针对性地进行平台体系的建构。当前的一些县级融媒体平台建设是先搭建平台外壳,后设计体系结构,这显然是本末倒置的,不符合互联网平台建构的逻辑。

2. 基于共享共创建构融媒体平台价值生产体系

在传统的价值生产体系中,资金、技术、人才、优质内容、传播渠道、品牌文化等是媒体的关键性资源,媒体的价值生产就在于有效配置、整合、运用这些资源,借此获取市场竞争优势。移动互联时代,用户、信息、平台、流量、粉丝、社群逐渐成为媒体发展的关键性资源,媒体的价值生产转向以信息交互、平台共享、价值共创为核心的资源配置与竞争。这一根本变化将决定融媒体平台化建设不是单纯的业务流程再造或价值链重构,也不是简单的体制机制的改革,而是要建构新的价值生产体系。

(1)以平台共享为中心重构媒体的价值链。未来的媒介世界是一个信息分享、平台崛起的时代。"闲置资源+共享平台+人人参与"将彻底改变媒介的商业模式。未来的媒介市场之争在于谁能为闲置的资源提供共享的渠道、技术和平台,谁能对共享行为进行有效的组织和利用,谁能将共享行为变成组织的一种能力,谁就有可能成为未来世界的赢家。① 融媒体平台建设应以平台共享为中心重构产业价值链。

以县级融媒体中心建设来说,县级媒体作为媒体融合产业价值网的一环,是连接上级媒体与基层民众的桥梁。这个桥梁应该按照平台共享的目标,进行产业价值链重构。一方面,县级融媒体需要打破组织边界和壁垒,建构一个开放的、多边的市场关系。应允许不同的组织或个人成为平台的参与者,并制订相关规则以吸引、促进、匹配参与者不断地进行核心交互,并围绕核心交互建构相关的业务流程、组织结构与管理体制等,打破传统的、固化的、封闭式的生产体系与管理模式,从控制和掌握内部资源转向调动和利用外部资源,以激发平台内社群活力。另一方面,县融媒体还需要建构新的治理机制,来维护平台的价值生产秩序、协调价值生产关系、确定价值分配原则、解决各种冲突等。

以江西分宜县融媒体平台化建设为例,分宜县融媒体中心作为"赣鄱云"的一员,通过端口对接的方式与"赣鄱云"进行资源、内容、技术、人才等各方面的共享。在实现平台共享时,分宜县融媒体平台打破原有的业务边界,开放内部资源,接纳更多的外部资源。各种资源汇集在分宜县融媒体平台后,分宜县融媒体中心根据平台的运行建构新的价值生产关系、价值生产秩序和价值管理规则。不仅如此,分宜县融媒体平台还对县域其他媒体组织和行政单位开放,与它们建构合作共享关系。这使其由单一的新闻价值生产关系变成复杂多变的价值生产关系,从而形成以平台共享为中心的复合型产业价值链。价值链的重构不是一

---

① 国秋华,《智取未来:智媒时代新闻传播人才的能力培养》,《中国编辑》2019年第9期。

蹴而就的,而是一个持续的、动态的过程。因此,分宜县融媒体平台化建设虽开启了价值链重构之旅,但其稳定性、有效性尚需要时间和市场的检验。

(2) 以与用户共创为中心建构融媒体平台的价值生产关系。从媒介市场的发展来看,已形成以用户为中心的消费市场。这表现为:用户对信息的选择和获取越来越主动,他们可以通过网络平台跨越地理边界获取前所未有的大量信息;用户之间的沟通越来越便捷,虚拟的用户社区更加强化了这种沟通,促成更多的信息分享;用户越来越多地参与媒介内容生产与信息传播,变成积极主动的价值创造者。如今,与用户共创已成为传媒价值创造的新方式、新路径,是数字化时代尤其是移动互联趋势下传媒价值创新的关键。[1] 用户的价值创造能力在平台型媒体上表现强劲,如许多短视频平台的内容生产都依靠用户生产,抖音、快手的成功之处就在于它们吸纳并激励用户生产、上传、分享短视频,开辟与用户共创价值的新模式。县级融媒体面对的用户群体庞大,资料统计显示农村人口占我国总人口的 57.65%。[2]

如何运用平台来开发和利用庞大的用户群体是融媒体平台建设面临的关键问题。依靠传统的信息传播或服务来捕获用户注意力显然已无多大效力,只有打开用户参与价值生产与创造的大门,将用户吸引到县级融媒体平台上来,才能提升平台的网络效应。对于融媒体平台的建设来说,一是要为用户进入平台开设足够多的端口,使其进入平台的方式十分便捷。二是在平台结构设计上,要按用户的使用习惯及个性化需要设计相关界面和程序,提升用户体验和用户黏性。三是要建构并维护良好的用户关系,在信息消费、价值交换等方面提供公平合理的原则与管理措施。比如,制定相应的奖惩制度,设立安全应急机制,成立平台社区责任制,有效引导并管理用户的价值共创行为。

(3) 以平台思维加强县级融媒体中心建设。相较于"中央厨房"规模化建设,县级融媒体中心建设是构建当下中国现代传播体系的一项战略性、基础性工作,也是媒体深度融合的要害和关键点。县级融媒体中心以"主流舆论阵地、综合服务平台和社区信息枢纽"为要务。其中"主流舆论阵地"是指县级融媒体中心连接着中央和地方,理应成为县域新闻报道和舆论引导的主导力量;"综合服务平台"是指县级融媒体中心充分发挥其信息服务功能,成为向县域人民群众提

---

[1] 高超,《传媒产业价值链的战略式创新路径》,《中华文化论坛》2015 年第 7 期。
[2] 王通,《联根式流动:中国农村人口阶层分化与社会流动的隐蔽性特征》,《求实》2018 年第 5 期。

供以常规政务信息服务为核心的各种本土性服务,如各种公用事业服务和生活服务的平台,以此彰显新型主流媒体的信息服务功能,从而产生强大的用户黏性;"社区信息枢纽"是指县级融媒体中心是孵化融合各类观点的枢纽,搭建社区成员交流的平台,为社区成员提供信息交互的公共空间,能够促进社会共识的达成。

县级融媒体中心建设是一项长期复杂的系统工程,它既是国家级省级媒体进行平台化转型的延伸,也是县域媒体顺应时代发展需要进行的变革。因为参与建设的主体复杂,建设过程短暂,当前县级融媒体中心建设呈现百花齐放而又矛盾交织的状态。只有从纷繁复杂的格局中抓住平台的本质规律,从核心交互、平台共享、价值共创出发,重构县级融媒体的产业价值链,建构与用户共创的价值生产关系,或能突破困境,真正走向平台化发展的道路。

本章小结

在数字化经济时代,借助技术优势与市场化运作,平台型媒体迅速崛起,成为建构大规模注意力市场的新的结构性力量。平台型媒体打破了传媒市场的竞争格局,改变了整个行业的生态,也重构了价值创造的逻辑,撼动了传统主流媒体的霸主地位。传统主流媒体的传播体制、传播观念、传受关系都面临挑战,广告市场受到挤压,还面临高端精英人才不断流失,组织创新和造血能力不足等问题。为顺应数字经济的发展、响应国家传播战略要求,传统主流媒体进行了以平台化转型为路径的融合发展。以人民日报社为首的国家级媒体率先开启"中央厨房"式的融媒体平台建设,省级、地市级媒体纷纷跟进,随后又推进到县级媒体。县级媒体是值守新闻传播"最后一公里"阵地的主要舆论引导者,县级融媒体中心建设也被纳入国家传播战略。

融媒体平台建设是在政府与市场的双轮驱动下,传统主流媒体进行的一场大规模的融合转型。由于建设时间短、任务重、涉及面广,需要体制机制改革配套进行。但是在实际建设过程中,由于缺乏平台思维和相应的理论与实践经验,也缺乏相应的体制机制改革的跟进,因而出现模式复制、形式挂牌、政绩工程等问题。这需要融媒体平台的建设主体转变传统的经营管理思维,学习平台思维及相关理论,着力加强符合平台逻辑的平台功能的建设,建构起以交互、共享、共创为核心的产业价值链。

第三章

价值链理论视域下主流媒体的平台化转型

在国家战略和政策的指引下,我国主流媒体开启了以"互联网+"为方向的平台化转型。从最开始的"触网"行动(办各种电子报、手机报、新闻网站)到开建以"两微一端"(微博、微信公众号和新闻客户端)为特征的平台化建设,再到搭建以"中央厨房"为核心的融媒体平台,传统主流媒体经历了凤凰涅槃般的转型,逐步走向深度融合。融合的本质就是打破原有的产业模式,建构新的价值生产与创造方式,按"互联网+"的逻辑重新整合资源和能力,确立新的竞争优势。主流媒体试图通过平台化转型,重构产业价值链,实现跨界融合创新。在近二十年的转型中,主流媒体初步建构起以平台为支撑的传播体系,实现了在渠道、内容、技术、终端等方面的融合,但在更深层次的体制机制改革、产业模式创新方面依然面临诸多困境。本章从价值链理论视域出发,对主流媒体的平台化转型过程价值链的变化进行分析,找出制约其转型发展的瓶颈及缘由,并根据发现的问题提出有针对性的解决之策。

第一节 主流媒体的价值链重构与平台化转型

价值链理论是用来考察和分析企业的生产与经营活动,以此来明确企业优势来源、确定企业竞争战略、实现企业利润的系统化工具。迈克尔·波特认为,

第三章 价值链理论视域下主流媒体的平台化转型

每一个企业都是在设计、生产、销售、发送和辅助其产品的流程中进行种种活动的集合体。企业所进行的种种活动就是将原材料转换成最终产品并实现价值增值的一系列过程,这一系列过程的总和就是价值链。[①] 价值链能反映出一个企业的价值生产关系、价值生产模式以及价值增值渠道。对价值链进行建设和管理,可以帮助企业改进生产流程与价值环节,提高企业资源配置的效率,创造价值,从而促进企业获取更多的市场竞争优势。一旦内外环境发生改变,市场优势不再,就需要通过价值链的优化或重构,来改善或改变企业的资源配置方式,通过对企业价值活动进行重新分解、整合、协调等来重新建构企业的价值系统。平台化转型是当前主流媒体正在进行的一项系统而复杂的变革。用价值链理论来考察和分析主流媒体的平台化转型,分析各种融媒体平台(中心)建设过程,有助于我们更清晰地了解和认识整个转型的关键环节在哪里、要建设的核心是什么。

一 主流媒体价值链重构的环境分析

(一) 外部环境:从实体到虚拟的产业价值链竞争

互联网经济的兴起改变了市场逻辑和商业模式,传统以产品为主导逻辑的市场转变为以用户为主导逻辑的市场,以商品生产和服务为主的实体商业模式变成实体和虚拟(也即线下线上)相结合的商业模式。而以移动互联网、物联网、大数据、可穿戴技术、Web3.0 等为代表的新一代信息技术的迅猛发展,更是颠覆了传统的产业价值链的竞争方式,以互联网为基础的虚拟产业价值链竞争日趋激烈,跨界融合、共享共创成为企业建构新的价值关系与价值创造的方略。

互联网的时代也是平台崛起的时代,平台的崛起掀起了各行各业的改革,从科技、能源、交通、零售、旅游、医疗、教育到传媒,都在经历剧变。平台以一种新的商业模式和价值创造方式释放着强大的革新力量,可以在更大更广的范围进行资源的配置和能力的整合,成为新的结构性力量,重塑社会、经济、文化、政治的运行模式,改变着人们的衣食住行、吃喝玩乐的方式。

信息的生产与消费,越来越向平台聚合。脸书(Facebook)、优兔(YouTube)、推特(Twitter)、微博、微信、今日头条、抖音等,这些平台媒体的崛起迅速占据了注意力市场,成为传媒市场的新兴力量。它们以虚拟场所为交易

[①] 迈克尔·波特,《竞争优势》,华夏出版社 2005 年版。

空间、以用户为中心、按照互联网逻辑进行信息的生产与消费,完全颠覆了传统媒体的价值生产与增值方式。所有的生产流程与价值增值环节都以虚拟、交互、共享、共创为特征,是一种看不见摸不着却又充满竞争力的竞争,即虚拟价值链竞争。

(二)内部环境:媒体融合转型成为传媒发展的主流取向

自21世纪初,我国就不断推进媒体进行数字化转型,要求媒体进行融合发展,2014年更是将媒体融合发展战略上升至国家层面。习近平总书记多次就推动媒体融合发展作出深刻阐述,强调融合发展关键在于传统媒体要与新兴媒体融为一体、合而为一,要尽快从相"加"阶段迈向相"融"阶段,着力打造一批新型主流媒体。前中宣部部长刘奇葆提出:推进媒体深度融合、建设新型主流媒体的关键突破口是重构采编发网络、再造采编发流程、创新媒体内部体制机制。①

在传统媒体经济中,版权和广告是传媒产业化的两种基本方式。在互联网技术、数据库技术以及人工智能技术深刻改变了传媒产业运作的当下,这两种产业化方式都需要升级。② 不仅如此,媒体传统的价值生产与创造方式也面临颠覆性改变。媒体与大众信息不对称的格局正在改变,大众获得信息的渠道和主动权越来越多,媒体不再是市场上的信息寡头;媒体市场由媒体单独生产内容、创造价值变为媒体与用户共同生产内容、创造价值,且用户创造价值的占比越来越大;媒体市场的产品之争变为流量之争,传统新闻生产系统急需转型升级。正如管理大师德鲁克曾说,在动荡时期最大的危险不是动荡本身,而是仍然用过去的逻辑做事。

二 主流媒体价值链重构过程与方式

(一)虚拟价值链的建构:传统媒体向"互联网+"的转型

主流媒体的平台化转型是以"互联网+"为目标转向的过程。第一步就是"触网",即与互联网相关联,以网络化的方式生产和传播信息。这在本质上是从线下到线上的一个飞跃。意味着实体价值链被打破,新的价值链——虚拟价值链建立。

---

① 刘奇葆,《抓好"中央厨房"建设这个融媒龙头工程》,《人民日报》2017年1月11日第6版。
② 宋建武、黄淼、陈璐颖,《平台化:主流媒体深度融合的基石》,《新闻与写作》,2017年第10期。

第三章　价值链理论视域下主流媒体的平台化转型

美国哈佛商学院的 Jeffrey F. Rayport 和 John J. Sviokla 在研究了许多企业的经营活动与商业模式之后，发现在互联网时代每一个企业都在两个世界中竞争：一个是管理者可以看到和触摸的物质世界；一个是由信息构成的虚拟世界。物质世界由看得见、摸得着的资源组成；虚拟世界由信息组成，信息是这个世界的核心要素。企业在传统物理世界中所做的一切活动都可以通过互联网镜像到达虚拟世界，演变成一种新的经济活动。与传统经济活动不同的是，在虚拟世界里经济活动主要是围绕信息的收集、组织、选择、合成和分发而进行，并由此产生出一种新的价值链形态——虚拟价值链。[1] 虚拟价值链是将实体价值链以信息的形式反映在虚拟世界所形成的信息价值链。尽管虚拟价值链以实体价值链为基础，是实体价值链的信息化反映，但是它又高于实体价值链。第一，在实体价值链中，信息只是被视为增值流程中的支撑因素，而不是其本身的价值来源；在虚拟价值链中，信息被视为核心要素，信息不仅是价值的来源，其本身还可以为客户创造新的价值。第二，在实体价值链中，供应方（原材料的提供者）、企业、企业利益相关者、需求方（客户）等是价值链的构成主体，企业的产品设计、生产、营销、销售、运输、支援等多项生产活动是价值产生的过程，企业所要管理的价值链是入库物流、生产流程、出口物流、营销和销售等。这些都是具象的、实在的。在虚拟价值链中，价值链的主体、生产过程、管理过程都以信息化的方式存在。企业使用大型的信息技术可以对实体价值链中的所有活动进行信息收集、编码和存储，然后根据实际生产和发展的需要对信息进行选择、组织、合成，最后根据客户（或用户）的需要将加工处理过的信息进行分发。这些过程是抽象的、虚拟的。第三，实体价值链作为用来分析企业优势来源、实现企业利润的系统化工具时[2]，受到时间和空间的限制，使企业经营者和管理者不能快速、及时地了解和掌握各项活动信息。而虚拟价值链则突破时间和空间的限制，能借用互联网信息技术及时收集和洞察企业在实物世界中的各项活动信息，并能随时组织和调配各项资源。第四，企业经营者和管理者还可以随时与用户进行信息对接，将用户纳入价值创造中来，实现价值共创。第五，实体价值链是线性的，其增值过程是基于每一环节的逐步推进、累积，直至产品销售之后，得以实现。而虚拟价值

---

[1] Jeffrey F. Rayport、John J. Sviokla,《Exploiting the Virtual Value Chain》,《哈佛商业评论》(Harvard Business Review)1995 年第 9 期。
[2] 迈克尔·波特,《竞争优势》,华夏出版社 2005 年版。

链是灵活的,其增值过程可以发生在信息的收集、组织、选择、合成和分发的每一个环节,且每一个增值过程都可以创造价值。正是因为虚拟价值链具有不同于实体价值链的非物质性、灵活性、持久性、创造性等特点,所以被视为"互联网+"时代的管理利器。许多企业纷纷借助互联网技术和网络空间来建构虚拟价值链,利用虚拟价值链与实体价值链的相辅相成来建构价值矩阵,对企业实施高效的经营和管理。

虚拟价值链的建构离不开互联网。互联网可以模拟现实的各种事物和行为,这些事物及行为因而能在互联网上有一个虚拟化的镜像,而互联网空间正像是实体经济向虚拟经济映射的一条通道。互联网空间由三个部分构成,即基础层(各项基础设施和设备构成)、网络连接层(诸多信息内容和超链接构成)、在线空间层(各种虚拟活动所处的空间)。实体经济经过互联网空间过滤后,镜像为虚拟经济。① 具体如图3-1所示。

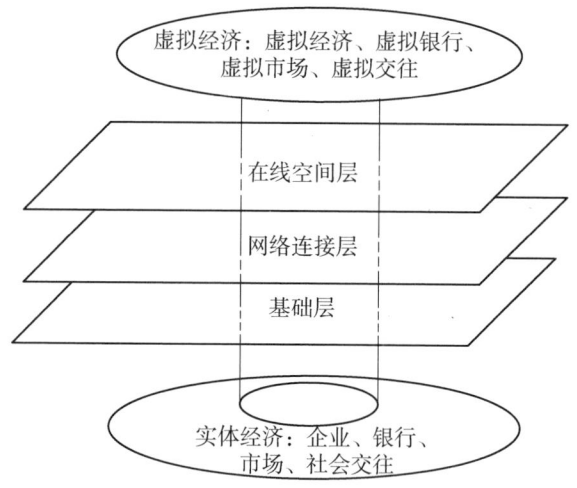

图3-1 互联网空间对实体经济过滤的简化图②

实体经济转向虚拟经济的过程,也就是实体价值链向虚拟价值链转变的过程。杰弗里和约翰在"Exploiting the Virtual Value Chain"(《虚拟价值链开发》)一文中也谈到,随着网络经济的发展,在实体价值链中执行的增值步骤会转移到

---

① 马艳、蔡民强、王宝珠、张思扬,《互联网空间的虚拟价值理论分析》,《广义虚拟经济研究》2016年第3期。
② 同上。

虚拟价值链的镜像世界中。在这个镜像世界中(线上空间),企业团队可以打破任何地域、时空束缚,利用计算机和互联网与全世界的客户共享资源、推介产品、集思广益,最后汇总反馈到物理市场中。镜像世界的一切来源于物理市场,又对物理市场进行了超越,它的每一个环节都在创造着附加价值,甚至创造新的价值。当规模经济不适用时,寻求更低成本、更好表现的管理者应该利用镜像世界。[1] 随着移动互联时代的来临,企业未来的竞争优势越来越取决于对互联网镜像世界的利用,取决于虚拟价值链的价值创造。只有这样企业才能更加快速、有效地进行经营与管理,获取竞争优势。媒体作为信息生产组织,更需要利用互联网镜像世界进行虚拟价值链的建设,以提高市场竞争力。

随着数字技术与网络技术的兴起,我国传统媒体20世纪90年代初开始进行数字化转型,尝试与互联网进行媒介融合,开启了镜像之旅。1993年至2006年,我国媒体进行数字化改造,开启媒介融合之道。最为典型的是1997年《人民日报》网络版上线,引发许多报纸纷纷触网。传统媒体试图把纸质版的内容搬至网上,把文字符号变成电子符号,期望经过载体和符号的改变来扩展传播范围、争夺市场份额,但收效甚微。原因在于这只是一个简单的"照镜子"的过程,也就是把物理世界(传统媒体的内容)搬到了虚拟世界(线上空间),但并没有充分开发和利用互联网的镜像能力,因而也没能产生新的虚拟价值。2007年至2009年,传统媒体通过尝试利用新的信息技术、开发或使用新的媒介介质来提高镜像能力。比较典型的是二维码、3D报、电子读报器、网络电台、IPTV等。这些新的媒介介质虽然注入了数字技术和互联网技术,丰富了传播形态,打破了传统媒体生产和传播的时空限制,为媒体消费者提供了相对便利的信息消费条件,但是并不能在镜像世界里形成新的价值链。2010年至2013年,由于微博、微信等社交媒体的兴起,传统媒体开始借助微博、微信平台开设媒体公众账号;还有一些传统媒体积极打造新闻App产品。此时App产品依然是作为传统媒体的补充发行渠道来定位,在整个传媒集团中作为附属产品而存在。[2] 2014年至2017年,随着"新旧媒体一体化发展,移动端优先"战略的提出,传统媒体和新媒体在内容、渠道、平台、经营、管理等方面开展深度融合。传统媒体越来越多地借助新

---

[1] Jeffrey F. Rayport、John J. Sviokla,《Exploiting the Virtual Value Chain》,《哈佛商业评论》(Harvard Business Review)1995年第9期。
[2] 李彪,《媒体融合背景下的传媒集团融合转型路径及趋势分析》,《南京政治学院学报》2015年第4期。

媒体的技术与平台,在内容生产与分发、生产经营与资本运营、组织结构与组织管理等方面展开系列的革新。传统媒体开始从之前局部、零散的镜像转向全局性的、系统化的镜像行为。

(二)基于虚拟价值链的流程改造:建设融媒体"中央厨房"

传统媒体建设"中央厨房"的最初目的是进行采编业务的流程改造。最早的尝试是2008年烟台日报传媒集团模仿餐饮业的"中央厨房"搭建了"中央厨房编辑室",意图打造全媒体数字出版系统、再造采编业务流程。随后,一些报业集团围绕数字化转型纷纷成立"数字采编中心""数字出版中心""中央编辑部"等各类形式的"中央厨房"。这是在媒体内部系统进行的数字化改造,并借助互联网来建设局域网,以此来改建、调配、整合媒体内部的采编系统。2014年习近平总书记在中央全面深化改革领导小组第四次会议中提出:我国媒体融合的目标,就是要建设一个由一批新型主流媒体和几家新型媒体集团构成的现代传播体系。推进新旧媒体全面深度融合,建设新型主流媒体,建构新的传播体系,成为媒体发展战略。其中建设"中央厨房"(即全媒体平台建设)是标配、是龙头工程。① 传统媒体由此纷纷发力,进行"中央厨房"建设。2014年人民日报社开始全面筹建"中央厨房",着力打造三大平台:内容生产平台、技术服务平台、资本运营平台;2017年年初,人民日报社在"中央厨房"建设取得阶段性成果的基础上,提出建设中央厨房的升级工程——"面向全国党报的公共厨房",这一设想得到中央支持,并由中央领导正式命名为"全国党媒公共平台"②;2015年7月,新华社新媒体中心构建"中央厨房"式新型全媒体采编发空间;2017年新华社对全媒体采编发空间扩容升级,建立"现场云",初步建成了具有资源整合、融合加工、舆情监测、业务管理、影响力评估、远程指挥等六大功能的全媒体平台;2017年中央电视台在"融媒体编辑部""央视新闻通稿共享平台"的基础上搭建"央视新闻移动网",初步建成多终端、多语种、全覆盖的"一云多屏"新媒体传播体系。在中央级媒体的带领下,各省级地方媒体纷纷跟进开建"中央厨房"。纵观现阶段,不难发现"中央厨房"建设已经由业务流程改造转向全媒体平台建设,由单纯的内容生产平台建设转向包含内容生产、技术服务、资本运营的综合型平台建设;由媒体

---

① 刘奇葆,《推进媒体深度融合打造新型主流媒体》,《人民日报》2017年1月11日头版。
② 《全国党媒公共平台建设启动:顺应平台化发展趋势　汇聚党媒优质资源》,http://news.sohu.com/a/165815553_120078003。

内部系统建设转向媒体与媒体之间、媒体与其他产业之间的跨界建设。这些建设都是借力现代互联网技术,由现实世界向虚拟世界(即网络空间)延伸,由"单向"向"多元"发展,由传统的产业价值链向虚拟价值链的延展。这无疑是传统媒体镜像能力的升级。

(三)基于虚拟价值链重构产业价值链:跨界融合的全媒体平台

主流媒体在进行中央厨房建设的过程中,最初是为了内部价值链的重构,即依托平台的建设,对内部生产流程再造,建构统分结合的内容生产与传播体系。主要方式是把媒体内部分散的各个采编发部门集中起来,成立一个统一的管理调度中心(如《经济日报》的全媒体中心、羊城晚报报业集团的全媒体采编平台指挥中心、解放军报社的融媒体指挥中心、中国青年报社的"融媒小厨"),在宣传任务统筹、重大选题策划、采编力量调度等方面进行统一管理、指挥、调度。而在内容生产与分发方面,又允许各子系统各取所需进行内容的加工生产,按各自细分的传播渠道进行内容的传播。这种重构的实质是对媒体内部价值链中的内容生产环节和发行环节的流程改造。

随着内部价值链重构的完成,建构跨平台、跨行业的全媒体平台被提上日程。全媒体平台被喻为"媒体的大脑和中枢神经",它既指挥和调配媒体内外的所有资源,也维护和保障采编发流程的顺利进行;既为媒体集团的所有价值生产提供必要的物理空间和信息空间,也为媒体内部实行跨部门、跨组织、跨行业生产与合作提供保障。因此围绕全媒体平台,媒体将新闻客户端、微博账号、微信公众号、手机报、移动电视、网络电台等新媒介与传统媒介统一起来,进行资源整合、系统重构。这种重构的实质是对媒体集团的整个价值链进行再设计、再建构。将内部价值链重构推进到整个产业价值链的重构。现在一些媒体已将"中央厨房"的内涵和功能扩大,将其从内部价值链重构推进到产业价值链的重构。如人民日报社在建的"全国党媒信息公共平台"、新华社的"现场云",就是要建构全媒体行业可以实现共享共创的价值生态系统,实现媒体行业之间、媒体行业与其他行业之间的跨界融合。此外,还有省级媒体建立的各种云平台,如湖北广播电视台的"长江云"、江西日报报业集团的融媒体中央厨房"赣鄱云"、广西日报社"广西云"。它们或致力于建构本省"报网端微"汇聚、服务、管控的区域融合型媒体网络,或致力于建构媒体、政府部门和其他社会结构联合互动、协同共享的传播体系,或致力于建构省、市、县三级媒体在内容、用户、技术、终端纵向共享的传播体系。这种重构路径是跨媒体、跨行业的产业价值链重构。

第二节 典型案例分析:"中央厨房"融媒体平台的价值链重构

"中央厨房"融媒体平台建设是我国主流媒体向"互联网+"转型,进行的范围最广、规模最大的系统工程。除了技术平台的搭建外,还涉及组织系统、人力资源、管理体制、运行机制的变革,是一场声势浩大的产业价值链重构。笔者经过近5年的观察与实地调研,通过深度访谈各级媒体的主管或项目负责人,对"中央厨房"建设过程有了较全面而深入的了解。基于实地调研、深度访谈、参与式观察所获得的一手资料,本节选取人民日报社、新华社、江西日报社的"中央厨房"建设为典型案例,从产业经济管理学视阈出发,运用价值链理论来分析媒体"中央厨房"建设过程,探讨价值链重构与平台化转型的关系。

一 三大主流媒体的"中央厨房"建设路径

自人民日报社2014年启动"中央厨房"建设以来,其建设理念、结构设计、模式运行均受到党和国家领导人的高度重视与肯定,成为全国各行各业学习、参观、模仿的样板。新华社的"中央厨房"——"现场云"以其强大的采编发在线生产能力、多端融合的聚合能力、智能技术研发与应用能力成为行业翘楚。后经过多次迭代升级的"现场云"成为连接全国媒体行业的大平台。江西日报社的"赣鄱云"在打造全省一张网、推进县级融媒体中心建设方面做得有声有色。

"中央厨房"原指一些连锁餐饮企业为节约成本、提高效率而采取的一种集约化生产机制,现借来喻指融媒体平台。人民日报媒体技术股份有限公司的叶蓁蓁总经理谈到:媒体借用"中央厨房"一词来指称全媒体(或融媒体)中心,但其内涵、外延、流程以及具体细节都被重新定义和设计;人民日报社的"中央厨房"既包括全新的空间平台、技术平台、运营平台,还包括全新设计的组织架构;它是"策、采、编、发"的大脑和神经中枢,还是报社推进媒体融合发展的核心平台。新华社的刘思扬副社长在访谈中指出:作为"中央厨房"式全媒体报道平台的"现场云",不仅是跨部门、跨媒介、跨终端的新闻生产、发布、监测的融合平台,也是实现各种媒介互联互通、进行资源共享与整合的智慧型平台,还是推进媒体行业之间、媒体行业与其它行业之间进行跨界合作的"示范园""孵化器"。江西日报社的王晖社长说:"赣鄱云"的定位是全省媒体融合"总平台",它不仅是可以为全省各县市区融媒体中心提供共享服务的"聚合型"的中央大厨房,而且还是提供政务与民生服务的云平台。基于以上定位,三家报社的"中央厨房"建设是分两个阶段、两个层次来进行的:第一阶段是报社内部价值链的重构,主要是通过采编发流程的再造,搭建内部融媒体平台;第二阶段是产业价值链的重构,主要是通过扩容升级打造跨界融合的聚合型融媒体平台。三家报社建设路径虽大致相同,但在具体建构中各有特色。

二 内部虚拟价值链的建构

(一) 重构采编发流程

人民日报社建立全媒体采编联动平台,通过三个中心(采访中心、全媒体编辑中心、技术中心)来统合社内新旧媒体的策、采、编、发部门,成立总编调度中心来统一调配这些资源,实现"一体策划、一次采集、多种生成、多元传播、全天滚动、全球覆盖"。新华社建立"中央厨房"式新型全媒体采编发空间——"现场云"来统合社内的策、采、编、发,在全国首次实现线上即采即编即发,不仅大大缩短了新闻业务流程,也开启了线上整合与调配资源的运营模式。江西日报社以江西手机报系统为核心,进行机构调整与人员整合,在社内建立统一的移动采编系统、信息加工系统、信息分发系统、集控管理系统,以此来统筹各方采访、编辑和技术力量,实现"报网端微"一体联动的多次生成、多元传播的采编发新流程。流程再造打破了以往采编发各自为政、线性生产与管理的模式,将策采编统一聚合、统一调度,建构了新的业务流程(图 3-2)。

(二) 建构新的价值系统

传统媒体的价值生产与创造系统主要是围绕信息加工、生产、传播来构建的,因而内容生产与传播系统是最核心的价值系统。在融媒体时代,技术和资本的作用日益突出,它们不仅是内容生产与传播得以进行的基础,而且也成为价值创造的有生力量。人民日报社的目标是把"中央厨房"建设成内容平台、技术平台、资本运营平台,因而着力建构内容生产与传播系统、技术系统、资本运营系

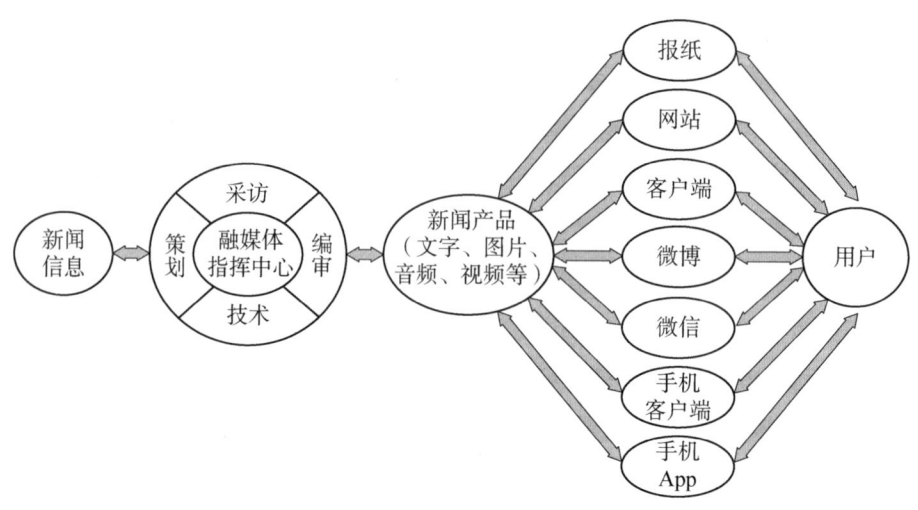

图 3-2 采编发新流程

统。新华社搭建的"中央厨房"是以"现场云"为核心的线上直播系统,因而着力建构以云技术、大数据、音视频为主体的技术系统、生产系统与服务系统。江西日报社要搭建的"中央厨房"是能进行内外连接的平台,不仅是进行信息生产的平台,还是提供政务服务、民生服务的平台。三家报社的价值系统略有不同,各有侧重,但内容、技术、资本是其价值生产与创造的主要组成部分。新的价值系统建构了新的价值链模式,即除了核心的内容生产价值链,还新增了以技术和资本为核心延伸出去的两条价值链。内容生产价值链的末端是普通用户(简称 P 用户),技术和资本价值链的末端用户是其他媒体组织、政府机关部门、企事业单位等专业性用户(统称 D 用户)。这三条价值链形成了一个价值矩阵(图 3-3)。

三 产业价值链重构:跨界融合平台建设

(一)内部"中央厨房"的扩容升级

2017 年 2 月,新华社对"现场云"进行扩容升级,正式启动"现场云"全国服务平台。该平台旨在为全国媒体提供融合发展新平台,与国内媒体共享"现场云"产品、技术与服务。新华社副社长刘思扬说:"这是媒体行业的第一个开放平台——全媒平台,是新华社将内部运行的新媒体系统升级为可以便捷接入、高效利用、效果可期的开放平台。"截至 2018 年 2 月 12 日,该平台入驻机构用户

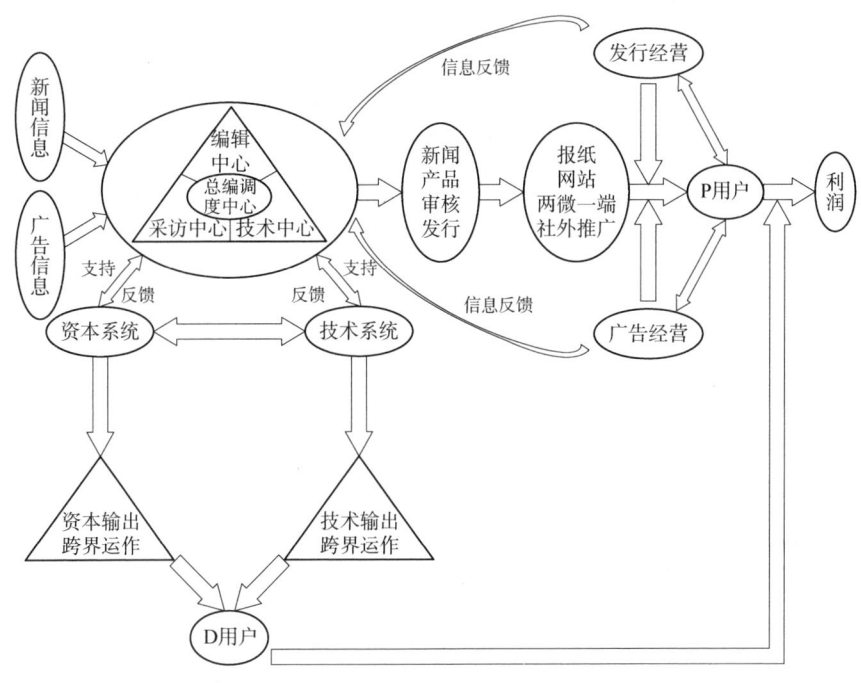

图 3-3　价值矩阵

2 400多家,覆盖全国省级、地市级媒体,入驻记者、编辑12 000多人。[①] 2017年8月人民日报依托"中央厨房"的技术和建设经验,规划建成了新一代平台体系——全国党媒信息公共平台。该平台面向全国媒体、党政机关及企事业单位的宣传部门开放,入驻者可以实现平台共享、技术共享、内容共享、渠道共享。人民日报媒体技术有限公司副总经理陈玉林在访谈中强调:全国党媒信息公共平台是一个大开放、大协作、大共享的智媒平台,是人民日报社推进媒体跨界融合的新举措。有资料统计显示,截至2018年6月1日,已有186家机构单位入驻公共平台,其中中央级媒体14家,省级媒体39家,市县级媒体122家,行业机构11家,覆盖全国32个省、自治区、直辖市。江西日报社在省委宣传部、省委网信办的领导下,于2016年底提出将内部中央厨房扩容升级,建设"赣鄱云"融媒体智慧平台,使之成为可以为全省各县市区融媒体中心提供共享服务的"聚合型"中央厨房。经过2017、2018年的建设,负责运营的黄新阳副总编辑说:"赣鄱云"

---

① 《新华社"现场云"面向智能化在线生产传播全面升级》,https://baijiahao.baidu.com/s?id=1592815928022019078&wfr=spider&for=pc.

可承担500个中央厨房、5 000个媒体终端同时运行;到2018年初,"赣鄱云"已有200多个传播平台,建成26个县级融媒体中心。

内部中央厨房扩容升级成跨媒体、跨行业的"大厨房",其生产模式、生产关系发生了改变。全国以党媒信息公共平台为例,该平台并不生产内容,只是聚合内容、推荐内容,其功能类似于今日头条。其运作流程为:由中央厨房、入驻单位(各大媒体组织、党政机关及企事业单位宣传部门等)提供原创内容至信息公共平台,信息公共平台经过内容聚合、算法分类、用户画像,再根据个性化推荐智能分发到各个媒体终端(人民日报各媒体端、入驻单位各媒体端),最终到达用户(图3-4)。

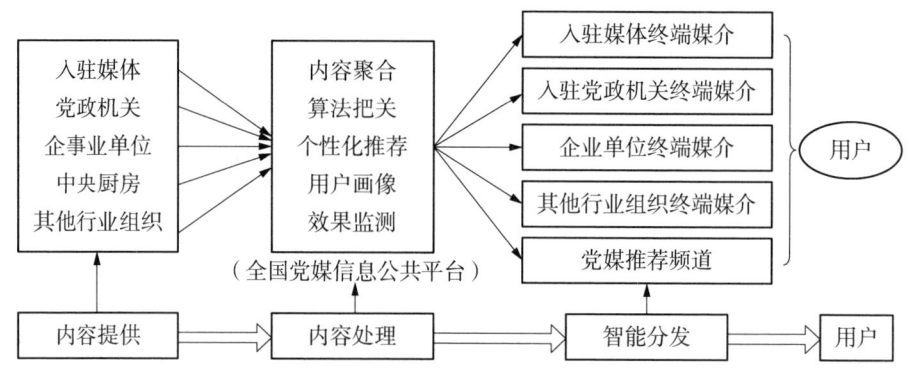

图3-4 全国党媒信息公共平台运作流程

(二) 跨界产业价值链的建构

全国党媒信息公共平台、"现场云"除了进行垂直的跨界融合外,还进行横向跨界融合。如全国党媒信息平台2017年与今日头条、搜狐签约战略合作,2018年9月又与搜狗(Sogou)、哔哩哔哩(bilibili)签署战略合作协议。新华社与阿里深度合作,建立新华智云,致力于媒体大脑开发与应用。"赣鄱云"没有国家级媒体那样雄厚的财力、人力、技术力做大范围的跨界融合,但可以做好上通下联,既可以做与国家级云平台的对接,也可以做与县市区级媒体连接的端口。此外,"赣鄱云"还致力于做"服务云"。2017年与省高级法院和省内18家金融机构联合打造"法媒银·失信被执行人曝光台",成为行业跨界融合的典范案例。① 跨

---

① 王晖,《创新传播手段　打造舆论新平台——江西日报社以"赣鄱云"推进县级融媒中心建设的探索与实践》,《新闻战线》2018年第5期。

界融合平台的建设使媒体的价值关系由"媒体与受众"变为"平台与用户",改变了媒体原有的内外连接机制与利益相关方互动和资源整合方式,增强了信息生产与服务的多样性与丰富性,形成了去中间化、去中心化、去边界化的产业价值链(图 3-5)。

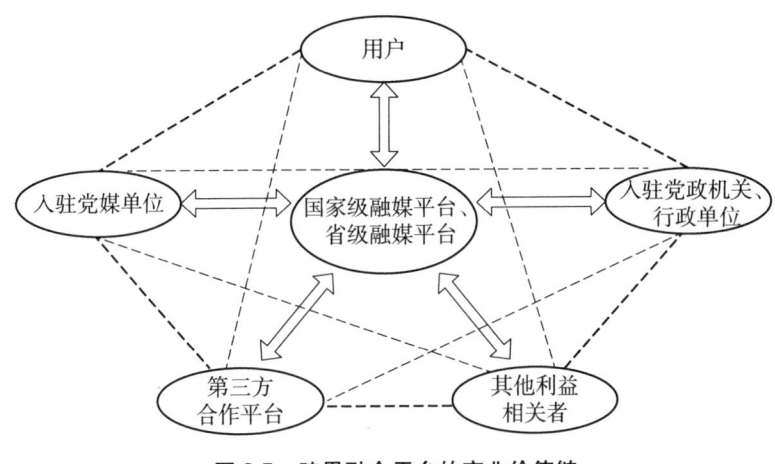

图 3-5 跨界融合平台的产业价值链

第三节 融媒体平台价值链重构中的瓶颈性问题

经过业务流程再造和产业价值链重构,媒体搭建起跨界融合的框架结构,犹如建设起了四通八达的路桥。从理论层面上,这些路桥的建设可以为信息生产与传播提供更大的空间与渠道,为价值生产主体与客体增加更多的连接,为提高传播力、影响力、竞争力提供更多的技术、资本、权利的供给。但是从目前的实践层面来看,融媒体平台常常出现与用户有效连接不够、平台信息交互能力不强、缺乏持续有效的互动共享机制、平台用户体验效果不好、平台商业模式不清晰等问题。对比如日中天的商业平台媒体,主流媒体建构的融媒体平台在许多方面仍然处于劣势,尤其是在注意力市场的竞争中,融媒体平台在用户注意力的获取、商业模式的变现、平台的经营与管理等方面常常是竞争不过商业平台媒体的。本节在梳理和分析媒体价值链重构过程中,发现有以下四个方面的问题严重困扰着融媒体平台的建设和可持续发展。

一 平台是什么？——一个尚未解决的核心问题

21世纪是互联网平台崛起的时代。苹果、谷歌、微软、亚马逊、Facebook、优步(Uber)、滴滴、腾讯、阿里巴巴、京东、美团等互联网平台已经成为连接人与物、人与人的主要枢纽。它们颠覆了传统行业的运营模式，建构了新的商业模式，成为继市场、企业之后的第三种资源与组织方式。这些互联网平台以其强大的开源性和自组织性拓疆开土，向各个行业渗透，形成跨界融合竞争之势。平台经济正在兴起，我们已经进入由互联网平台主导的时代。

在传媒行业，先是新浪、网易、腾讯、搜狐四大门户网站兴起，引发传统媒体的生存危机，传统媒体纷纷开启向互联网进军的步伐。网络版报纸、手机报、2D\3D报纸阅读器，兴起一时又湮灭一时，这种致力于媒介前端介质形塑的行为并没有真正改变传统媒体的运营模式。随着微博、微信等社交媒体的兴起，传统媒体再一次感受到新型媒体的扩张力和影响力，重新尝试向新媒体转型，主要方式是自建新闻客户端，App建了不少，但影响力可以与两微(微博、微信)抗衡的太少。传统媒体只好"借船出海"，纷纷在微博、微信平台上开设公众号。结果是为他人作嫁衣裳，因为无论是开设微博还是微信公众号，本质上都是借鸡下蛋，受制于其他平台，最终也是"为人作嫁"。[①] 随着网络技术和新媒体技术的发展，今日头条、一点资讯、快手、抖音等平台强势崛起，迅速占据了注意力市场。主流媒体感受到一种不同于以往新媒体的压力，那就是平台的力量——一种拥有大数据、智能算法的超强的资源配置与整合能力，这种能力完全超越了传统的新闻生产与传播效能，也颠覆了媒体行业的运营模式。主流媒体在国家和政府的大力支持下，开始真正的平台化建设。主要方式是建构自主可控的融媒体平台(俗称"中央厨房")，并围绕融媒体平台进行新闻生产流程的改造以及组织结构的变革，大型的融媒体中心成为平台的核心组织结构，负责指挥或调度平台的内容生产。从国家级媒体到省级、地市级、县级媒体，自上而下大型的融媒体平台建了一个又一个，实际效果怎么样呢？有学者调研考察后，发现有许多的"中央厨房"建成后实际是节庆才会使用的，而大部分时间是闲置的，平台的使用率低，并未能发挥特有的作用。轰轰烈烈的平台化建设进行了好几年，但并没有达

---

① 李彪，《"互联网+"时代传统媒体融合转型的做点》，《编辑之友》2015年第11期。

到预期的效果。现如今,依然是商业化平台媒体遥遥领先,占据大份额的用户市场。这是什么原因呢?

经过调研、观察、分析与思考,发现对于许多媒体经营管理者尤其是基层的经营管理者来说,其中核心的问题他们并没有真正有效地解决,那就是平台是什么,平台的运行机理、平台的价值生产与创造方式是怎样的。很多的人解释不清、回答不了,更不用说去熟练地运营平台。导致这种情况的原因有三:(1)"平台"这个概念被引入媒体行业的时间比较晚,媒体行业对平台的属性特征、功能结构、运作机制缺乏足够的研究和了解。这种起源于经济学、按市场和商业化规律运行的平台,在技术和市场的推动下,不断发展壮大成为一种新型的经济力量,并逾越边界渗透到传媒行业里来。对于我国以行政为导向、以事业和企业为双轨管理体制的媒体来说,平台无疑是一个新的领域。(2)平台是依赖互联网技术、新信息技术、人工智能技术生存与发展的,平台也会随着技术的发展而不断迭代升级。这意味着平台的建设需要专门的技术人才,而媒体是专注于内容生产,因而对信息技术人才的培养和储备严重不足,这也导致在平台化建设的过程中,缺乏懂行的专业技术人才。(3)平台是随着市场的发展而不断演化的,在20世纪90年代初,平台兴起于互联网之初时,它只是企业或公司内部的技术操控平台。而随着互联网的发展和技术的不断革新,平台逐步演变成产业平台,成为企业对外连接或扩张的支点。随着双边市场的确立,平台成为企业建构产业价值网的关键性力量。尤其是随着数据时代的来临,平台蕴藏的能量越来越大,其所带来的共享经济和微经济为中国的经济环境注入新的活力,并为新经济形态带来突破口。①

我国媒体被卷入数字经济的洪流,匆匆忙忙进行数字化转型。在激流勇进的漩涡里,主流媒体要跃迁进入已趋成熟的平台世界,难免有陌生、未知、疑难之感。而对比观照我国主流媒体建成的各种融媒体平台,不难发现那还只是平台的初级阶段,即有了平台的雏形但还没有平台的组织和机制。最近几年来,出现了许多可以互相指称而又不能完全统一内涵的名称或概念。如中央编辑部、中央厨房、新媒体中心、新媒体平台、融媒体中心、全媒体平台、省级云平台等。这些名词大多指称各媒体单位建构的新型媒体部门或平台,但是对于什么是媒体平台,平台是什么,媒体从业者似乎并没有彻底认识清楚,以至于在平台化建设

---

① 高良谋、张一进,《平台理论的演进与启示》,《中国科技论坛》2018年第1期。

过程中,出现盲目跟风、急于模仿、事倍功半的建设效果。

二 用户在哪里——融媒体平台如何建构与用户的关系问题

互联网平台的兴起,缘于技术的发展和市场竞争,但最根本的原因是用户市场需求的变化。在传媒领域,平台型媒体崛起,同样是因为受众市场发生了根本的变化。在技术赋能与新媒体赋权的情况下,受众从被动信息的接收者变成能动的信息消费者,他们主动获取信息、分享知识、传播文化,成为产消合一的用户。平台型媒体很好地适应了受众市场的变化,并不断提供多元的信息以满足用户个性化、碎片化、娱乐化的阅读与分享的需求。

现在的受众被几大平台媒体所吸引,今日头条、一点资讯等在捕获了大量的受众之后,又以短视频平台的方式继续开拓用户市场。从 2015 年至 2020 年,这些平台型媒体的用户数量呈几何式增长。根据 QuestMobile 数据显示,2019 年 6 月,今日头条月活达 2.6 亿,到 2020 年 7 月月活用户已达 3.28 亿。抖音 2016 年上线,到 2020 年用户已超 6 亿。这两个平台领跑行业同类 App。[①] 反观主流媒体的平台用户增长情况及月活跃量,有过亿用户规模的融媒体平台屈指可数。还有许多媒体开设的新媒体账号或自建的新闻客户端,不仅用户数量少,而且活跃度低,几乎成为"僵尸号"。

主流媒体进行平台化建设,最重要的目的是"占领新兴传播阵地,强化媒体与受众的连接,以开放平台吸引广大用户参与信息生产传播,生产群众更喜爱的内容,建构群众离不开的渠道"[②]。那么受众和群众在哪里?他们需要或喜欢什么样的内容?如何吸引他们参与平台的生产与信息传播?可以赋予他们什么样的权利?以什么样的方式开放,开放到多大的尺度?这些都是主力媒体进行平台化建设所必须回答的问题。

面对类似字节跳动建构的资讯、短视频平台巨大的吸附力,主流媒体所受到的压力是巨大的。主流媒体面临的最大问题是:如何打破建制化时代的受众思维,以平台用户思维来建构用户关系,按平台的运行规律来设计用户权限。并且

---

① 《传媒行业字节跳动专题报告一》,https://www.sgpjbg.com/baogao/17511.html。
② 中共中央办公厅 国务院办公厅印发《关于加快推进媒体深度融合发展的意见》,http://www.gov.cn/zhengce/2020-09/26/content_5547310.htm。

在以舆论导向为主,如何在把好意识形态关的情况下,坚持导向的正确性的前提下,确定对用户开放的尺度,这无疑是个艰难的问题。

三 技术、人才、资金——融媒体平台需解决三轮驱动的问题

任何一种平台的建设,都离不开技术、资金、人才这三种核心资源。在跨界融合时期,媒体对技术的需求越来越高。一方面,来自外部竞争的压力越来越大。在信息技术、网络技术、新媒体技术日新月异地发展与广泛使用下,泛媒介时代来临。自媒体、社交媒体、智能媒体纷纷涌现,越来越多的个体、组织、机构、互联网平台企业涉足信息生产与传播。主流媒体要想占据新兴媒介市场就必须进行技术改造与升级。另一方面,平台本来就是以互联网为基础架构,以大数据、云计算、人工智能为运行逻辑的结构组织,因此建设融媒体平台自然也需要网络、大数据、云计算、人工智能等技术。除了技术本身外,还需要相应的技术设备以及对技术设备的维护,需要根据媒体自身发展的需要进行相应技术的研发,对技术的应用与升级。就融媒体平台的建设现状来看,在技术这一方面一直缺乏自主的技术研发与储备,绝大多数是依靠与阿里、腾讯等大型公司的合作来获取技术支持。如新华社与阿里合作建立新华智云,打造"现场云""媒体大脑"等平台;人民日报社与腾讯公司合作,进行融媒体产品平台、短视频平台的建设。

融媒体平台建设更需要既懂媒体又懂互联网运行逻辑、懂新媒体经营与管理的人才。在实际建设过程中,主流媒体不仅面临新型人才紧缺的问题,还面临高级经营管理人才的流失。在媒体数字化转型、平台化建设进程中,技术的迭代升级太快,行业融合与边界的消失来得飞快,而媒体的人才培养几乎跟不上时代发展变化。媒体花了不菲的价钱买回高精新的技术设备和软件工具,而媒体内能够熟练掌握和运用的人不多。尤其在对大数据的处理与分析方面,海量的数据极易产生和获得,要将这些数据变成智慧型数据,即将原始数据进行抓取、分析、挖掘后而形成数据资源却难以实现。许多花费不菲的"中央厨房"建成后却不能进行日常运转和使用,其主要原因与数据性人才与运营性人才的缺少有关。此外,在媒体人力资源管理与人才激励机制还没有改进与完善的情况下,在市场竞争机制的作用下,一些主流媒体的高级经营管理者离职,加盟互联网企业或自己创业的人越来越多;而新媒体的高薪与灵活的用人制度也吸引传统媒体的记者跳槽。人才的缺失和流失对融媒体平台的建设造成很大阻力。

在融媒体平台的建设过程中，无论是技术的研发与应用、人才的引进和培养，还是其他的体制机制的改革，均需要投入大量的资金。我国主流媒体建设融媒体平台的资金来源主要有两种：一是政府拨款补贴；另一种是自筹。媒体融合是国家战略的需要，各级政府对媒体的平台化转型和建设都投入相应的财政支持与补贴，但是补贴额度有限。而媒体自筹，也有不少困难。一方面，传统媒体自身的收入在降低，受众市场被新兴的媒体蚕食，广告收入断崖式下滑。另一方面，与社会资本合作有难度。因为国家政策规定社会资本不能进入时政新闻领域，而其他领域也只能有限度进入，国有资本必须占主导。而融媒体平台很难区分时政、非时政。融媒体平台建设需要大量的资金，但外部的社会资本又无法利用起来，这使平台化建设难以持续为继。

技术、人才、资金就如平台的三大驱动轮，缺一不可。融媒体平台的建设如何解决这三个方面的问题，是突破瓶颈的关键。

四 体制机制——融媒体平台的制度性困境

进行融媒体平台建设，就是要把传统媒体的资源、生产、经营与管理与新兴媒体的技术、逻辑、渠道、终端、内容等融合起来，建构新的关系、新的流程、新的组织、新的管理。因此，融媒体平台化建设最终要进行体制机制的改革。

现有的传媒管理制度是基于传统媒体的特性而设计的，其内部的组织结构的运行机制也是按照传统媒体的内容生产与传播活动来制定的。这些显然与平台化的运营思维和逻辑存在质的冲突。新兴的平台基因是互联网思维和企业化管理、市场化运作。我国主流媒体虽然于21世纪初就进行转企改制，要求媒体实行政企分开，非喉舌类经营性文化产业向企业体制转变，建立科学规范的现代企业制度。根据现代企业制度的要求，转企改制后的传媒企业应该建立企业法人的治理结构。但是在实际改革过程中政府制度供给不足，导致传媒企业的主体身份与责权利的安排依然模糊不清。一些经营性媒体依然是"事业身份、企业化管理"，而一些已经转企的传媒单位改制不到位、不彻底，只是事业单位的"翻牌公司"，离现代化企业相去甚远。[①]

进行平台化建设，在一定程度上来说，是对媒体转企改制提出进一步的要

---

① 朱鸿军，《走出结构性困境：媒体融合深层次路径探寻的一种思路》，《新闻记者》2019年第3期。

求。主流媒体在进行"中央厨房"建设、云平台建设、县级融媒体中心建设的过程中,感到现有管理体制的桎梏,感到推进体制机制改革的艰难。如何走出制度困境,建构现代企业制度,对融媒体平台进行有效管理,是现今融媒体平台化建设的最大瓶颈。

五 瓶颈性问题对县级融媒体中心建设的影响

2018年县级融媒体中心建设被提升至国家战略的层面。在国家政策的指导下,在各级政府部门的推动下,县级融媒体中心以星火燎原之势全面展开。国家级、省级媒体纷纷参与其中,"中央厨房"模式向下延伸,成为县级融媒体中心建设的主要范式。有的县级融媒体中心直接是省级融媒体中心的翻版。县级融媒体中心建设并不是单纯的县级媒体改革,而是在多边主体下沉中县级媒体向平台化、产业化、融合化的转型,是县级媒体进行价值链重构的历程。这意味着在"中央厨房"建设过程中存在的没有解决的问题,也影响到县级融媒体中心的建设。

(一)"中央厨房"模式的下沉

县级融媒体中心建设是在多边主体与多种形式"下沉"过程中进行的。其一是国家级主流媒体"中央厨房"模式的下沉。以人民日报社、新华社、中央广播电视总台等为代表的主流媒体,利用自身的融合发展优势,将已建成的融媒体模式向下推广。如人民日报社搭建全国党媒信息公共平台,然后以地方媒体入驻该平台的方式,将其"中央厨房"模式向县级媒体推广,并对入驻的县级媒体进行技术支持和融媒平台建设指导。其二,省级主流媒体的下沉。自2016年始,各省主流媒体纷纷搭建各种融媒体云平台,进行融媒体建设。2018年县级融媒体建设被纳入融合发展战略,各省级主流媒体迅速切入县级融媒体的建设中。其主要方式是依据自身的融媒体云平台建设经验和模式,以模式嫁接的方式帮助县级媒体进行融媒体中心建设。如《江西日报》利用自己的"赣鄱云",在短短的两三个月之内帮助五十多个县级媒体建成融媒体中心,着力打造以"赣鄱云"为中心的全省传播一张网。伴随多边主体"下沉"的是渠道、技术、平台的下沉。多边主体积极参与县级融媒体中心的建设,县级媒体逐渐成为多边主体进行渠道扩展、技术输出、平台移植的对象。一方面,多边主体利用互联网和平台技术,将原本疏离落后的县级媒体纳入自身的传播阵营,对其进行帮扶改造,使其成为新的传播渠道;另一方面,多边主体意欲通过渠道、技术、平台的下沉,将县级媒体纳入自身的产业行列,以此推进产业价值链的延伸,拓展用户市场,建构具有互联互通的产业价值网。而县级媒体作为被建设者,既存在被动依赖多边主体的状况,也有作为独立的行政单位或经济体的自身发展诉求。多边主体与县级媒体之间呈现以多边主体引领为主的共谋跨界融合之态势。

(二)县级融媒体中心建设面临的问题

1. 模式复制易,体制机制改革难

随着多边主体"下沉"的是"中央厨房"模式的"下沉"。对很多县级媒体来说,复制模式比创建模式省时省事。目前,大部分县级融媒体中心的建设是对省级融媒体模式的复制,但是省级融媒体往往只是初步搭建了融媒体云平台,刚刚规划出框架,就将其匆匆运用于县级融媒体中心的建设,结果可想而知。这就导致一些参与建设的多边主体由于自身模式的不成熟,所参建的县级融媒体中心形式大于内容。于是问题来了——模式拿过来容易,进行系统整合却并不容易。建设"中央厨房"需要对已有的业务采编流程再造,对技术设备改造升级;对广播、电视、网络新媒体等人员进行重新编制,对内部组织结构进行整合。这些整合关涉行政体制、组织关系、岗位绩效、管理机制等一系列的变革,并非轻而易举就能完成的。许多省级媒体也是先搭框架模式,倒逼体制机制改革。为此,一些学者一再提醒:各地各媒体在创建"中央厨房"的探索中,应多点理性思考,不能一哄而上。[1]

深入调研就会发现,有许多的县级融媒体中心只是搭建起一个技术平台,初步构建了融媒体的外壳,而内部机制体制的深层次改革有待开始。陈国权研究团队调研发现:一些县级媒体迅速挂牌成立了"融媒体中心",但究其实质,尚属简单相加,如有的只是让新闻中心、电视台、网站等简单坐在一起"合署办公";有的新成立一个"融媒体中心",抽调不同媒体单位的员工到新中心挂职。[2] 黄雪娇在2018年对中部六省经济十强县的县级融媒体中心建设进行调研后发现:中部地区县级融媒体的转型整体上仍停留在媒体形式整合阶段,尚未进入理念转变和体制改革的实质性融合阶段。[3] 笔者对安徽广播电视台的"海豚云"及省内

---

[1] 范以锦,《"中央厨房"产品不是终极产品》,《新闻与写作》2016年第3期。
[2] 陈国权,《中国县级融媒体中心改革发展报告》,《现代传播》2019年第4期。
[3] 黄雪娇,《中部地区县级融媒体发展的创新路径研究——以2018年中部六省经济十强县为样本》,《出版发行研究》2019年第4期。

15家已挂牌的县级融媒体中心进行实地调研和考察，发现也存在相同的问题：县级融媒体中心的挂牌签约形式大于内容，真正的体制机制改革、组织结构的整合、平台的建构都还处于探究与摸索中。

2. 资金、技术、人才缺乏，县级媒体无法打造平台型媒体

融媒体平台的确是移动互联时代进行资源、技术、内容、渠道共享的重要空间，是跨媒体整合的重要工具。但融媒体平台是需要大量资金、技术和人才的建设项目，尤其是对一般县级媒体来说，一旦进入实质融合阶段，没有持续的资金、技术、人才的支持，建设就会进行不下去。目前，除了个别的县级媒体（如浙江长兴县融媒体中心）自主建设外，大部分县级融媒体中心的建设依赖头部和中部阵营媒体技术、平台、人力等的支持。底子薄弱的县级媒体本应循序渐进进行融媒体中心建设，却采取急于求成的方式，欲把体量并不大的县级融媒体中心打造成跨媒体、跨行业的综合型平台，既想做融媒体新闻宣传，还想做政务民生等综合服务，甚至还要在平台上做一些经营性项目。但是受资金、技术、人才以及政策等方面的影响，这种贪大求全式的建设愿望恐难在短期内实现。

县级融媒体中心建设是一项长期复杂的系统工程，它既是国家级、省级媒体进行平台化转型的延伸，也是县域媒体顺应时代发展需要进行的变革。因为参与建设的主体复杂，建设过程短暂，县级融媒体中心建设呈现百花齐放而又矛盾交织的状态。

第四节　解决瓶颈性问题的可行性路径

平台化建设是推进媒体深度融合的关键，是主流媒体建构以互联网为基础、以平台为架构、以用户为中心的新型主流媒体的必经之路。主流媒体在平台化建设方面进行了多种路径的探索，已经建构起各种形式的融媒体平台。以人民日报社、新华社、中央广播电视台为代表的国家级媒体，建构起了自主可控的全媒体传播平台，还有许多的省级媒体也陆陆续续建构起以"中央厨房"为基础的云平台，县级融媒体中心也在建设中。但在实际建设过程中，因融媒体平台化建设时间短，没有成熟的模式与经验，几乎都是摸着石头过河；又由于平台化建设是一场系统而复杂的变革，是对传统媒体产业价值链的重构，不可能一蹴而就。一些瓶颈性问题，严重制约着融媒体平台的发展。这就需要回到平台思维的起

点,先明确融媒体平台的属性、功能及定位,再根据融媒体平台未来发展的方向,有针对性地进行价值链的设计与建构。

一 重新确定融媒体平台的属性及功能

(一)平台的属性、功能及演化

平台是一个随着技术、经济的发展不断演化的一个概念、模式或组织。在互联网早期阶段,平台是一种技术架构,是一个公司或企业内部进行产品生产的操控台或技术支持中心,有学者将其称为"产品平台"。随着互联网技术和信息技术的进步,平台的功能和结构变得更加复杂和多维,它逐渐从半实体半虚拟的状态演化成在线自组织系统,公司或企业的所有资源和能力都转移到线上,这个时期平台企业涌现。随着大数据、云计算、人工智能、物联网等技术的发展,平台企业演化成平台生态系统,它拥有无限延展的网络交叉系统,无边界的资源整合与配置能力[1],如微软、苹果、阿里、腾讯、百度等。随着平台经济的兴起,平台的概念愈来愈丰富和多元,它既可以是产品、服务、组织,也可以是商业模式与战略;既可以是现实的,也可以是虚拟的交易空间或场所。其共性在于它是依托网络信息技术,通过开放端口以及实施相应的免费补贴策略吸引参与者加入其所形成的双边市场中,为双边用户群体提供产品与服务交换的桥梁,并制定统一的标准与动态定价机制来保证和促进双边用户的交易,最终追求收益最大化。平台是网络时代市场资源整合和商业模式创新而成的具化形态,是传统自在市场自觉意识觉醒和自主品格升华的经济结果。

双边架构与网络效应是平台具有的特征属性。双边架构包含用户界面、组件映射和规则设计等,它反映了用户群体关系的系统性设计,描述了双边市场的连接与配置。网络效应指的是一个平台的用户行为会对其他用户从同样服务中得到的价值产生直接影响。[2] 网络效应平台的战略内核,是平台迅猛发展的关键;而双边架构是网络效应的重要驱动器。双边架构决定平台的交易特征是双边市场,即双边能动者通过中介或平台进行交互,每边行动者的决策都会通过网

---

[1] 罗兴武、林芝易、刘洋、陈帅,《平台研究:前沿演进与理论框架——基于CiteSpace V知识图谱分析》,《科技进步与对策》2020年第22期。
[2] 杰奥弗雷·G.帕克、马歇尔·W.范·埃尔斯泰恩、桑基特·保罗·邱达利,《平台革命,改变世界的商业模式》,机械工业出版社,2017年版。

络外部性影响另一边行动者。一个设计完善的双边架构,可以驱动平台系统产生积极的网络效应,使双边市场的用户积极交互,从而促进每一个用户创造更多的价值。一次相反,一个设计不完善的双边架构,会影响或阻碍双边用户的交互,致使一方用户流失而殃及另一边用户,最终使平台运转失灵,从而减少了每一个用户创造价值的可能性。因此,任何一个平台的经营管理者都会将双边架构的设计视为重中之重。

平台的首要功能是匹配用户。平台要负责连接生产者与消费者,并促使它们交换价值。平台是一个复杂多维的在线系统,是一个虚拟的信息、商品或服务交换的市场。作为供给侧的生产者和需求侧的消费者在整个虚拟的交易场所中需要依靠平台设计的规则和方式进行活动。有的平台能够直接将双边的用户联系起来,如一些社交网站;有的平台则需要设计一些交换机制,使双边市场的用户通过让渡一些权益而实现连接,如滴滴平台,需要用户的位置定位。而所有的信息、商品或服务的交换,能否大规模、有差别化地进行,这完全依靠大数据和人工智能等技术的运用,即算法。总之,平台通过提供双边用户互动空间,降低交易成本,促进供需匹配。① 平台依靠算法实现供需的个性化匹配。平台一旦被供需用户采用并形成匹配,当用户数量增长时平台价值会呈现指数级增长,并且吸引更多供方、需方,进一步提升平台价值,从而形成正反馈循环的网络效应②,实现更大范围的匹配。

(二) 融媒体平台的属性及功能的再定义

2020 年 9 月 26 日中共中央办公厅、国务院办公厅印发《关于加快推进媒体深度融合发展的指导意见》,提出要"以互联网思维优化资源配置,把更多优质内容、先进技术、专业人才、项目资金向互联网主阵地汇集、向移动端倾斜,让分散在网下的力量尽快进军网上、深入网上,做大做强网络平台,占领新兴传播阵地"③。11 月 26 日,国家广电总局发布《关于加快推进广播电视媒体深度融合发展的意见》,提出要"运用市场机制加快打造技术先进、特色突出、用户众多、自主可控的

---

① ROCHET J C、TIROLE J,《Platform competition in two-sided markets》,《欧洲经济协会期刊》(Journal of the european economic association),2003 年第 1 期。
② PARKER G G、VAN ALSTYNE M W,《Two-sided network effects: A theory of information product design》,《管理科学》(Management science),2005 年第 10 期。
③ 中共中央办公厅　国务院办公厅印发《关于加快推进媒体深度融合发展的意见》,http://www.gov.cn/zhengce/2020-09/26/content_5547310.htm。

新型传播平台,引入多方资源,加强多方合作,面向各类终端,形成强大聚合力引领力。大力增强平台信息服务聚合与精准分发能力,提供专业性、针对性、亲民性强的媒体服务,拓展广电＋政用、民用、商用服务,提高平台价值和用户活跃度"[1]。最新的政策文件为平台化建设指明了目标和方向。

建设自主可控的新型传播平台是未来平台化建设的重点。在平台化建设的过程中,许多主流媒体采取"借船出海"(即传统媒体借助新媒体的平台进行信息的生产与传播)的策略来向新媒体融合转型,如在微博、微信的平台上开设公众号,在今日头条上开设头条号。借船出海虽然增加了主流媒体的信息生产与传播能力,扩大了舆论引导力,但是因为主控权在甲方,借船的媒体始终没能获得经济效益的最大化。质量高的内容赚了流量,但未能实现变现。这也促使许多媒体经营管理者觉醒,欲扭转这种情况。实力雄厚的媒体开始自建平台,但是平台建好后,又未能达到预期的效果。这里面最大的问题就是对融媒体平台的属性和功能没有按照互联网平台的逻辑来界定。

从平台的演化史中,不难发现许多媒体建设的"中央厨房"或全媒体平台,其特征尚处于产品平台阶段。注重的还是物理空间的打造,如超大的中控台、超大的显示屏、超大的办公室,而对于中控台和显示屏所包含的技术和数据的使用与处理尚不充分,对于平台的系统功能还没进行深层次的开发和使用。因此,必须对这些平台的属性及功能进行再定义。有的媒体将融媒体平台功能界定为"内控型",即从单一媒体组织内部进行机构重组和资源整合,并围绕平台推进组织内部的融合,如浙江日报报业集团的"媒立方"。有的媒体将融媒体平台功能界定为"聚合型",即在内控型媒体平台的基础上,通过对外输出技术、内容等方面的资源以哺育其他媒体或机构,同时吸纳这些媒体或机构提供的信息,并对其提供的信息、内容进行聚集、整合,再通过平台把内容分发给至各媒体终端,以实现媒体与媒体之间的资源共享。无论是内控型还是聚合型的融媒体平台,其功能意义还是重在内容的生产,因而围绕平台所建立的双边市场,与商业型平台媒体不一样。融媒体平台的生产性用户是媒体自身,消费性用户是受众,两者的身份和界限还是分明的。而商业型平台媒体的用户产消身份是合一的,没有明显的界线。消费性用户也可以变成生产性用户。也就是说,商业型平台媒体的双边

---

[1] 国家广播电视总局印发《关于加快推进广播电视媒体深度融合发展的意见》的通知,http://www.nrta.gov.cn/art/2020/11/26/art_113_53991.html。

市场是针对更多普通的用户开放的,通过技术赋能和平台赋权,这些普通用户也可以进行内容生产与传播。这种模式极大地激发了用户的参与热情和创造能力,因而平台充满活力与创新。相比较而言,融媒体平台进行内容生产的还是媒体组织成员,普通用户很难参与内容生产。虽然媒体也提出以用户为中心,但这是从信息服务的角度。如果从生产与创造的角度,其实仍然是传者本位,即生产与传播的权力仍然属于媒体专业人员,用户还是信息的接收者或消费者。这就是最根本的区别。

如果要按平台思维和互联网逻辑来建构平台的结构和功能,那么就需冲破传统的传播思维与逻辑,重新界定融媒体平台的功能属性。当前主流媒体一窝蜂地都冲向建构综合型的融媒体平台,困难是非常明显的:一是既想做新闻又想做市场,既想舆论引导为主又想实现流量变现,这在现有的传播体制下很难两全;二是不确定企业属性,也不能按市场化运作,融资就很困难。没有强大的资金支持,技术、人才也上不来,也就很难与商业型平台媒体竞争。基于以上原因,在考虑到信息安全与牢牢掌握舆论主导权的形势下,将融媒体平台进行类别划分,专门从事时政新闻生产的平台按事业属性进行功能定位,平台的主要职能是进行专业的新闻生产;而综合性融媒体平台可以按"媒体+政务、服务、商务"的形式进行功能定位,这些平台可以对普通用户开放供给侧的底层结构,让用户参与内容生产。

优化和提升产业价值链

随着5G时代的来临,平台化竞争将更加激烈。平台不仅是各行各业展开竞争的场所,也已经成为连接社会的基础设施。媒体平台化就是要跳出传统的传播机制和模式,将媒体打造成能连接社会生活方方面面的枢纽,使媒体和传播成为建构社会的基础逻辑与架构。正如学者喻国明所言,媒体融合应是跳出媒体行业内的小融合,走向更广范围的大融合。大融合就是指媒体在内容传播领域发挥连接与整合功能之外,还应该在激活、连接和整合各种社会要素、商业要素、文化要素过程中扮演组织架构重新设计、重新整合、重新激活的功能,成为社会变迁过程中最为主要的连接与整合者。① 这样的媒体平台才具有与商业型媒

---

① 喻国明,《推进媒体深度融合需要解决的三个关键问题》,《教育传媒研究》2021年第1期。

体平台竞争的实力。从未来发展的趋势来看,主流媒体的融媒体平台化要想取得突破性进展,就需要不断优化产业价值链的设计,不断提升产业价值链的核心能力。

(一) 融媒体平台价值链模式的优化路径

经过新闻业务流程再造和价值链重构,主流媒体建构起"中央厨房"式的融媒体平台,这些平台在推进媒体内部和媒体之间的融合起到了一些积极作用,但是在实践层面依然存在整合面临不少问题,需要对已有的价值链进行再优化,使其具备大融合的功能。价值链最核心的环节是价值关系、价值生产模式与机制的建构。

1. 建构共享共创的价值关系

当前共享经济的快速发展和不断创新正改变着社会的生产方式与人们的交往行为,未来信息世界和物质世界的大部分商品和服务都将趋于共享。人们使用媒介的目的除了获取资讯,更多的是为了分享或获得自我消费体验的满足。媒体需要改变传统的以媒体为本位的单边价值生产关系,与用户建立共享共创的价值生产关系。一方面,要从受众思维转向用户思维,认识到使用媒体的个人或组织不再是新闻信息的接收者,而是能参与新闻产品的生产、设计、传播、营销的创造者;另一方面,应与用户建立协同共生的客户关系,并制定相关规章制度以管理、维护这种客户关系。共享共创价值生产关系的建立是对用户主动性与能动性的肯定。将用户纳入价值生产体系,与用户共同创造价值,这将使大量闲置的但又极富创造力的用户资源得以充分利用。

2. 建构以交互为导向的价值生产模式

互动是用户参与价值生产与创造的主要方式,而能为互动提供支持的是信息交互系统。因而媒体一方面要加强信息交互的基础设施建设。由于技术迭代太快,媒体建构信息交互基础设施的重点应为淘汰过时不用的设备,及时更新软件应用与管理技术。另一方面要加强信息交互的人力资源建设。目前媒体平台的许多核心技术,其研发、设计与管理大多依靠第三方,缺乏必要的技术人才与具有信息交互能力的人员。媒体应该有意识、有计划地培育、培训组织内的成员,使其具备一定的专业技能或管理技能;此外媒体应建构以互联网思维和交互为导向的组织文化,并将这种文化贯穿在业务流程、管理模式、品牌资产的建设方面。

3. 建构以互动共享为主的平台化运营机制

首先,媒体应加强并利用平台的连接功能将过长的价值链缩短,通过"去中介化"简化业务流程,让供需双方直接对接、交流与互动,从而使业务运作过程变得高效。其次,媒体应加强并利用平台的跨界整合功能,来建构跨界运作的价值网络,通过与其他行业的互动合作扩大价值关系,挖掘新的价值增长点,以建构更大规模的注意力市场。最后,媒体应建构平台的互动机制,以保障平台内外组织成员的信息交互。

4. 建构以满足用户体验为目标的商业模式

由于社会化媒介的兴起与智能移动终端的广泛使用,用户的消费体验更多在社交媒体和智能手机、ipad 上实行,动动手指、滑动屏幕就能完成各种消费。这种移动终端上的指尖消费①强调简单、快捷、易操作。因而,媒体应把自己的战略重点从提供产品和服务转向为用户营造新的体验环境,把通过产品销售获取利润的商业模式转向以满足用户指尖上的消费体验为目标的商业模式。首先,媒体应该构建以用户为中心,能够与企业的产品、流程和员工进行全方位信息交互的体验环境。媒体必须重新设计基础设施和技术平台,更加专注于开放平台的建设、完善、维护和迭代,以便让更多的用户参与进来,为他们之间的分享、互动、传播创造更多的机会②,以满足用户各种形式的消费体验。其次,媒体应紧紧围绕用户需求设计建构简单易操作的平台界面,增加平台界面的交互性、趣味性,提高用户的使用率与可操作性,为用户提供沉浸式体验。最后,从宏观层面来看,媒体"中央厨房"建设是由中央顶层设计,由各级政府主导和推动,自上而下进行的。近四年来,各大媒体经过业务流程再造与平台化建设,初步建构起具有"互联网+"特性的媒体平台。但要使媒体平台真正具有跨界融合的功能,则需要对"中央厨房"的概念与内涵进行重新认知。在工业化生产思维中,"中央厨房"是一种集约化生产,目标指向是"集约、成本、效率";在互联网思维中的媒体"中央厨房"是一种融合生产,目标指向是"交互、共享、共创"。因此,媒体应对用户角色、地位及功能进行重新审视与定位,充分肯定用户的主动性与能动性,与其建立共享共创的价值关系,提升平台的信息交互能力,健全平台的互动共享机制,提高用户价值体验。这不仅能使大量闲置的但又极富创造力的用户

---

① 玛丽贝尔·洛佩兹,《指尖上的场景革命》,中国人民大学出版社 2016 年版。
② 刘庆振,《共享经济时代媒介产业转型的模式创新》,《教育传媒研究》2017 年第 4 期。

资源被充分利用,也将使"中央厨房"建设获得价值创新,从而帮助媒体获取市场竞争优势,最终实现巩固宣传思想文化阵地、壮大主流思想舆论、打造新型主流媒体的战略目标。

(二)建构虚拟价值链,提升融媒体平台的镜像能力

建构具有互联网基因的融媒体平台,最关键的环节就是建构具有竞争力的虚拟价值链。虚拟价值链实质上就是"互联网+媒体"所建构的空间。在这个空间媒体的生产、经营、管理都将是基于数字化、信息化的虚拟性活动。按照组织目标和市场需求在镜像空间建构一套虚拟价值链体系来统筹规划这些虚拟活动,使其具有生产价值、创造价值,是传统媒体提升竞争力的关键。

1. 建构具有超链接功能的镜像平台空间

传统媒体通常是借助第三方平台来建构自己的镜像,比如借助网络平台建立门户网站,借助新浪开设微博,借助腾讯开设微信,等等。这些镜像是分散的,且受制于第三方。而"中央厨房"建设是媒体突破第三方平台,自己建构镜像世界的开始。像新华社的"现场云",人民日报社的"全国党媒信息公共平台",浙江传媒集团的"媒立方",中国科技出版传媒股份有限公司的"期刊出版云平台",等等,都是在着力打造一个由媒体来主导和把控的平台空间。在这个空间里,媒体既可以整合内部系统信息,开展内容生产,管理资源配送;还可以通过空间与其他媒体组织进行资源交流与共享、进行多层面的合作;媒体甚至还可以与其他产业组织在空间进行跨界合作。正在建设中的新华社"现场云",就是一个集纳了对内对外无限链接的超大虚拟空间,这个空间拥有便捷的连接端口,拥有快速计算和处理数据的服务器,拥有云服务的技术与能力。有了"现场云"这样的虚拟空间,新华社就可以在传统媒体终端和现代移动端率先实现即采即编即发,打造全息化新闻现场,大大提高信息生产与传播的速度和效率。不仅如此,新华社的"现场云"还是一个对外开放的空间,其他媒体或行业组织可以通过端口连接入驻其间,在这里实现信息资源的采集、交流、加工、生产、传输与共享。"现场云"实质上就是新华社建构的一个网络虚拟空间,是传统价值链向虚拟价值链转移的镜像平台。与新华社的"现场云"一样,《人民日报》的"全国党媒信息公共平台"、浙江传媒集团的"媒体云",这些平台都是媒体实体经济与虚拟经济的空间连接,这个连接就像是物理价值链与虚拟价值链的交互枢纽。所有的信息都将在这里交汇、分流、整合、反馈、循环、加工、深化,不断产生新的价值。那么,其他媒体是否要如此去建设呢？这需要根据媒体自身的人力、物力、财力而定。因为打造像"现场云"这样的平台需要大量的资金、技术和人力资本的投入。实力不够的媒体一方面可以通过加盟或入驻央媒已搭建的平台来提升信息加工与分享的能力；另一方面也要加强自身内部系统的建设，使内部系统能够与外部系统对接，也就是要有可以匹配的端口。这样一来，既节约了资源，又搭上了建设"中央厨房"的时代列车。"为了拥有一个大型而优秀的系统，最好从一个小型而优秀的系统做起，并且努力使它变大变强，这样做远远好过从一个大型却平淡无奇的系统做起并努力改进。"[1]"从小做起"对于省地市级媒体来说无疑是适用的。

2. 建构可以进行跨界融合的镜像系统

具有超链接功能的镜像平台空间为媒体进行网络化、数字化、虚拟化生产提供了可能，但要使各项活动协调有序地进行则需要建构相应的系统。系统化建设正是虚拟价值链建构的核心环节。

（1）建构信息化的系统模块。传统媒体的价值系统一般由内容生产（采编）、刊播、营销推广（包含广告经营）、人力资源管理、财务管理、基础设施建设与管理、后勤保障、受众反馈服务等部门构成。这些部门按责权利进行职能划分，被分编成不同的功能单元，按照一定的等级接受管理。这样的价值系统是线性的，管理是垂直的，部门与部门之间是独立分割的。要将这些实体部门镜像到虚拟空间，建构起虚拟价值系统，首先就要进行系统模块的信息化建设，也就是要将实实在在的部门、人事、资本、关系、设备、材料进行信息编码，使其以数字化、符号化的形式存在。数字化、符号化后的系统可以打破时空、地域的限制，把媒体的所有生产活动和客户关系在一个镜像空间里全面地呈现出来，使管理者可以一目了然地了解或掌握系统资源，可以更加方便快捷地调配资源、管理各项生产活动和客户关系。这个时候，管理者管理的是信息，而不是部门；管理的方式不是线性的、等级式的，而是适时的、扁平化的。以《人民日报》的"中央厨房"为例，它建构了一个超大的、虚拟的全媒体平台中心，然后将报业内部的采编发、经营管理等系统镜像到虚拟平台，建构起信息化的内容生产、传播、运营等系统模块，使"一体策划、一次采集、多种生成、多元传播"成为可能。因为全媒体平台中心集合了报业所有的生产和经营信息，使管理者可以更加方便和全面地查看、管理报社的各项活动，可以更加直观地监控和协调这些活动，完全超越了传统的条

---

[1] 克莱·舍基，《认知盈余：自由时间的力量》，中国人民大学出版社2018年版。

块分割管理的局限性，使生产和产出更高效。

（2）建构虚实结合的价值链矩阵。如果仅仅是把媒体的实体部门信息化到镜像平台空间，就是一个简单的"照镜子"，显然不能产生新的价值；相反，应该将信息化的系统模块建设成具有连接和共享功能的系统。首先，系统模块在进行信息化镜像的过程中，不应该是固定不变、壁垒森严的，而是一个个可以根据生产任务和消费需求随时变换位置和大小，可以临时拆分也可以随时组合的信息单元。就像是平台上的积木，可以组建出各种模型。目前，活跃在人民日报社"中央厨房"的各个生产、传播、服务的系统模块，都可以做到在市场需要的情况下组建各种临时工作小组，小组成员可以跨部门、跨行业进行组合，围绕同一目标和任务工作，在任务完成后即行解散。其次，应该赋予信息化的系统模块充分利用镜像空间的超链接技术、大数据、云服务的权利，使信息主体彼此之间进行连接与沟通，实现交流与分享。如新华社的"现场云"，就可以为入驻"现场云"的所有信息主体（信息模块）提供互联互通的技术与云服务，使其可以在组织内部、组织与组织之间、组织与其他行业组织之间搭建链接通道，使所有的活动以信息的方式进行交流和处理，使原本疏离的、割据的、竞争的、分散的关系变得紧密相关，各项活动变得休戚与共。当媒体将业务活动从线下转移到线上，建构信息化系统模块的时候，事实上就是创建了一个平行于实体价值链而又有异于实体价值链的虚拟价值链。虚拟价值链常常通过对实体价值链中的每个生产环节进行信息的收集、编码、存储、选择、组织、合成，从而生产出新的产品或服务。虚拟价值链正是通过信息化这种方式来促进和提升实体价值链的增值能力，创造出新的价值或价值增长点。对于媒体管理者来说，将实体价值链与虚拟价值链进行整合，建构起虚实结合的价值矩阵，更有利于提升核心竞争力。

（3）建构互动共生的价值关系。虚实结合价值矩阵的建构，对管理者提出了新的要求，就是如何建立新的价值关系。媒体传统的实体价值链的价值关系是媒体与原材料供应商、媒体与媒体产品经销商、媒体与媒体用户的关系。虚拟价值链的建立将传统的价值关系纳入网络空间，改变并产生新的价值关系。在虚拟空间，因为增加了更多的连接端口，采用了更多的媒介测量工具（如大数据采集、挖掘、分析与处理）、算法推荐，媒体可以更加便捷地与各个关系主体进行交流和沟通，建构良性互动的关系。更重要的是，媒体可以以更低的成本识别和满足用户的需求。

在新经济时代，合作比竞争更具有战略意义，通过合作实现资源整合利用、实现价值共创是媒体发展的必由之路。"价值共创"是近年来广义经济学提出的一种价值形成的新思想，这种观点认为价值是企业、顾客及利益相关者通过互动创造出来的。也就是说，价值不是在交换中产生，而是由生产者和消费者在互动过程中通过资源的整合和能力的使用而共同创造的，共创具有合作性和相互性。[①] 媒体管理者理应顺势而为，利用虚实价值链矩阵与媒体用户和利益相关者建构互动共生的价值关系。用户注意力是媒体着力开发的市场，是媒体竞争的焦点。新时期的用户早已不同于传统媒体时代的受众。一方面，随着自媒体和社交媒体的发展，用户借助于网络空间越来越多地参与到媒体的生产与经营中来，用户的主动性、自发意识越来越强烈，用户内容生产已经成为时代潮流；另一方面，不受经济利益驱动的用户出现，用户接触媒体、消费信息的目的是免费分享或交换信息，他们还想要随时随地且低成本地掌握数量更多、跨界更广的"第一手"信息。这意味着用户与媒体的关系将发生翻天覆地的变化。因为信息不对称的情况正在向信息对称的情况转变，价值链的控制权正不断由媒体一方过渡到用户一方。媒体可以利用镜像的虚拟空间建构更多的连接端口，为用户提供更多的链接节点。链接数越多，链接越活跃，媒体与用户实现价值共创的接口就越多，成功的机会就越大。

此外，人际互动行为的存在是价值共创的基础，也是其实现的依托手段和重要前提。[②] 媒体一方面要增加与媒体用户的直接互动，另一方面要为用户互动提供条件。因为用户之间的互动可以促进彼此关系和群体凝聚力，从而产生群体效应，为媒体实现价值共创提供新的途径。媒体与利益相关者，也就是与价值链上的其他关系主体，本身就是合作大于竞争的关系。只是在新经济时代，媒体需要开拓更多的双向多元的信息交流渠道，让合作关系更加多元，让价值共创更容易实现。最近几年，人民日报社与腾讯、新华社与阿里云都建构起了互动合作的共生关系，创造了许多价值奇迹。为传统媒体实现跨界融合探出了新路径，为价值共创提供了新的空间。

在移动互联时代，跨界融合已成为媒体行业发展的总趋势。媒体进行跨界融合的实质就是进行价值链的重构。传统媒体纷纷借力互联网，是因为互联

[①] 张明立、叶建华、王伟：《基于角色参与的虚拟价值共创分析——以"中国好声音"为例》，《广义虚拟经济研究》2015 年第 1 期。

[②] 杨学成、陶晓波：《从实体价值链、价值矩阵到柔性价值网——以小米公司的社会化价值共创为例》，《管理评论》2015 年第 7 期。

具有建构虚拟价值链的空间和条件。虚拟价值链是信息化时代进行资源管理与配置、建构新型客户关系、提高企业管理能力与核心竞争力的主要管理工具。传统媒体必须通过虚拟价值链的建构，来实现实体价值链的增值，促进价值共创的产生，为其生存与未来发展聚集能力。

三 基于价值链重构用户注意力市场

（一）移动互联时代注意力的漂移

移动互联时代，是一个传受关系不断刷新的时代，也是一个内容丰裕而注意力稀缺的时代。① 尤其随着自媒体与社交媒体的广泛使用，受众的注意力变得碎片化、游离和漂移，表现出以下几个特征。

1. 注意力越加分散

随着数字技术、网络技术与智能手机的广泛使用，受众进行信息消费选择的空间不断被拓宽，可选择的媒介种类和媒介内容日益多样。以手机、平板电脑等为载体的移动端信息消费逐渐取代传统的大众媒体时代固化的信息消费，受众不必在固定的时间、固定的栏目（或节目）、固定的场所去阅读（或收看），而是可以在工作或生活的任意一个闲暇的空隙开启信息消费，进行短暂的、碎片化的阅读与收看，受众的注意力变得零碎而分散。

2. 注意力更加移动

移动互联技术将整个世界连接成一张巨大的网，媒体和受众都成为这张网上可随意移动的节点。受众与媒体的关系不再由传统的媒介结构所规制，被动接受信息；相反，受众可以借助互联网和智能移动端更加自由或自主地挑选媒介资源。大多数的受众不再将自己拘束在同一种类型的媒体中，转而成为媒介文化内容的"杂食者"，他们的注意力在各种文化内容间自由移动，且移动规律不可捉摸。

3. 注意力越加自主

数字媒介技术赋予受众更多的自主权利，他们不仅可以在各种媒介空间自由出入，而且还获得某些信息生产与传播的自主权。他们正在脱离"受众"这一传统称谓所赋予的特性：收听者、消费者、接受者、目标对象，转而成为信息的搜

---

① 刘燕南，《数字时代的受众分析——〈注意力市场〉的解读与思考》，《国际新闻界》2017年第3期。

寻者、浏览者、反馈者、对话者、创造者等。① 受众的注意力不再用于被动地接受媒体信息，而更多地用于搜索、创建与分享信息。尤其是伴随着认知盈余的出现，拥有自由时间的受众自主性增加，个性化表达愈加频繁；越来越多的受众利用自由时间里的注意力来从事创造性的传播活动，利用在线工具进行自主分享。②

4. 注意力正在重新部落化

网络社区与各种社群的出现，使大众媒介不再以整体的形式存在，而是分裂为成千上万个小文化部落。这些文化部落的形成源于某些共同的兴趣爱好、相似的经历或相似的价值观等。部落的大小、文化特质、存在形式各色各异，它们相互独立，但在某些时候又会发生联系与互动，形成"大规模的平行文化"部落。③ 媒体受众既可能处在某一个社群文化部落中，也可能处于多个不同的平行文化部落中。正如亨利·詹金斯所言，受众已变成媒介文化空间里的游牧民、"大规模平行文化"中的文本盗猎者④，他们更加自由，勇于创造、乐于分享，不断追求个性或自我价值的实现。

（二）媒体捕获注意力的困境

媒介市场竞争的实质就是争夺受众注意力，然而当前受众注意力越来越漂移和不可捉摸。不论是传统媒体还是市场化程度较高的新兴媒体，在捕获受众注意力方面均面临竞争危机。

在传统的媒体市场逻辑中，媒体是市场的主导性力量，媒体占据着信息生产与传播的主导权，控制着为数不多的传播渠道。它们以自身的价值考量为基础，进行选择、加工、生产、传播信息来建构注意力市场。在这种模式中受众的主体性被忽视，个性化需求得不到满足。进入互联网时代，随着社会化媒介的兴起与广泛使用，媒介领域由一群专业人士经营转变成全球个人用户参与的领地，媒介正在从一种特殊的经济部门转变为一种有组织的、廉价而全球适用的分享工具。⑤ 结果就是传播领域的权力下放，受众自主权不断提升。受众可以借助社交媒体和各种移动端自主选择内容、解构甚至重构各种媒介文本。受众在某些

---

① 王强，《"数码受众"与"数字叙述"：新媒体叙述范式的建构》，《当代文坛》2017年第5期。
② 克莱·舍基，《认知盈余：自由时间的力量》，中国人民大学出版社2018年版。
③ 詹姆斯·韦伯斯特，《注意力市场：如何吸引数字时代的受众》，中国人民大学出版社2017年版。
④ 陶东风，《粉丝文化读本》，北京大学出版社2009年版。
⑤ [美]克莱·舍基，《认知盈余：自由时间的力量》，中国人民大学出版社2018年版。

时候还成为媒介内容的生产者、发布者、共创者。

个性化新闻推荐的竞争与冲突。为了应对移动互联时代的挑战,媒体也开始尝试新的方法以捕获注意力。以"今日头条"等为代表的聚合类新闻客户端异军突起,成为注意力市场竞争中的黑马。聚合类新闻客户端通过大数据测量、算法把关和个性化推荐建构起一套特有的测量规则和推荐机制,并据此(信息或资讯)寻找、辨别并满足用户的个性化需求。个性化新闻推荐机制正在成为建构受众注意力市场的新的结构性力量,成为媒介环境中具有规制性的新权力范式。这种权力范式一方面具有快速有效捕获受众注意力的效能,另一方面也引发各种冲突。个性化推荐机制所构成的规制性权力与传统媒体所拥有的结构性力量不同。传统媒体的内容选择往往基于新闻价值要素(时新性、重要性、显著性、接近性、趣味性)考虑,以人工把关;而个性化推荐机制通常将新闻价值要素(如场景、内容、用户偏好和平台优先级)内嵌入特定的计算机程序中,以机器把关。[1] 其中隐藏的危机和陷阱引起了众多学者的诟病,有学者警示:个性化新闻推荐使用媒介测量、算法把关和推荐,鼓励用户收看或阅读他们喜欢的内容,过滤掉他们不想要的内容,事实上创造了一个封闭性结构,使人们沉迷于一成不变地消费那些他们倾向或赞同的内容。这种封闭性结构会强化用户的态度和信仰,长此以往,可能让这些态度和信仰更加不可代替、更加极端。最终会导致用户与其他群体、用户与社会产生隔阂与断层,使社会处于分裂的危险之中。[2]《人民日报》也多次发文批评以"今日头条"为代表的个性化新闻推荐存在价值观缺失、低俗信息泛滥、竞争无底线的状况,指其"只一味迎合、取悦,而失去独立思考、深度观察的能力,进而削弱整个社会的创造力"。"今日头条"、快手、火山小视频等媒体相继被国家网信办约谈整改。

平台化建设的燎原与阵痛。为了在新一轮的注意力市场竞争中谋得一片天地,传统媒体也在不断地进行改革转型。其中最具规模的是"中央厨房"的建设。目前,全国共有 55 家地市级以上各类媒体建立了"中央厨房"。[3] 建设"中央厨房"目的是提高媒体资源的整合配置能力,提升媒体组织的信息生产与传播能力,提高媒体跨界融合的创新能力。以人民日报社、新华社为首的国家级党媒在

---

[1] 苏涛、彭兰,《"智媒"时代的消融与重塑——2017 年新媒体研究综述》,《国际新闻界》2018 年第 1 期。
[2] 詹姆斯·韦伯斯特,《注意力市场:如何吸引数字时代的受众》,中国人民大学出版社 2017 年版。
[3] 陈国权,《中国媒体"中央厨房"发展报告》,《新闻记者》2018 年第 1 期。

"中央厨房"建设的过程中,取得了一定的成效。人民日报社建成"全国党媒信息公共平台",使其具有内容生产平台、技术服务平台、资本运营平台的功能。新华社通过对全媒体采编发空间扩容升级建成的"现场云",是集资源整合、融合加工、舆情监测、业务管理、影响力评估、远程指挥六大功能为一体的全媒体平台。但是"中央厨房"建设是一项系统而复杂的工程建设,既涉及媒体组织结构与行政管理的变革,也触及媒体组织责、权、利的重新分配。媒体内外新旧利益的冲突,将使这一建设过程时有阵痛。

(三) 重构注意力市场

移动互联时代,媒体与受众注意力之间的关系,就像是紧张的网与滑脱的鱼。在激烈的市场竞争中媒体千方百计地织网,想捕获更多的注意力,以便建构庞大而稳定的注意力市场;而受众则借助于技术与渠道在信息海洋里游来游去,十分滑脱不易捕获。媒体应该怎样突破困境、提高注意力市场的建构能力呢? 广义经济学中的一个新思想——价值共创,可以为我们重塑媒体与受众的关系、建构注意力市场提供新的方略。"价值共创"思想是由普拉哈拉德和拉马斯瓦米两位管理学者在 21 世纪初提出的。其核心观点是:随着网络技术的广泛应用,用户不再是消极的购买者、价值的使用者或消耗者,而是价值生产的积极参与者;价值不再是由企业单方面创造的,而是由用户与企业在互动中共同创造。企业应该以"用户为中心",通过连续的、高度动态的交互过程来进行资源的整合和能力的使用,以实现价值生产与增值。① 小米公司在价值共创思想的影响下,建立以用户为中心的市场主导逻辑,通过打造小米社区与用户进行持续多元的互动,让用户参与价值生产(产品设计、程序优化等),获得市场竞争优势。② "中国好声音"节目将观众纳入节目内容的生产与互动,实现了线上线下资源的整合,获得巨大成功。③ 媒体建构注意力市场的过程,其实质也是价值生产的过程。注意力市场的核心构成要素是受众的注意力,媒体需通过资源配置、内容生产、信息传播等一系列生产过程获取注意力。因而媒体与受众的关系、媒体进行价值生产的过程,将决定注意力市场的形成与发展。

---

① 李朝辉,《顾客参与虚拟品牌社区价值共创研究》,中国社会科学出版社 2014 年版。
② 杨学成、陶晓波,《从实体价值链、价值矩阵到柔性价值网——以小米公司的社会化价值共创为例》,《管理评论》2015 年第 7 期。
③ 张明立、叶建华、王伟,《基于角色参与的虚拟价值共创分析——以"中国好声音"为例》,《广义虚拟经济研究》2015 年第 1 期。

1. 重构传受关系,建立"以用户为中心"的客户关系

传统媒体建构注意力市场的方式是:以内容生产、节目编排、视听监测等手段吸引受众注意力,然后再将受众注意力售卖给广告主,通过广告主获得市场利益,再进行内容生产以吸引受众注意力。在这种模式中,媒体与受众的关系是捕获与被捕获、售卖与被售卖。移动互联网时代,由社会化媒体驱动的人际互动行为不断地丰富与深化,受众的自主性、能动性增加。受众不再是被动的信息接收者,而是主动的信息消费者。作为媒体市场基础的受众已经变为用户,是需要媒体提供信息服务的"上帝"。媒体需要重新审视与受众的关系,"以用户为中心"的市场主导逻辑来重构注意力市场的客户关系。

2. 重构价值生产关系,将受众纳入价值生产体系,通过与受众共同创造来建构注意力市场

传统的媒体价值生产过程中,受众处于价值生产链的末端,被视为信息的消费者。受众的主体性被忽视,能动性被遏制。但随着自媒体和社交媒体的发展,受众的主动性、自发意识越来越强烈,受众借助于网络空间越来越多地参与到信息生产与传播中来,用户内容生产已经成为时代潮流。媒体应顺应时代变迁,将受众纳入价值生产体系中来,让用户参与内容的生产与传播。为此媒体要为受众参与价值生产提供各种途径,吸引并激发受众参与价值共创。"与用户共同创造是传媒内容生产的新形式,是价值创造的新方式、新路径,是数字化时代尤其是移动互联趋势下传媒价值创新的关键。"《人民日报》在 2017 年为庆祝建军节推出的融媒产品"H5 军装照",一改传统生产方式,采用融媒技术吸引受众上传个人照片,让其参与军装照的生产与传播。活动期间共吸引 10 亿人次参与,短时间聚集了大规模的注意力,获得良好的传播效果。

3. 重构产业价值链,改变媒体的资源配置与管理方式,增加受众的有效连接与互动分享

产业价值链重构就是要对媒体产业价值链环节进行优化或重新打造,并对组织内部的运营价值链进行优化或重新排序,从而形成高效且适应用户需求的新产业模式(或流程)。①

(1) 媒体要打破线性、单向的实体价值链生产与管理模式,建构复合多元的价值矩阵,为受众提供线上与线下的互动空间。建构复合多元的价值矩阵的关

---

① 周永亮,《价值链重构:突破企业成长的关口》,机械工业出版社 2016 年版。

键是建构虚拟价值链。虚拟价值链是一种新的价值链形态,是对虚拟世界(网络空间)里的经济活动进行资源管理与配置的方式。与实体价值链不同的是,它的生产经营与管理主要是围绕信息的收集、组织、选择、合成和分发而进行。① 虚拟价值链可以突破时间和空间的限制,能借用互联网信息技术及时收集和洞察企业在实物世界中的各项活动信息,并随时组织和调配各项资源。不仅如此,企业经营者或管理者还可以随时与用户进行信息对接,将用户纳入价值创造中来,实现价值共创。为了获取更多的注意力,建构更广阔的注意力市场,媒体需要改变以实体价值链为中心的传统价值链,着力建设虚拟价值链,打造虚实结合的价值矩阵。当前正在如火如荼进行的"中央厨房"建设,其实质就是在进行虚拟价值链建设以实现产业价值链的重构。

(2)要建构有效连接的运营端口,加强与受众的人际关联。有效连接就是要打破媒体与受众的疆界,与目标受众建立稳定而紧密的人际关联,使受众不再是信息生产与传播的被动消费者,而是任意环节的参与者。首先,媒体要进行信息平台和连接端口的建设,为受众提供连接渠道。现今媒体广泛开展的"两微一端"和"中央厨房"的建设,其本质就是信息平台化建设,目的就是要建构一个可以与受众实现互动连接的运营端口。其次,媒体要能准确识别并定位用户。这就需要媒体充分利用媒介测量技术和工具(如大数据、人脸识别、现代传感定位系统等)去检测用户的漂移空间与消费行为轨迹,要不断地收集、整理用户的行为数据,建构多维度的指标交叉分析模型,清晰勾勒出用户的消费动机、消费形态、消费需求、消费趋向。明确注意力市场由哪些用户组成,这些用户具有什么样的个性特征和喜好,有什么样的媒介使用习惯,在什么时间、位置或情景中消费信息,等等。

(3)要建构互动分享机制。互动是价值共创的基础,是媒体与受众建立紧密联系,推动注意力市场形成的关键。新华社在党的十九大期间推出"点赞十九大,中国强起来"的融媒产品,以"可读、可听、可看、可互动、可分享与可体验"的互动形式引发5.12亿人次网友参与,点赞量1.2亿,页面浏览量超过30亿,成为最具影响力与传播力的"互动"性报道。②

---

① JEFFREY F, RAYPORT, JOHN J SVIOKLA,《Exploiting the Virtual Value Chain》,《哈佛商业评论》(Harvard business review)1995年第9期。
② 李俊,《用声音致敬新时代——新华社"30亿级"互动产品是如何炼成的》,《中国记者》2017年第11期。

4. 重构移动终端的价值体验,通过满足受众指尖上的极致体验来持久锁定注意力

由于社会化媒介的兴起与智能移动终端的广泛使用,用户的消费体验更多在社交媒体和智能手机、iPad 上实行,动动手指、滑动屏幕就能完成各种消费,因而美国学者玛丽贝尔将其形象地比喻为移动终端上的指尖消费。她认为任何企业或组织要想获取注意力经济,就应该打造移动终端的极致化体验,尽可能满足用户的消费需求。首先,媒体应该提高数字化场景建构注意力市场的能力。随着云计算、大数据、移动互联网、各种智能穿戴设备的广泛使用,世界中的人、物、场被有效地连接与整合,人们卷入由各种数字化场景拼接起来的社会生活当中。数字化场景连接一切,并不断整合和重构商业、社会、生活与消费的所有维度。今天的移动互联技术整合了线下识别和线上交互,赋予了场景更多的商业价值和社会交往意义。① 数字化场景本身也成为一种新的价值交换方式和生活方式。媒体要顺应时代的发展,积极进行信息市场的数字化场景建构,以适应用户生活方式和交往行为的改变。其次,媒体应通过数字化场景为用户搭建互动、开放、沉浸式的体验平台。因为互动可以使消费者由被动变为主动、由围观变为参与、由疏离变为亲密。开放则意味着更多资源的涌入、更多用户的参与、更多价值的互生共享。而沉浸式体验既有助于用户通过亲身参与获得直观的体验,同时也有助于提高用户对品牌的深度认知。为此,媒体需要提高数字化技术的运用能力,要提供更快、更广、更方便的连接,要建构双向、及时、移动的交互平台,充分满足人们个性化的生活方式、价值追求与情感满足。再次,媒体应提高智能化生产的能力,以增强用户的极致体验。媒体需掌握大数据技术、虚拟现实、生物传感器、定位系统等技术,以提高信息生产与传播的能力,为用户提供更加智能、更加真实、更加生动的消费体验。2018 年初新华社生产发布国内首条 SGC(生理传感)新闻,就是利用生物传感器技术、VR 技术对两会展开的一次别开生面的报道。接受报道的受众不仅拥有身临大会现场的感受,而且受众对大会内容的生理和心理反应会被传感器及时监测,形成数据。据此,媒体一方面提高了用户的消费体验,同时又收集到受众的实时数据。这些数据经过分析,可以及时测量出用户的兴趣及关注点,为以后报道提供参考,为持久锁定用户注意力提供有效帮助。

---

① 朱建良、王鹏欣、傅智建,《场景革命:万物互联时代的商业新格局》,中国铁道出版社 2016 版。

移动互联时代,媒体所面临的是一个被信息化盘活的"连接"环境,是一个被数字化不断重构的时代。由于互动分享的成本下降,非营利性的志愿活动越加容易,利他的行为增多。作为用户的受众接触使用媒体的目的不再仅仅是获取信息,而更倾向于连接与分享。而社会化媒介的智能移动终端为用户实现这些目的提供了可能,受众的主动性、能动性、创造性增加,他们更加自由、自主和自我。受众的注意力因漂移变得难以捕捉。媒体只有与时俱进,改变传统观念和失效的运营法则,以用户为中心重新建构价值生产关系,通过连接、互动、分享等价值共创行为来不断提高资源整合与价值创新的能力,才能真正满足用户的消费需求和消费体验,获取足够的注意力,赢得市场竞争。

四 建立符合平台发展的现代企业管理制度

我国主流媒体在进行融合转型的过程中,一直面临管理制度落后于平台发展的困境。平台遵循互联网逻辑,是开放的、交互的双边或多边市场结构,按照市场化运行机制进行资源的连接与配置。而主流媒体建构起融媒体平台,大多是在封闭式的传媒管理体制里运作。这种封闭式有几个特点:行业的专业壁垒高;社会资本有限进入;企事业混制。这样的制度模式不能适应当今平台经济的发展,也不能满足融媒体平台可持续发展的需要。因此,需要根据平台的属性及发展,从相对封闭的制度模式转型为相对开放的制度模式,以利于平台对互联网作为一种先进的传播生产力所释放出来的能量与资源要素进行很好的对接和利用。[①]

(一) 深化转企改制

我国传媒企业的诞生源于文化体制改革。2003年文化体制改革试点工作开启,35家新闻出版单位成为重点改制对象。2005年,中共中央、国务院下发的《关于深化文化体制改革的若干意见》,提出按照现代企业制度的要求,加快推进国有文化企业的公司制改造,完善法人治理结构。加快产权制度改革,推动股份制改造,实行投资主体多元化。2006年文化体制改革在面上推开,更多的新闻出版单位、报业集团、杂志社、广播、电视、电影制片厂等组织均进入"转企改制"的行列。2009年,文化体制改革深入推进,传媒转企改制的步伐进一

---

① 喻国明,《推进媒体深度融合需要解决的三个关键问题》,《教育传媒研究》2021年第1期。

步加快。根据文化体制改革的各项文件要求,传媒的转企改制,就是在明确划分公益性文化事业单位和经营性文化事业单位的基础上,做到"两分开"。属于公益性的传媒组织保留事业体制,而属于经营性文化事业的传媒组织要进行"剥离转制"或"整体转制"。所谓的"剥离转制"就是将传媒组织中广告、印刷、发行、传输网络部分,以及影视剧制作与销售部门,从事业体制中剥离出来转制为企业。所谓的"整体转制"就是那些产业属性强、意识形态属性较弱的非时政类报刊社,科技、专业类的新闻出版单位等,由事业单位整体改制为企业。转制后,一些条件成熟的传媒企业可以进行股份制改造,有条件的可以上市。

自2009年至2019年,有许多的出版集团、报业集团和广电集团经过近十年的股份制改造,发展成为上市公司。但为数众多的传媒企业尚步履维艰。主要表现为:(1)按照现代企业制度的要求,传媒企业应该建立企业法人的治理结构,但是在实际改革的过程中,政府身兼国有资产所有者与社会管理者的双重角色依然没有改变,其结果就是政媒难分、企事难分。[1](2)按照现代企业管理制度,进行传媒企业的股份制改造,实现投资主体的多元化。但是出于意识形态安全的考虑,国家政策鼓励传媒业外国有资本积极投资重点传媒企业,但国外资本和民营资本需审批,有限进入商业性的媒体。因此,绝大多数传统媒体企业股份制改造后主要是国有资本控股。而大量的民营资本和外来资本涌入新媒体行业。现行规定是国有企业必须占51%的股份,这虽保证了国有资本的控制权,却影响着国有传媒企业的进一步发展壮大。[2](3)出于维持既得利益和一定程度的政治稳定的目的,许多传媒组织在转企改制的过程中,对原来"事业单位企业化管理"的模式很留恋,对企业法人的责权利的安排,对股份制改造、投融资上市等问题心存疑虑,宁愿处于等待、观望状态,甚至回避变革,致使传媒企业的体制建设存在很大阻力。(4)转企改制带来组织冲突加剧。"剥离转制"要求完成公益性和经营性资产的剥离,分别建立事业法人和企业法人的组织体系,这涉及内部组织各种利害关系的全面调整。很多传媒集团的改革实践反映出在同一集团内采编权与经营权难以统一,两种法人体系彼此冲突,不仅无法整合优势资源,而

---

[1] 殷琦,《制播分离背景下广电机构治理结构改革及其创新路径》,《现代传播》2012年第5期。
[2] 张向东,《试论中国传媒业的几种体制形态——兼论特殊管理股制度以及管理层持股》,《新闻记者》2014年第12期。

且在整合利益的调整中造成很多的冲突与内耗。现实发展需要传媒企业提高组织冲突管理的水平和能力,然而我国相当多的传媒和传媒管理者在对组织冲突、组织冲突管理的思想认识、理论指导和管理技能上明显准备不足。(5)我国的传媒企业是从传统的事业单位转制而来的,以往的组织学习重"思想素质"培训,轻"业务能力"培训,组织学习的方式单调,内容针对性不强,不够系统化、专业化。这显然也不能满足传媒企业适应环境变迁的需要。

当前,我国传媒企业仍在探索特殊管理股制度。所谓特殊管理股制就是"充分利用产权可分离性特征,通过分离现金流和控制权,从而使企业管理层在掌握有限股份的前提下,能够掌握控制权的股权制度安排"[①]。在媒体深度融合,主流媒体平台化发展的时期,我国媒体要想建构具有竞争力的融媒体平台,就需要在保证国有资本对传媒企业的绝对控制权的前提下,最大限度地吸收外来资本和民营资本。这就进一步要明确融媒体平台的产权属性。主要从事新闻生产的融媒体平台按照国有控股的方式建立特殊股权管理制,而从事非新闻生产的融媒体平台则可以按照非国有控股的形式建立现代企业管理制。

(二)做好转企改制进程中传媒组织内部冲突管理

随着文化体制改革的深入与推进,我国传媒正经历着深刻的体制变革。传媒转企改制的目的就是要重塑具有强大竞争力的市场主体,建立科学规范的现代企业制度,使非喉舌类经营性文化产业最终完成由事业体制向企业体制的转变。这种转变是一个系统而复杂的变革过程,矛盾和冲突在所难免。能否对组织冲突进行及时有效的管理,将直接影响到传媒产业的发展,影响到文化体制改革的顺利进行。

1. 转企改制进程中传媒组织内部冲突

对传媒来说,转企改制不仅仅是体制的变革,更是组织的变革、观念的变革,变革必然引发各种矛盾和冲突。所谓冲突,从一般意义上讲是相关方由于意识到利益、目标、信念或期望的对立而导致的对抗的意愿或行动。[②] 冲突存在于人类社会的任何一个组织,尤其是那些具有环境压力、任务多样性和成员多样性的组织。[③] 根据近年来传媒组织转企改制的实践来看,其组织内已经显现出来的

---

① 葛明驷,《媒介融合要求规制融合:中国传媒业特殊管理股制度分析》,《科技与出版》2017年第8期。
② 韦长尾,《冲突管理取向:应急性与常规性的结合》,《理论探索》2011年第5期。
③ 芦红、吕庆华,《冲突管理:研究动态与展望》,《广西财经学院学报》2009年第2期。

冲突集中表现在以下几个方面。

(1) 传媒组织身份分裂的认知冲突。按照现代组织理论,传媒组织可被视作一个有机的生命体,这个生命体在转企改制时,"原有的身份将被解构和淡化,新的身份要求得到表达和尊重",但是在实际的变革中,传媒"党的喉舌""经营实体"两种参照环境和价值取向的截然不同,导致了中国的传媒"一种因无法调和与分裂的元素而在某些人格中造成心理混乱",从而处于角色错位和身份危机,已陷入进退两难的境地。①

(2) 传媒集团内各组织的利害冲突。转企改制政策要求我国传媒集团首先要进行资产的剥离、实现政企分开,分别建立事业法人和企业法人的组织体系,这涉及集团内部组织各种利害关系的全面调整,必然产生很多冲突和不协调。其次,转企改制政策支持传媒集团实行跨媒体、跨行业、跨地区联合兼并重组,这使传媒集团面临更多、更复杂的组织调整与整合。众所周知,已有的传媒集团最初的组建主要是依靠政府力量介入的一种行政配置,而不是以资本为纽带的市场配置,组建后集团并未打破原有政治经济权力结构,不仅无法整合优势资源,而且在整合利益的调整中造成很多的冲突与内耗。原有的关系和结构还未完全理顺和整合好,又出现新的整合需求。传媒集团化发展的过渡性、矛盾性、多变性导致组织间冲突的加剧。

(3) 传媒管理者、员工角色感知冲突。转企改制对传媒管理者、员工来说,无论是在心理、身份还是在收益方面都会产生巨大的转变。他们需要重新定位自己的身份与地位,定位自己与他人、自己与组织的关系。而转变还意味着对旧的事物、旧的观念、旧的习惯、旧的经验的放弃,需要重新学习或接受新的观念、新的技能、新的责任与义务,这个过程必将充满矛盾、犹豫、恐惧和反复。

2. 传媒组织内部冲突的原因

转企改制是任何传媒组织都必须面对的变革,在变革的过程中,冲突的产生是不可避免的。分析冲突产生的原因,辨析其性质与程度,是做好传媒组织冲突管理的前提。就传媒组织所集中表现的几种冲突来看,其产生的原因主要在于以下两个方面。

(1) 外部原因。从总体上看,我国的传媒产业改革路径沿着"引入企业管理——引入企业性质——剥离企业性质"的制度安排前行。但是因为事业单位

---

① 梅明丽,《传媒制度分析和战略重构》,上海世纪出版社 2011 年版。

和企业单位迥异的双重属性,存在一定的不可调和性,传媒业在发展中经常处于"变革—控制—再变革"的反复循环,而传媒产业的定位却依然模糊不清。"传媒业的发展制度安排缺乏长期的、系统的制度安排与前瞻设计","阶段性的政策摇摆与反复,使传媒主体难以全面、系统地把握发展的方向和目标。制度供给的不足造成了传媒的发展危机,使传媒产业最初的变革目标在改革的过程中消解或者变形"。①

(2)内部原因。从传媒自身来说,主要原因在于:首先,对变革认识不清。许多传媒组织在改革实践中对公益性事业、经营性产业的划分以及划分的范围,对事业法人、企业法人的责权利的安排,对股份制改造、投融资上市等问题是存在困惑的;对改革的方向和目标认识不清也把握不住,对改革的未来结果心存疑虑,宁愿处于等待、观望状态。其次,组织和成员回避变革。有些传媒组织和成员留恋"事业单位企业化管理"的模式,认为能够把事业单位的好处和企业单位的好处都占到;有些传媒组织和成员害怕失去事业身份的庇护,并且对参与市场竞争缺乏信心;还有些传媒组织和成员担心转成企业之后,待遇和福利会受到很大影响。② 这些担心和顾虑使传媒组织和成员回避变革,甚至抵制变革。再次,缺乏组织学习的能力。任何一种变革都会对组织提出新的能力要求,组织只有通过不断的学习才能及时接受新观念、新知识、新技能,才能适应内外环境的变迁。当前传媒组织在转企改制过程中出现的种种困惑和疑虑,在很大程度上是因为组织缺乏学习力。因为学习力不够,组织成员会出现对国家方针政策吃不透、拿不准,对新体制、新身份、新岗位担忧或排斥,对未来责权利的承担信心不足,害怕竞争等行为和心理。

3. 传媒组织内部冲突的管理

传媒已经凸显出来的组织冲突严重阻碍了传媒的变革与发展,需要采取措施及时、正确、有效地实施冲突管理,化解或整合冲突,使其向好的方向发展。

首先,开展组织学习。心理学研究表明,人内心真正感到恐惧的是"未知"与"改变"。人们要克服与战胜这两大恐惧,唯有不断学习,因为学习是唯一能预知未来、顺应变化的最佳方式。③ 只有使组织中的每个人不断学习,才能快速增进

---

① 梅明丽,《传媒制度分析和战略重构》,上海人民出版社2011年版。
② 《深化报刊体制改革必须解放思想突破难点——访新闻出版总署报刊司司长余昌祥》,《传媒》2008年第8期。
③ 迈克尔·J.马奎特,《创建学习型组织5要素》,机械工业出版社2003年版。

组织和个人的适应能力。面对转企改制,传媒需要积极开展组织学习。通过组织学习来促使组织成员不断学习和提高工作技能,消除变革焦虑,增强适应环境和市场变化的能力。传媒开展组织学习的方式很多,比如员工培训、团队学习、知识共享等。

其次,转变管理思想、提高管理能力。Gmelch 指出:"管理者众多职能中的一个重要职能就是建立一个健康的释压机制,冲突管理是他的本质职能。"①而管理者的管理思想、管理能力将直接决定其解决冲突的方式和态度。受传统管理思想的影响,传媒企业管理者习惯以行政命令的方式来管控组织,以权威主义的方式来解决冲突。这在信息环境比较单一、组织结构简单、市场竞争不太充分的条件下,对于矛盾和冲突的解决尚可能有效。但是在转企改制以后,随着体制和组织结构的改变,组织信息流动与沟通方式的改变,原有的管理思想和管理方式恐难有效。传媒管理者必须顺应时代的变化,及时学习和改变自己的管理思想,努力提高自己的管理技能,尤其是冲突管理的能力。未来一个卓越的领导者最突出的能力在于:有能力预见组织内外各种力量的影响,能看到潜在的力量、危险与可能的冲突;有能力统一不同意见和有效地解决导致组织分裂的问题,使相互敌对的团体朝着共同的目标奋斗。②

再次,建立内外沟通协调机制。沟通是减少误解和分歧的良方。传媒要营造良好的沟通环境,建构合理的渠道,以增强组织之间、组织群体之间、组织个人之间以及个人与群体、个人与组织之间的信息和意见的沟通;传媒还需要专设仲裁、调解冲突的机构或人员,同时建立规范攻击性行为的准则和程序,确定公正处理冲突的原则,在必要时建立投诉系统。

最后,明确工作职责和权限。组织内的冲突有很多是因为制度漏洞、结构差异、职责不清等因素引起的。我国传媒组织在转企改制的过程中,无论是在经营目标、企业行为、治理结构等方面都处于探索期,还没有建构起真正意义上的现代企业管理体制。这使得组织成员在计划目标、实施方法、绩效评价、资源分配、劳动报酬和奖惩等许多问题上都会产生不同看法,由此引发多层级的冲突。传媒必须进行组织变革,努力实现规章制度的科学化、明确化,建立清晰可辨的责

---

① 迈克尔·J.马奎特,《创建学习型组织5要素》,机械工业出版社 2003 年版。
② Stanley A. C.、Algert E. N., An Exploratory Study of the Conflict Management Styles of Department Heads in a Research University Setting,《高等教育改革》(Innovative Higher Education),2007 年第 1 期。

权利体系,才能降低和减少各种矛盾和冲突。

本章小结

　　媒体平台化转型的市场动因在于网络技术和新一代信息技术的迅速发展与广泛应用。以移动互联、物联网、大数据、可穿戴技术、Web3.0等为代表的新一代信息技术彻底改变人与人、人与物、物与物之间的关系,并不断整合和重构商业、社会、生活与消费的所有维度,颠覆了传统的市场逻辑与商业范式。[①] 以互联网技术为依托的新兴移动社交媒体快速地适应了这种技术与社会的变迁,成为被广泛使用的媒介。它们建构起新的媒介市场逻辑与平台运营模式,能快速连接、便捷分享、多元传播,同时又赋予用户(受众)更多选择的权利,为用户提供更多的信息分享渠道,甚至为其提供信息生产与发布的虚拟空间。与此同时,随着智能移动终端的广泛使用,传统媒体的受众向社会化媒体迁移,他们不再是信息的被动接收者,而是越来越主动的媒介信息消费者,他们的身份从受众变为媒介用户。媒介技术的快速迭代,产业环境的急剧变迁,新型用户市场的崛起,均要求融媒体平台建设应按照用户市场的需求,运用网络技术和新一代信息技术,及时生产、快速传播、多元呈现、便捷分享媒体产品或服务。

　　主流媒体在政策的推动下、在政府的主导下开始进行大规模的平台化建设。首先通过"中央厨房"建设,进行内部业务流程再造,重新建构起具有"一次采集、多元生成"的价值链体系。随着技术的发展和媒体融合的推进,内控型的融媒体平台开始扩容升级,向跨媒体、跨行业融合进行。与此相随的是产业价值链的重构。以人民日报社、新华社、中央广播电视台为代表的国家媒体成为先行者。一些省级媒体也紧跟其后,开启以云平台为特征的产业价值链的建构。这些融媒体平台建设具备了产品平台的特征,但离平台企业还相距甚远。首先,大部分媒体对平台是什么缺乏理论认识;其次,对如何建构用户关系也存困惑。而人才、技术、资金的缺乏也制约平台做大做强,归根到底还是制度性困境。为此,主流媒体必须重新认识平台的属性和功能,重新界定融媒体平台的建构逻辑,优化产

[①] 国秋华、程夏,《移动互联时代品牌传播的场景革命》,《安徽大学学报(哲学社会科学版)》2019年第1期。

业价值链、提升融媒体平台的镜像能力,建构起具有竞争力的虚拟价值链。而要使融媒体平台具有可持续的竞争力,媒体需要彻底打破传统的经营管理理念,革新组织结构与管理机制,建立现代化的企业管理制度。这些变革不可能一蹴而就,需要做好组织内部的冲突管理。

第四章
融媒体平台核心能力系统的建构

面对日趋激烈的平台竞争,主流媒体需要以互联网思维为导向、以用户关系的重构为中心,培育融媒体平台的核心能力,提升融媒体平台的竞争优势。本章从价值链管理的视角,运用广义经济学中的价值共创理论,深入剖析在移动互联时代媒体平台竞争的关键能力及价值创造机理;从用户关系重构及与用户价值共创的视角来探讨融媒体平台核心能力体系建构。

第一节 移动互联时代平台媒体的竞争优势

移动互联时代,媒体进入平台竞争。以微博、微信、今日头条、一点资讯、抖音、快手、喜马拉雅FM、蜻蜓FM等为代表的平台媒体以超强的技术创新、超链接及跨界整合的能力逐步获得市场竞争优势。从价值链管理的视角分析这些头部平台媒体的竞争优势,从中吸取经验,可以帮助融媒体平台进行价值链优化和提升核心能力。

一 移动互联时代媒体市场的平台竞争

以移动互联网、物联网、大数据、区块链等为代表的新一代信息技术的迅猛发展,不仅改变了传统的市场逻辑和商业模式,更是颠覆了传统的价值创造方式。移动互联时代,数字化平台连接一切,并不断整合和重构商业、社会、生活与消费的所有维度。新的商业模式如"O2O""P2P"颠覆了传统的商业逻辑,将价值生产与创造的场所从实体空间转向虚拟空间。与此同时,以互联网技术为依托的新兴移动社交媒体、资讯定制媒体成为最广泛使用的媒介,这些新兴媒体攻城略地,占据媒介市场、赚取丰厚利润、引领舆论走向,显示出强大的市场建构能力。

移动社交媒体、资讯定制类媒体都是新兴的平台型媒体,它们依托互联网技术、数字技术、新一代信息技术建构起信息交流与服务平台,为大众提供资讯搜索、信息交流、社交娱乐、互动分享等服务。新兴平台媒体完全颠覆了传统媒体的生产与传播模式,改变了媒体市场的竞争格局。媒体市场的竞争从内容之争转向数据之争,从渠道之争转向流量之争,从受众之争转向用户之争。

数据之争。以前媒体依靠对新闻信息的采集和加工进行内容生产,并依靠生产优质的内容获取受众注意力;而移动互联时代数据成为平台竞争的关键性资源,对用户数据的采集、加工和分析成为展开市场竞争的基础。平台的信息生产、加工和分发都将围绕用户的需求而展开。而对用户需求的准确判断与把握则来自对用户数据的分析。平台媒体利用互联网、大数据、云计算、定位等技术可以对平台用户进行精准画像,对用户行为进行标签化管理,据此按用户需求和偏好进行信息或内容的推送,打破了传统的"一对多"的传播模式,实现了"一对一"的个性化定制的传播模式。媒体的竞争不再是传统意义上的市场份额的竞争,而是用户数据的竞争。

流量之争。传统的媒体市场之争在于占有更多的传播渠道,以便将所生产的内容在更大范围内传播,从而获取最大的市场份额。随着4G、5G通信技术的发展和智能手机的智能化程度的提高,手机成为使用最为广泛的移动终端。据中商产业院大数据库统计资料显示,截至2021年6月末,三家基础电信企业的移动电话用户总数达16.14亿户。其中,5G手机终端连接数达3.65亿户。而我国网络新闻用户规模到2020年3月,已达7.31亿户,其中手机新闻用户规模达7.26亿户。手机取代了传统的媒体终端如报纸、收音机、电视机、电脑,成为大众进行信息获取与娱乐消费的主要终端。许多支持智能手机安装与使用的移动媒体App被开发使用,这些App建立在通信技术(硬件)和连接规则(软件)基础上,是具有超链接功能的虚拟市场,谁都可以在符合底层逻辑的基础上入驻这个市场,并依照自己的意愿与他人进行连接、互动与交流。无须开工建厂、无须提供实体商品,移动媒体 App 就能在智能手机终端实现海量的内容生产与服务交换。媒体市场竞争的重心从渠道转向移动终端,转向为移动终端的资源、能力与服务的整合所吸引的用户的使用与参与。

用户之争。数字媒介技术赋予传统受众更多的自主权利,他们不仅可以在各种媒介空间自由出入,而且还获得某些信息生产与传播的自主权。他们正在脱离"受众"这一传统称谓所赋予的特性,从被动的阅听者转变成为平台用户。作为用户,接触或使用媒体的目的不再仅仅是获取信息,而更倾向于连接、分享与创造。而社会化媒体的智能移动终端为用户实现这些目的提供了可能。用户参与信息生产的主动性、能动性、创造性增加,逐渐从单纯的信息消费者变为既消费也创造的综合体。媒体市场竞争的重心从捕获受众的注意力转向吸引与留存用户。

三 头部平台媒体的竞争优势

平台媒体常常是指那些依托互联网技术和新一代信息技术而兴起,具有超链接功能与信息服务的网络媒体组织。平台媒体具有互联网平台的共同特征,按互联网逻辑规则运行。平台媒体同时又是一种新型的媒介结构,它依靠网络化结构建构起虚拟的交换空间,以供信息内容生产者和阅读消费者进行注意力的交换。在媒体市场竞争中,微博、微信已成头部社交类平台媒体,喜马拉雅FM、蜻蜓FM等已成头部知识付费平台媒体,今日头条、一点资讯、澎湃新闻成为头部资讯类平台媒体,抖音、快手已成头部视频类平台媒体。这些头部媒体拥有海量用户,具有明显的竞争优势。

头部平台媒体的竞争优势主要体现在:(1)平台具有技术创新功能。它可以根据用户市场的需求,依靠大数据、人工智能等算法技术不断地迭代升级自己的系统功能。(2)平台拥有海量用户资源。平台媒体依托在线传播系统和个性化定制服务,可以吸纳数量庞大的用户和各种组织。不仅如此,平台媒体通过赋予用户进行内容生产的权利,实行内容的社会化生产,并基于社交链接的用户黏性留存用户,让用户成为平台价值的创造者。(3)平台具有开放的超链接功能。平台的技术开源性架构决定了平台媒体的开放性,这主要体现在,平台媒体的输入与输出系统是自由开放的,任何物质要素经过数字化处理后都可以进入系统,不受地域时空的限制。此外,平台媒体是互联网系统的一个连接枢纽,它可以通过数据端口与其他网络节点相链接,从而形成巨型传播网络,成为一个开放的在线传播系统,任何内容生产商和用户都可以按照一定规则参与平台的传播活动。(4)平台具有跨界融合的能力。借助技术和资本的力量,头部平台媒体具有强大的跨界整合资源的能力,它们深深地嵌入社会大系统,成为各行各业进行信息交流与服务的基础性设施。

三 头部平台媒体竞争优势来源——用户价值共创

价值链理论是分析企业竞争优势来源的主要工具。价值链理论试图通过深入剖析企业的价值创造机制来揭示企业获取生产竞争优势的根源。迈克尔·波特的价值链理论,通过分析企业的价值创造流程来揭示企业获取竞争优势的来源;而其后发展的虚拟价值链理论、价值网理论则从信息、顾客、利益相关者的视角分析企业价值创造的动力机制,揭示出顾客参与价值创造体验过程是企业竞争优势来源;随数字经济、云经济兴起的价值生态系统理论则从顾客在价值生态系统中的地位与角色入手分析其价值创造过程,揭示出顾客不仅是价值生态系统的基础和核心,顾客还是开发盈利模式实现价值创造的前提。运用以上价值链理论来分析头部平台媒体的竞争优势来源,无疑有助于融媒体平台从中吸取经验、合理借鉴,以改进或优化价值链,提升核心竞争力。

平台媒体在本质上是一种互联网平台组织,其组织形态特征是在线虚拟生态系统,因而其价值链形态具有网络性、虚拟性、生态系统性特征。与传统的线性价值链以企业为核心、立足生产拉动价值创造有着本质的不同,平台媒体的价值链以用户为中心、立足用户体验来拉动价值创造。用户是价值创造的核心基础,平台媒体与平台用户共同创造价值。在平台媒体的价值生产体系中,UGC、PUGC是最重要的内容生产方式。许多平台媒体本身并不一定生产内容,如今日头条、喜马拉雅FM,它们为用户提供虚拟的空间,让用户在空间里进行内容的生产与信息服务的交换。为具体剖析平台媒体的价值共创,下面以喜马拉雅FM平台媒体为例。

[案例分析]喜马拉雅FM知识付费平台的价值共创

在媒介融合发展背景下,移动电台应运而生。喜马拉雅FM以"重新发明电台"为愿景,积极建造互联网音频平台,采用PUGC的生产模式创造了新型的

"耳朵经济"。2016年又开拓知识付费的盈利渠道,打开了除广告之外的"二元市场",使电台"作品"成为真正的"产品",产生了新的价值。知识付费业务的开拓使喜马拉雅FM平台获得市场竞争优势,成为付费平台行业的翘楚。此处从价值链理论视野出发,对喜马拉雅知识付费价值生产行为进行分析,积极探讨知识付费平台如何依托虚拟价值链来建构具有价值创造活力与发展前景的"市场空间"。

一、"重新发明电台":喜马拉雅的移动音频王国

(一) 喜马拉雅移动音频王国的建构

2013年3月以"重新发明电台"为口号,喜马拉雅FM正式上线。之后经过2013年、2014年两轮融资,喜马拉雅FM获得快速发展,在短短四年时间累积了3亿多移动用户,是目前国内发展最快、规模最大的移动音频电台。截至2018年底喜马拉雅FM用户已超4.8亿户,占据了音频市场73%的份额。到2021年,喜马拉雅的月活已突破1亿户,在移动音频市场稳居第一。

喜马拉雅主要依靠以下三个方面打造起它的移动音频王国:(1)综合性互联网音频平台的建构。喜马拉雅FM的定位是内容综合性移动电台,经过几次改版,最新版平台上的自有频道包括有声书、娱乐、知识、生活以及特色电台等。其中有声书板块包括言情、武侠、儿童读物、名著等;娱乐板块包含音乐、相声、脱口秀、影视等;知识板块包含历史、商业、英语、教育培训等;生活板块包括旅游、养生、时尚等;在特色电台板块中主要是一些小众频道包括党团课、地方方言等。除此之外,平台还接受大多数传统广播电台入驻喜马拉雅FM,如接受中国之声、FM87.5经典音乐调频、中国交通广播等的入驻,使其成为平台内容的一部分。(2)PUGC生产运营模式的建构。喜马拉雅FM是音频行业中最早运营PUGC模式的平台。所谓PUGC模式即专业用户生产内容,是UGC(用户生产内容)与PGC(专业生产内容)的结合。早期的移动电台广泛使用的是UGC的生产模式,在这种模式下,每个人都可以在移动音频平台上拥有自己的个人电台,发出任何想要发出的声音,但是往往导致平台上充斥着大量粗制滥造的低质量和同质化音频;而PGC是以往传统电台的生产模式,在这种模式下专业团队能够打造出高水平、原创性的音频节目,但是具有较高门槛,没有办法大规模开展。喜马拉雅FM将两者结合起来,即允许所有的用户自由发声,同时引进、培养一大批主播来制作专业化的音频产品,主播来源主要是知名人士、专业领域的专家或者一些通过审核认证的草根主播(UGC的生产者在通过申请、审核、认证

之后也能成为主播）。在这种生产模式下 UGC 开发广度内容，贡献网络流量和提高用户参与度，PUGC 的高质量内容能够提升平台高度，树立品牌。（3）平台交互功能的建构。喜马拉雅利用移动互联技术搭建交互平台，不仅允许个人或团体在平台上进行音频内容的创建和发布，还支持平台用户从手机、平台、电脑等移动设备的应用端或者网页端来下载和收听音频内容，并为内容生产者和用户提供互动共享渠道和空间。比如在用户体验上，利用大数据智能匹配实现个性化推荐；通过增设"听友圈"提高平台用户的交流、互动与分享活动。

（二）移动音频王国的虚拟价值链分析

Rayport 和 Sviokla（1995）通过研究发现：进入互联网时代，很多的新兴产业并不依赖于传统的物质资源，信息反而成为企业的价值源泉。他们就此提出虚拟价值链理论，即现代企业都在两个世界中进行竞争：一个是管理者可以看到和触摸的物质世界；另一个是由信息构成的虚拟世界。在物质世界里存在物理价值链，在虚拟世界里存在虚拟价值链。在互联网时代，企业的管理中心将转移到虚拟价值链，也就是转移到对信息的收集、选择、组织、生产与管理上来。

根据虚拟价值链理论来分析喜马拉雅 FM 的生产经营活动，不难发现喜马拉雅 FM 所有的音频内容、用户行为、经营管理都在移动平台上以信息的方式呈现，其 PUGC 生产运营正是围绕信息的收集、组织、综合、选择和发布等来开展的。它已经建构起一条完整的虚拟价值链，如图 4-1 所示。

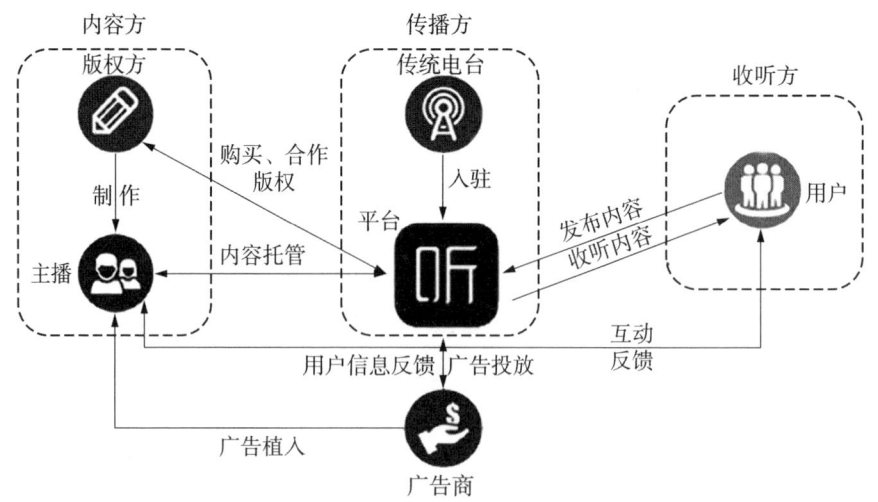

图 4-1　喜马拉雅 FM 的虚拟价值链

第四章 融媒体平台核心能力系统的建构

从图4-1中可以看到喜马拉雅FM的虚拟价值链是包含PUGC生产模式、版权购买、平台投放、广告营销、用户服务等交互关联的价值活动。这些价值活动都以网络应用平台为核心,建构出完整的"虚拟市场空间"。这个"虚拟市场空间"具有强大的网络交互性,一方面可以使平台内部的所有价值活动顺畅实现无缝对接,另一方面又可以通过开放的标准对接端口实现对外连接。正因如此,与传统广播电台的价值链相比,喜马拉雅FM的虚拟价值链具有更大的延展性、开放性与灵活性。

二、"知识付费":喜马拉雅FM的价值创造

(一)"知识付费":喜马拉雅FM虚拟价值链的延伸

2016年,网络知识付费浪潮兴起。所谓的知识付费,即消费者通过互联网技术付费获取垂直领域的个性化信息、资源和经验等,达到认知提升、情感满足、社会归属等目的。知识付费是实现"知识变现"的一种手段,是实现价值增值的一种方式。2016年6月,喜马拉雅FM正式上线付费音频专区,推出由马东《奇葩说》团队制作的《好好说话》首款付费音频,定价198元一套,上线首日就售出25 731套,销售额突破500万元,10天销售额突破1 000万元。[①] 随后,喜马拉雅FM将大部分专业生产内容和一小部分通过审核的优秀用户生产内容进行付费出售,频道内容涵盖商业、外语、音乐、亲子、情感、有声书等16个类目。截至2016年底,付费内容已经占到喜马拉雅FM总营收的50%。喜马拉雅FM还将每年的12月3日定为"123知识狂欢节",与淘宝"双十一"类似,作为每年的付费音频销售狂欢日。2017年10月份,喜马拉雅FM的付费用户规模已经达到3 566万户,仅2017年的"123知识狂欢节",官方销售额达到1.96亿元。[②] 到2020年"123知识狂欢节",其官方销售额达到10.8亿元,创历史新高。[③]

如今喜马拉雅FM继续稳坐移动电台行业的龙头老大,还成为知识付费行业的遥遥领先者。喜马拉雅FM之所以能够如此顺利地将知识付费与自身平台结合起来,主要得益于三个方面:首先,原有的用户基数成为其知识付费的市场基础;其次,其PUGC的生产模式和版权购买,让它拥有了海量的优质内容吸引消费者;再次,得益于虚拟价值链的开放性使它拥有便捷开发增值链的能力。如

---

① 丁艳嘉,《知识零售变现的特点与问题——以喜马拉雅FM〈好好说话〉为例》,《青年记者》2017年第14期。
② 易观数据,《风口上的知识付费:中国知识付费行业发展白皮书2017》,https://www.analysys.cn。
③ 《2020年音频泛知识付费市场分析报告》,https://www.sohu.com/a/446211048_120934024。

今,喜马拉雅 FM 基于知识付费建构了新的虚拟价值链,创造了新的价值增长渠道。其新型价值链如图 4-2 所示。

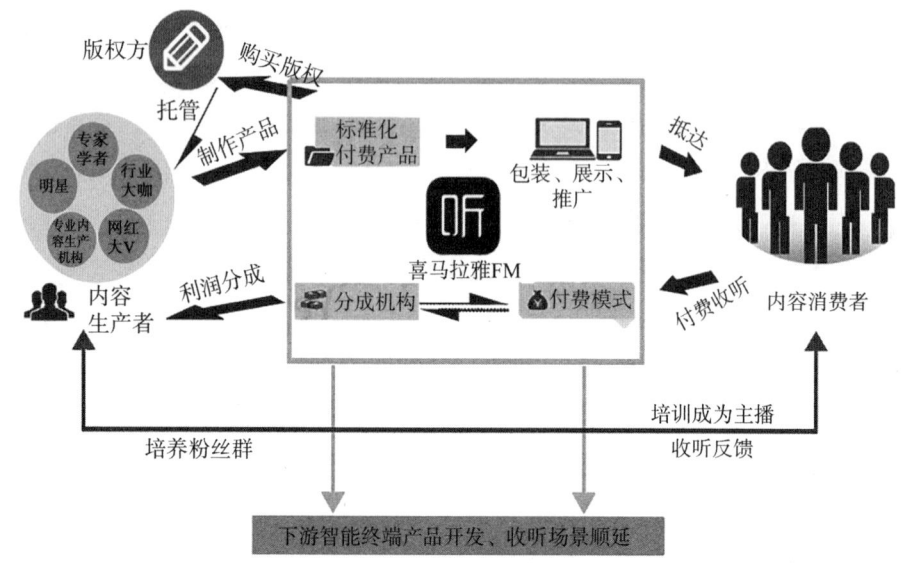

图 4-2 喜马拉雅 FM 付费专区虚拟价值链

(二)基于"知识付费"的价值创造

1. 建构起了完整的价值体系

基于"知识付费"价值链,喜马拉雅 FM 构建了一个完整的价值生态体系,形成音频市场线上的商业闭环。这个价值生态体系包含以下四个部分。

一是以用户生产为中心的内容生产体系。在这个体系里,内容生产主体多元(含专家学者、行业大咖、网红大 V、明星、草根用户以及专业内容生产机构),内容生产方式多样(原创、二次加工、分享链接等),内容种类丰富(有商业、外语、音乐、亲子、情感、有声书等 16 个类目),内容管理明确(分板块进行治理),内容变现形式直观(建立了明确的内容付费标准和不同的利益分成机制)。

二是全面的内容分发体系。喜马拉雅 FM 围绕着付费专区,开拓出上游不断进行内容孵化营销,下游围绕手机、车载、智能硬件建立全面的内容分发体系的模式。喜马拉雅 FM 在线上平台体系日渐完善的情况下,依托网络技术平台建构与各种终端层面硬件链接的标准化端口,将线上内容往线下分发。通过与车载设备、智能家居、可穿戴设备的硬件厂商合作,将平台内容分发至各种移动

第四章 融媒体平台核心能力系统的建构

智能终端。这种内容分发体系一方面打通了线上与线下的市场空间,另一方面又充分利用了终端开发商的渠道"场景"优势,使音频能够搭载不同硬件进入人们的各种生活场景。①

三是强大的营销推广体系。喜马拉雅FM从用户、主播、平台内精准推送、平台外搭建分销平台等方面来构建自身营销体系。第一种方式是使用户主动"分销"机制,即以已有的平台用户为基础,采用渠道分成的激励措施鼓励用户转发链接,促使其他用户产生购买行为。凡因转发链接促成购买行为的用户可以获得5%的渠道分成。第二种方式是利用平台调动内容生产者作为渠道的分销者,鼓励他们建立自己的粉丝群,利用社群建设开发粉丝经济,或者与其他具有知名度的主播进行合作互推等,来促进付费产品的销量提升。第三种方式是根据用户收听历史,进行算法推荐,实现平台内容的精准推送。第四种方式是在平台外搭建分销渠道。主要是在第三方平台进行搭建,如在微博微信等传播平台中进行产品推广、举办一些大型传播活动,树立喜马拉雅FM知识付费市场定位与形象,来吸引更广泛的潜在用户;在天猫平台上线了旗舰店,销售平台优惠券和折扣课程。

四是独特的支付体系。喜马拉雅FM在支付手段上虽然接入了支付宝和微信支付端口,但实际支付是用自己专用的电台货币——"喜点",一喜点等于一元人民币。支付宝和微信只能用来充值喜点,用户购买音频产品最终还是需要以喜点来支付。

2. 与用户共同创造价值

虚拟价值链价值体系的建立,使喜马拉雅FM真正实现以用户生产为中心,与用户合作实现价值共创。价值共创是近年来广义经济学提出的一种价值形成的新思想,这种观点认为价值是企业与消费者通过互动创造出来的。也就是说,价值不是在交换中产生,而是由生产者和消费者在互动过程中通过资源的整合和能力的使用而共同创造的,共创具有合作性和相互性。② 喜马拉雅FM主要通过以下三种方式与用户进行价值共创。

一是与一批知名度高、影响力大的专业性用户生产者合作共同创造价值。

---

① 刘峰,《音频传播生态圈的构建:移动互联时代的机遇与挑战——以喜马拉雅FM为例》,《中国广播》2016年第3期。
② 张明立、叶建华、王伟,《基于角色参与的虚拟价值共创分析——以"中国好声音"为例》,《广义虚拟经济研究》2015年第1期。

首先,喜马拉雅FM邀请各行各业颇具知名度和影响力的专业内容生产者入驻平台,如邀请马东、蔡康永等明星人物,陈果、陈志武、肖星等名校老师,还邀请热门健身教练、名律师等入驻。其次,根据这些专业人士的专业特性进行内容生产,打造热门板块,吸引平台使用者关注,激发消费热情。再次,针对这些专业性用户生产者制定相应的生产模式和利益分成机制。这些专业人士本身就拥有大量的粉丝自带流量,并且这些专业人士生产的内容品质高、信息量大、层次多样,可以满足不同类别的消费需求。喜马拉雅FM成功地将他们的专业性和知名度转化为自身平台的竞争优势,使他们的知识资本和智力资本变成可以付费的知识。

二是与草根用户合作共同创造价值。有针对性地扶持一些草根用户(UGC),通过开通认证制度,从将近500万草根用户中优选出20万相对优秀的主播。喜马拉雅FM自创"喜马拉雅大学",对那些得到认证的主播开展专业培训,着力提高他们在内容制作、播音、传播等方面的技能。喜马拉雅FM对那些通过专业培训提高内容生产质量的草根用户,执行付费机制。同样将草根用户的知识资本和智力资本变成可以付费的知识。

三是与优秀主播合作将热门图书变成有声类广播,创造新价值。喜马拉雅FM先后与阅文集团等版权商签订合作协议,与市场上9家一线图书公司达成战略合作,获得了成千上万本图书的有声改编权。喜马拉雅FM还将图书托管给一部分主播进行有声书录制,制作成付费音频。所有主播生产的付费音频都会被做成适合在平台上播放的标准化产品,然后在平台上投放、推广和销售,最后所得的利润,也通过一定的利益分成机制与主播共享。

3. 依托平台交互,打开价值增值空间

喜马拉雅FM增强了平台的交互性,赋予用户更多的自主权。首先,增设"听友圈",让互动变现增值。"听友圈"是一种类似于朋友圈的社交平台,用户可以在"听友圈"里发布各种动态,与他人互动、分享自己感兴趣的音频。当有人通过你分享的付费音频链接产生购买行为时,分享者就可以得到一定的佣金。喜马拉雅FM的佣金鼓励了更多用户的主动分享行为,从而获得因分享而产生的价值。其次,让主播粉丝变现,衍生新产品,获增新价值。平台用户可以通过申请认证成为主播,在拥有一定规模的粉丝之后,就可以将自己的音频内容作为付费产品出售。如果产品出售效果好,喜马拉雅FM就为其提供开展多元化商业运营的机会,如允许获得粉丝打赏、在节目里做贴片广告,或者在节目里开拓自己节目的周边产品等。让粉丝变现,意味着喜马拉雅FM产生了粉丝经济,从而打开了价值增值空间。

三、喜马拉雅FM价值创造的借鉴意义

在流量红利过去之后,盈利模式单一是制约移动电台行业发展的一大难题,面对用户分众化趋势不断地加强,单一的广告盈利模式难以支撑电台持久的发展。喜马拉雅FM抓住知识付费这个风口,在原有的虚拟价值链上构建了新的关键链条,充分发挥用户的价值创造性,获得成功。这对行业中其他移动电台来说有着借鉴意义。

(一) 以用户生产为中心,激发用户的价值创造性

在移动互联时代,媒体市场的基础已经由受众变为用户。传统的传与受、生产与消费的关系已被颠覆,受众也变成了传播者,消费者也可以变成生产者。尤其随着自媒体和社交媒体的发展,用户借助于网络空间越来越多地参与到媒体的生产与经营中来,用户的主动性、自发意识越来越强烈,用户内容生产已经成为时代潮流。喜马拉雅FM不再依靠一己之力为客户创造价值,而是与用户合作共同创造价值。喜马拉雅FM以用户为中心,采用PUGC生产模式打开用户生产的大门,聚合用户生产的内容,进行营销推广,实行多种利益分成。这种以用户生产为中心的生产模式使网络平台用户在享受服务的同时也贡献资源,与平台一起分享相应的利益。用户成为真正的价值创造主体,成为平台利益的合作方。"与用户共同创造是传媒内容生产的新形式,是价值创造的新方式、新路径,是数字化时代尤其是移动互联趋势下传媒价值创新的关键。"[1]其他移动电台的管理者需要及时转变思维,重新审视、分析和评估用户在平台上的价值创造空间;需要积极探索如何调动规模化的优质用户贡献出自己的空闲时间和资源的方法,激发他们的价值创造性,与平台互动合作实现价值共创。

(二) 建构体系完整的虚拟价值链,创造更多的价值增值

虚拟价值链以信息为核心生产要素,其价值产生过程存在于对信息的收集、选择、组织、合成、分发之中。信息不仅是价值的来源,其本身还可以为客户创造新的价值。虚拟价值链具有不同于实体价值链的非物质性、灵活性、持久性、创造性等特点,被视为"互联网+"时代的管理利器。[2]

---

[1] 高超,《传媒产业价值链的战略式创新路径》,《中华文化论坛》2015年第7期。
[2] Jeffrey F. Rayport、John J. Sviokla,《Exploiting the Virtual Value Chain》,《哈佛商业评论》(Harvard Business Review)1995年第9期。

喜马拉雅FM依托互联网和互联网技术建构了体系完整的虚拟价值链,价值链上的一切经济活动都是围绕产品来源管理、虚拟生产、应用平台管理、网络营销和用户服务五个环节,来对音频信息进行灵活多元的加工与分发。不仅如此,喜马拉雅FM的虚拟价值链还拥有多个对内对外的链接端口,可以进行灵活的端口链接,使价值链上的每个环节各自独立又相互联系,而每一个端口的增值活动都可以独立地形成一个新的市场机会。正因如此,喜马拉雅FM才能不断创造价值奇迹。其他移动电台应该以互联网思维来审视媒介市场的变迁,要从传统的实体价值链经营管理思维中跳脱出来,认识到虚拟价值链的重要性,着手进行新的价值体系的建构。

(三)加强网络平台的建设,为价值创造提供保障

技术强大、功能全面的网络平台,是喜马拉雅FM建构虚拟价值的基础,是价值链上的所有价值活动得以顺利实现的保障。移动电台生产和销售的不是实体产品,而是虚拟产品(即经过信息化、数字化加工后呈现的音频内容)。那么为了快速有效地对信息资源进行选择、收集、加工与传播,就需要建构一个承载力和信息处理能力强大的网络平台。这是打造音频王国、建立行业优势的硬件需要。因此,移动电台行业里的其他电台在进行大规模战略实施之前,应该在前期做好自身的网络平台的开发。特别是传统电台,需要有意识地进行网络转型,要建构起具备开放性和交互性的网络平台,才能面对新的市场竞争。

第二节　融媒体平台核心能力的构成

通过对媒体市场平台竞争态势及平台媒体竞争优势来源的分析,不难发现,媒体市场竞争的重心已转向平台用户。平台用户在媒体价值竞争系统中占据越来越重要的作用,他们既是价值生产的起点,也是价值实现的终点,还是价值增值的爆发点。因此,与用户价值共创是平台媒体获取竞争优势的主要来源。融媒体平台要参与市场竞争,就要充分利用现代互联网和新一代信息技术,开拓媒体线上线下交互空间,使媒体内外资源更加容易整合与调配,使媒体生产与用户需求更加密切的关联。融媒体平台建设的关键:一方面要根据产业环境的变迁,建构以用户为中心的价值共创关系;另一方面基于信息交互,媒体平台产业价值链中的利益主体才能实现跨部门、跨媒体、跨行业的交流互动,才能最大范围内

实现资源、技术、渠道、内容等方面的共享,才能共同创造更多的价值。因此,融媒体平台建设的目标指向应该是建构以"信息交互、平台共享、价值共创"为核心能力的用户价值共创能力系统。

一 融媒体平台核心能力的界定

与用户进行价值共创已是平台媒体市场竞争的关键,而媒体获取竞争优势的能力则集中于信息交互、平台共享、价值共创。

(一)信息交互能力

在计算机领域,信息交互本质上是一种用户输入信息,计算机系统响应的过程,是一种以工具为中心的、以媒介为支持的互动。近些年来,信息交互在管理学、营销学、传播学等非计算机领域引起了普遍关注。在经济管理学领域,信息交互被认为是企业面向未来获取竞争优势的核心能力。因为在万物互联时代,"互联网+"的核心是信息交互,企业只有与企业所处价值网络中的用户、合作伙伴、利益相关者等价值网络成员之间进行持续、反复、深度的信息互动,才能顺利开展和实现价值生产与创造。企业也只有通过构筑信息交互能力,以增强对话、获取、风险管理和透明性,才能实现价值共创,达成多方共赢,从而获取显著的竞争优势。[①] 在营销学领域,Ramani(2006)最早提出交互导向是企业与个体用户交互以及通过交互获取用户关系价值的组织能力。随后,以 Ramani 为代表的一批国内外学者深入研究了有关"交互"的理论维度、组成要素后,提出交互能力是一种人们在彼此之间进行沟通与互动的能力,交互能力具有稀缺性,能够为企业带来竞争优势。[②]

在传播学领域,交互被视为一种信息交流与互动的形态。当新信息技术不断渗透并被广泛用于媒介生产与传播时,互联网环境中用户的信息交互行为以及用户交互学习共享的行为日益普遍。交互的社会属性受到研究的重视,但交互的经济属性,即交互在媒体生产经营与管理中的作用并没有引起足够的重视。在日益网络化的万物互联时代,一切生产和消费都基于信息交互,媒体作为信息生产与服务的组织,更应该高度重视和加强自身的信息交互能力。融媒体平台

[①] 孙璐,《企业信息交互能力对价值共创及竞争优势的影响研究》,2016 年哈尔滨工业大学博士论文。
[②] 同上。

正采用"互联网+媒体"的建设模式,是传统媒体利用现代互联网技术向网络化(也即线上)生产的转型。它需构筑配置、应用和整合各种信息交互资源的能力,也就是要通过建立媒体组织与用户、合作伙伴、供应商、利益相关者等价值网络成员之间的交互关系,创造条件以实现与价值网络成员之间的各种交互活动,并对交互关系与交互活动进行有效管理,使组织最终从这些关系与活动中获取价值。

(二) 平台共享能力

广义的共享,是指共同参与、共同分担的一种活动、组织、经济模式、制度或战略思想。[①] 随着互联网的发展,尤其是移动互联网和智能终端的普及,共享成为一种全球范围内的经济行为,并催生出新的经济形态和商业模式——共享经济。如今,共享经济已成为社会服务行业最重要的商业模式,在交通、旅游、住宿、教育、社区生活等服务领域均获得全面发展,且各种共享模式层出不穷。[②] 共享在媒介领域也普遍存在,越来越多的个体借助网络、社交媒介进行免费的信息交流与分享,甚至进行有偿的内容生产与共享。美国著名学者克莱·舍基认为:媒介领域正在由被一撮最专业人士所经营转变成由全球个人用户参与的领地,媒介正在从一种特殊的经济部门转变为一种有组织的廉价而又全球适用的分享工具。[③] 未来的媒介世界是一个信息分享、平台崛起的时代。"闲置资源+共享平台+人人参与"将彻底改变媒介的商业模式。

未来的媒介市场之争中,谁能为闲置的资源提供共享的渠道、技术和平台,谁能将共享行为有效组织和利用,谁能将共享行为变成组织的一种能力,谁就可能成为未来世界的赢家。对融媒体平台建设来说,建构平台共享的能力就是要着力进行网络空间建设,将价值网络成员更加紧密地连接起来,使其在公共的虚拟空间更有成效地进行价值生产与创造,实现共享共赢。

(三) 价值共创能力

价值共创在价值创造研究领域和企业战略管理领域一直是被研究的热点。Normann 和 Ramirez(1994)认为随着产品和服务全球化与战略环境的快速变化,企业的价值创造逻辑发生改变,企业的价值由供应商、业务伙伴、联盟以及客

[①] 董成惠,《共享经济:理论与现实》,《广东财经大学学报》2016年第5期。
[②] 同上。
[③] 克莱·舍基,《认知盈余:自由时间的力量》,中国人民大学出版社2018年版。

第四章 融媒体平台核心能力系统的建构

户在价值创造系统中共同创造。因而企业战略分析的重点不再是企业的价值链分析,而变成了价值创造系统本身。[①] Ramirez(1999)首次提出"价值共创"一词,认为价值共创具有协同性和交互性。Prahalad 和 Ramaswamy(2004)从战略管理的视角提出基于用户体验的价值共创理论。他们认为价值共创是有消费者参与产品设计和开发、营销和销售、渠道、制造、物流及供应链各个环节的价值共同创造过程。企业战略管理的重心从关注供应需求的匹配转变为构架体验网络,从管理产品和服务转向共同创造用户体验。Vargo 和 Lusch(2008)则提出基于服务主导逻辑的价值共创理论,他们认为价值共同创造过程是由生产者和消费者共同完成的,即生产者通过向目标市场提供产品或服务来提出自身的价值主张,消费者通过购买并使用生产者的提供物,继续创造价值。[②]

进入21世纪以来,越来越多的企业家和学者们认识到价值共创的重要性,也有许多的研究案例证明价值共创是企业在互联网经济时代获得竞争优势的关键,而建构和管理价值共创系统是企业面向未来的核心能力。在媒介领域,与用户共同创造是传媒内容生产的新形式,是价值创造的新方式、新路径,是数字化时代尤其是移动互联趋势下传媒价值创新的关键。对融媒体平台建设来说,建构价值共创的能力就是要改变媒体传统的价值生产与创造方式,建构面向移动互联时代的价值创造系统,打开用户及利益相关者参与价值共创的大门。

三 融媒体平台核心能力系统的构成

互联网和新一代信息技术彻底改变了媒体的产业环境、市场逻辑、价值产生,媒体受众市场变成用户市场,媒体的价值不再由媒体单独创造,已转向与用户共同创造。这一根本变化将决定融媒体平台建设不是单纯的业务流程再造或价值链重构,也不是简单的体制机制的改革,而是要重新建构媒体的核心能力与价值创造系统。

在传统的资源能力观中,资金、技术、人才、优质内容、传播渠道、品牌文化等是媒体关键性资源,媒体的核心能力就在于有效配置、整合、运用这些资源,借此

[①] Normann R.、Ramirez R.,《From value chain to value constellation: designing interactive strategy》,《哈佛商业评论》(Harvard business review),1993 年第 4 期。
[②] 武文珍、陈启杰,《价值共创理论形成路径探析与未来研究展望》,《外国经济与管理》2012 年第 6 期。

获取市场竞争优势。当时代发展至移动互联时代,用户、信息、平台、流量逐渐取代传统资源的地位,成为媒体发展的关键,信息交互、平台共享、价值共创成为媒体获取市场竞争优势的核心能力。业务流程改造或价值链重构虽然在一定程度上可以改善媒体生产和组织效率,有助媒体提升战略管理能力,但在移动互联时代,信息的生产与传播越来越网络化、平台化、社会化时,媒体需要重新建构与受众的价值生产关系、建构平台化的价值生产模式、建构共享共创的价值创新模式。因此,融媒体平台建设需要跳脱传统的以价值链改造或重构为核心的战略管理思维,转向以用户为中心、以交互为导向、以共享共创为目标的核心能力系统化建设。

有许多的研究表明,信息交互不仅是平台共享、价值共创的前提和基础,而且信息交互本身也是一种价值共创活动。对共享来说,交互意味着连接和分享。大多数在网络平台进行共享的前提是连接,而连接离不开信息交互的基础设施和技术;在平台上各主体也只有通过信息交流与互动才能实现各种资源、信息、技术等方面的共享。对于价值共创来说,Ramirez 认为交互是价值共创的基本分析单元;Prahalad 和 Ramaswamy 认为价值共创的新场所和重要方式是交互;Vargo 和 Lusch 认为交互是使用价值的发生器,交互是企业实现价值共创的更好选择;Ballantyne 和 Varey 首次明确地将沟通性交互活动归为价值共创活动的组成之一;Karpen 等学者更进一步指出价值共创是一种为用户与服务提供者之间创造价值的交互能力[1]。由此可见,信息交互、平台共享、价值共创三者之间是相互依存、相互促进的关系。

建构融媒体的核心能力系统,就要充分考虑这种相融相生的能力关系,将信息交互、平台共享、价值共创当作密不可分的整体来进行系统化建设,而不是割裂开来逐项建设。用户是核心能力系统建构的原点或中心,交互、共享、共创的关系和行为都是围绕用户需求来开展的,因而资源的配置、资金的流动、业务流程的设计、人力资源的管理、信息内容的生产、新闻的传播等也都将以信息交互、平台共享、价值共创为核心进行能量的流动。在新的能力系统中,用户可以通过交互、共享、共创活动参与媒体的产品设计、内容生产、信息传播等各个环节,生产并创造价值。这将彻底改变传统媒体依赖注意力的二次售卖来实现价值的方

---

[1] 张欣、杨志勇、王永贵,《顾客互动前沿研究——内涵、维度、测量与理论演进脉络述评》,《国际商务(对外经济贸易大学学报)》2014 年第 4 期。

式,也将改变传统媒体的价值生产与创造方式。融媒体平台核心能力系统如图4-3所示:

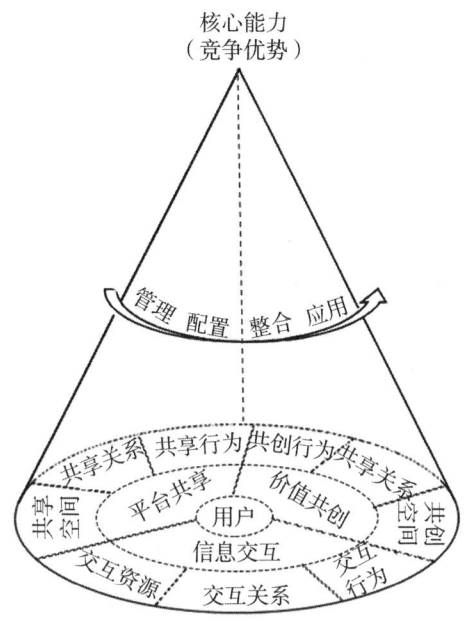

图 4-3　融媒体平台价值共创能力系统模型图(作者整理)

第三节　融媒体平台核心能力系统的建构

一　信息交互能力系统的建构

一般来说,信息交互资源既包括有形资源(如信息交互的基础设施和场所),也包含无形资源(如信息交互的人力资源、组织文化、业务流程,以用户为中心的经营管理模式等),还包括围绕价值生产与创造进行的各种交互活动。对融媒体平台建设来说,建构信息交互能力就是对以上三种信息交互资源进行建设、应用、配置与管理,让用户、合作伙伴、利益相关者等参与到媒体的产品研发设计、信息内容生产、新闻传播或营销等流程中来。最终使信息交互能力具有价值性、稀缺性、不可模仿和组织利用性,能为"中央厨房"平台带来持续的竞争优势。

1. 建构信息交互基础设施和场所

随着互联网和新一代信息技术的发展,媒体的生产日益数字化、网络化、平台化,对信息交互的需求也越来越强烈。对媒体"中央厨房"建设来说,所需的信息交互基础设施包括信息交互设备、信息交互技术、信息交互平台等,如需要建设以用户体验为核心的采编人机系统、界面、软件和设备,还需要相应的技术研发、设计与应用,以便组织成员进行信息收集、整理、加工、生产与传播。

以新华社为例,2015年该社搭建国内第一个云平台式新闻生产与传播的线上空间——现场云,采用云技术和大数据技术,首次实现在移动终端即采即编即发,完全颠覆了传统的流水线式的采编发模式。此后,该社还专门与阿里巴巴合作成立新华智云公司,其研发的"媒体大脑"是国内首个媒体人工智能平台,它扮演智能时代新闻生产基础设施的角色,可以为各类媒体机构提供线索发现、素材采集、编辑生产、分发传播、反馈监测等服务。借助"媒体大脑"的用户画像、人脸核查、版权监测、智能会话、语音合成等技术,新华社拥有了更强大的信息交互能力,生产出许多"大数据 + 人工智能"的新闻产品,如 2017 年底的国内首条 MGC (Machine Generated Content,机器生产内容) 新闻,2018 年人大会议期间的 SGC(生理传感器) 新闻,还有世界杯期间由 Magic(基于媒体大脑智能人机对话系统研发出来的机器人)生产的能够实时回应用户需求的智能新闻,等等。

2. 建构并有效管理信息交互的无形资源

信息能否在一个组织内有序流动、高效传播,常常直接影响组织内部成员之间、组织成员与外部世界的交流与沟通。而能为信息充分交互提供保障的是一个组织的体制机制、组织文化、经营管理模式、人才资源等,这些保障性资源被视为无形资源。

媒体的转型改革是以"互联网 +"为导向的,其实质就是要以用户为中心、以交互为导向来进行无形资源的建设与管理。传统媒体必须重新设计新闻生产的业务流程,重建组织的体制机制,加快融媒人才资源的培育与管理,倡导以交互为导向的信任、开放、多元的组织文化,打破传统的层级式统治与管理方式。

当前有许多媒体进行融媒体平台建设,虽进行了技术与设备的升级,也开展了业务流程再造,但在观念思维、组织结构、管理体制、运作机制、人才建设与管理等方面并没有实现真正的改变,转型显得有名无实,让融媒体平台成为一个空架子。但也有一些媒体,如人民日报社、新华社、浙江日报社在无形资源方面的建设做得较为成功。以新华社为例,为建好"中央厨房"、推进跨界融合,新华社打破传统的组织架构和管理模式,围绕现场云建构扁平化、网络化、平台化的组织结构,将之前按部门进行责权利划分的组织单元改为以产品为导向的项目组,还专门成立产品设计院来负责统筹、调配项目组的生产。社高层领导也直接下沉到产品生产的一线,领导项目组策划并生产一些重大的融媒产品。项目组是新华社内最灵活的组织单元,项目组成员可以跨部门、跨行业组成,甚至还与社外的组织进行跨界组合。项目组因目标任务临时组成,也可以因任务完成随时解散。此外,新华社还非常注重融媒人才的培养,通过各种学习和培训来提高组织成员开发、设计并使用各种信息交互方法、软件、工具的能力,培养他们使用运用微博、微信、App 等一系列新兴社会化媒介与用户进行交互的能力,培养他们管理和维护信息交互设备、技术,以及为提高信息交互人员工作效率所需要的一系列协调机制和管理方法的能力。如今新华社的两微一端、新华视点、现场云、媒体大脑等新媒体平台拥有一大批懂技术、懂交互的人才。

3. 建构并有效管理各种信息交互活动

一般来说,媒体需要建构并管理的信息交互活动有:媒体内部成员之间的交互、媒体与用户或用户社区的交互、媒体与价值网络成员之间的交互、用户与用户之间的交互、价值网络成员之间的交互。这些信息交互活动既内生于媒体日常生产、经营与管理中,也外生于时事变化、突发性的事件中;既关涉媒体组织内部的信息交流与互动,也关涉媒体与组织外部利益相关者的交流与互动,还包含与媒体相关的用户之间、利益相关者之间的交流与互动。

融媒体平台像一个巨大的连接器,将以往线性的、松散的、间接的价值链关系连接成一个关系紧密、唇齿相依的价值关系网,价值网络成员之间可以更加直接、便捷地进行信息的交流与互动。但这些交流与互动需按照一定的规则和秩序来进行,因而建立必要的规章制度、设立相应的交互机制分外重要,尤其是在突发事件、危机事件、公共事件中对用户及用户社区的管理更需要相应的应急管理机制。

当前大多数融媒体平台对信息交互活动的管理尚处于传统的管控模式阶段,重点落在舆论导向上面,还没有建构起适应价值网络关系的信息管理系统。如人民日报社建构的全国党媒信息公共平台,虽建构起跨界融合的价值网络,将全国党媒、一些企事业单位的宣传部门、一些新媒体纳入价值生产与创造系统,但是在如何管理价值网络成员之间的信息交互方面尚缺乏明确的规章制度与管理模式。随着媒体融合建设进一步的推进,建构并有效管理信息交互活动将成为重中之重。

4. 建构用户的交互机制

与传统企业的价值创造机制不同,平台的价值是由用户来创造的。平台只扮演连接生产者与消费者的中间型组织,平台本身并不生产产品。平台媒体与其他互联网平台一样,是连接内容生产者、消费者、广告商的中间型组织。平台媒体并不生产内容,但它通过规则的制定和结构功能的设计,为内容生产者和消费者、广告商提供交互的空间和交互机制,让用户进行价值生产与交换。平台媒体从中获取服务佣金。

对于平台媒体来说,用户规模的大小和用户交互质量的高低是价值创造的关键。海量的用户是形成巨大的网络效应的基础,能调动海量的用户进行价值生产与创造的机制则是交互。交流、对话、分享与互动是用户之间进行资源交换的最主要的方式。生产者用户通过生产、上传各种内容以吸引消费者用户,消费者用户通过浏览、评论、转发等方式对内容产品进行消费反馈,引发内容生产者及时的回应与改进,广告商则根据双方的交互行为做出投放广告的选择,服务商也根据产消双方的交互情况做出技术工具的改进或研发新的技术工具。好的交互机制能够让用户的价值生产与创造能力得到充分发挥,并使价值增值;低劣的交互机制则可以毁坏一个平台的价值生态,使用户流失。许多平台媒体都致力于设计平台的交互机制,以此促进平台用户的交互行为,从中获取价值。

二 平台共享能力系统的建构

共享既是一种行为,也是一种关系,是移动互联时代进行价值生产与创造的主要方式。建构媒体平台共享的能力就需要为共享主体建构可进行信息交互、资源交换、经济共享的空间,还要对空间里的共享行为及共享关系进行持续有效的管理与维护。媒体"中央厨房"建设的最大表征就是平台化建设,建设目标是实现资源、技术、信息、内容、渠道等层面的共享,最终获取市场竞争优势。

1. 共享空间的建构

共享空间包含物理空间和虚拟空间。物理空间指具体的场所,虚拟空间指利用互联网、信息技术建构起来的网络空间。比如有许多的媒体"中央厨房"建设,首先建构了一个超大的办公场所,在这里不仅汇集了最核心的信息交互设施(如大数据平台、智能监控系统、融媒体指挥系统等),还聚集了媒体的核心

第四章　融媒体平台核心能力系统的建构

领导层与各部门的关键人员。如人民日报社"中央厨房"的物理空间面积达3200多平方米,其间设有总编调度中心、采编联动平台、超大的大数据电子显示屏,这里被喻为"新闻生产的中枢和大脑"。但相对物理空间,虚拟空间的建设更为重要。

移动互联时代信息的收集、加工、生产与传播等越来越数字化、网络化,线下生产向线上生产转移。有学者研究发现,互联网可以模拟现实的各种事物和行为,从而使得这些事物及行为能在互联网上有一个虚拟化的镜像,在这个镜像世界里,行为主体可以打破时间、地域的限制进行大范围的信息交互、资源共享,从而实现价值的生产、创造或增值。融媒体平台建设的重点在于利用互联网空间建构镜像世界,为价值网络成员提供线上共享空间。如新华社通过"现场云"建设,搭建了一个超大的线上共享空间,不仅可供内部进行跨部门、跨媒介、跨终端的信息交互、资源共享,还可以帮助媒体行业之间、媒体行业与其它行业进行互联互通、实现资源共享与整合。

当前主流媒体建构的融媒体平台的功能主要分为两种,一种是内控型平台,一种是聚合型平台。内控型融媒体平台功能定位是整合所有内部资源,优化集团产业价值链,提升集团的传播力。《浙江日报》"媒立方"平台是典型的内控型融媒体平台,它的主要功能是利用新一代信息技术来整合浙报的优势资源,形成集舆情研判、统一采集、中央厨房、多元分发、传播效果评估于一体的智能化传播服务平台。2020年3月正式上线的中央广播电视总台音频客户端云听App,也是内控型融媒体平台,云听平台是按照"台网并重、先网后台、移动优先"原则,集中整合了"央广+央视+国广+央广网+央视网+国际在线+央视频"等所有新媒体矩阵的资源,以图实现从线上向线下导流的目的。聚合型融媒体平台的功能定位是进行内外资源的整合,实现跨界融合。人民日报社的"全国党媒信息公共平台"就是典型的聚合型融媒体平台。该平台以《人民日报》全媒体新闻平台为基础,对内连接报社各类新媒体终端,对外连接全国各类中央媒体、地方媒体、行业媒体以及党政机关、企事业单位的新闻宣传部门。在保持各类端口后台独立的前提下,通过共享技术后台,实现全国党媒资源的聚合与共享。

综合来看,无论是内控型还是聚合型融媒体平台,其着力点都落在利用新技术来打造智能化的内容生产与共享空间,平台建设的重点就是通过平台的建构实现供给侧的人才共享、内容共享、技术共享、渠道共享。平台建构的主要目的是实现全媒体的协同指挥和调度、多渠道多终端的融合分发、跨媒体连接与共享。融媒体平台的生产者用户主要还是以专业媒体机构、政府宣传机关、事企党宣部门为主。融媒体平台供给侧的大门尚没有对其他类型的用户打开。而融媒体平台与入驻平台的用户关系多以技术服务、平台支持为主,平台与用户之间尚未形成具有价值共创关系的价值链,平台的双边市场还有待建立。

反观主流媒体"借船出海"(借助新兴的社交媒体平台、资讯定制类平台、短视频平台等)的用户市场,不难发现同样是进行内容的生产与传播,获取的用户数量却比自建的融媒体平台多得多。主流媒体通过"借船出海"的方式,逐步打开了用户市场。如《人民日报》、新华社、中央广播电视台开设的"两微"账号用户规模都过亿,其中央视新闻、《人民日报》、新华社的微博认证账号的新榜指数常据前五。一些省级媒体的微博账号、微信公众号、抖音号也获得了大量的用户市场。究其原因,新兴的平台媒体与用户价值共创的机制更容易打开用户参与价值生产与创造的渠道,更容易激发用户创造价值的热情与能力。

2. 共享行为的管理

在共享空间进行的一切共享活动都带有经济属性或社会属性,需要进行合理化管理。哈佛商学院的杰弗里·F.雷鲍特和约翰·J.斯维奥克拉在研究企业向"互联网+"发展时发现,企业在传统物理世界中所做的一切活动都可以通过互联网镜像到虚拟世界,演变成一种新的经济活动,这些经济活动主要是围绕信息的收集、组织、选择、合成和分发而进行的。在虚拟价值链中,价值链的主体、生产过程、管理过程都以信息化、数字化的方式存在,虚拟价值链常常对实体价值链中的每个生产环节进行信息的收集、编码、存储、选择、组织、合成,从而创造出新的价值或价值增长点。因而虚拟价值链具有不同于实体价值链的非物质性、灵活性、持久性、创造性等特点,被视为"互联网+"时代的管理利器。

主流媒体所建构的融媒体平台、云平台等,其实质也就是实体价值链向虚拟价值链镜像的一个映射通道。所有的资源共享、技术共享、内容共享、渠道共享共同构成一种新的经济活动,形成虚拟价值链。对共享行为的管理就是要依据虚拟价值链的特性进行管理流程设计,要更多地利用计算机、大数据、云服务等技术来提高组织的信息管理能力,使平台成为真正的融媒共享空间、成为智慧型交互共享空间。不仅如此,还应该利用虚拟价值链的增值特性使平台具有孵化功能,就像今日头条在做好内容聚合平台之后,还可以利用已有平台孵化出抖音新平台,实现了价值链的延伸与增值。

3. 共享关系的维护

在平台共享空间里有许多共享主体,存在多种共享关系。媒体作为平台的建构者、运营者、管理者,要对各种共享关系进行有效管理,才能维持平台的正常运作,保证平台可持续发展。首先,必须对进入平台空间的主体身份进行准入审核,确定客户关系。其次,要明确各共享主体的责权利,制定相应的规章制度。再次,要以用户为中心,坚持共享共创的原则,建立平等、信任、开放的平台关系。据调研了解,为建构良好的共享关系,新华社现场云对机构用户采取多项免费政策:免费入驻、免费技术培训、免费使用现场云系统工具、免费进行系统更新。为管理好客户关系,现场云对入驻机构用户分类对待,对于实力薄弱的地市级媒体,现场云采取的方式更多的是扶持和援建;对实力较强的国家级或省级媒体,现场云更多与之建立的是战略合作或联盟关系。据现场云负责人说,未来的现场云还将继续扩容升级,准备向普通用户打开连接端口,让更多的用户进入共享空间,参与价值生产与创造。

三 价值共创能力系统的建构

随着互联网与移动社交媒介的兴起,用户(即非专业性的个体或组织)参与新媒体内容生产的行为越来越广泛,参与新媒体价值生产与创造的方式也越来越多。哔哩哔哩的视频与弹幕,蜻蜓FM、喜马拉雅FM的有声读物,抖音、小火山平台成千上万的短视频,等等,用户成为价值生产与创造的主体。相比之下,传统媒体让普通用户参与价值生产与创造的渠道并不多。当前媒体"中央厨房"建设开创与搭建的平台,更多是对专业用户(媒体机构、党政机关、企事业单位等)的开放,起到的作用是聚合,真正实现价值共创的并不多。进行融媒体平台建设,就必须重新审视普通用户的主动性与创造力,将其纳入价值生产与创造系统,为其提供参与价值生产的渠道、搭建创造空间,实行必要的激励机制,激发用户参与交互、参与创造。

(一)融媒体平台用户关系的重构

1. 确立互联网平台思维下的用户观

"用户"一词最早的含义是指商业活动中产品或服务的消费购买者,他们具有主动性或自主选择权,但不具备商品生产权和提供权。随着信息技术和互联网技术的发展,"用户"一词被引入 IT 行业,用来指称计算机产品或服务的体验应用者。随着互联网平台的崛起,用户不仅仅是产品或服务的体验应用者,还是产品或服务的主动生产者或提供者;对于平台来说,用户是产消合一的价值生产者与创造者。

随着互联网平台媒体的兴起,"用户"一词被引入传播学领域,取代传统的受众概念。在技术赋能和平台赋权的情况下,传统的受众从被动的信息接收者变成能动的信息消费者,他们既可以自主地选择解码信息的方式或渠道,也可以根据自身的能力或需求编码、生产或发布信息,变成积极的受传合一的用户。以受众为中心的大众传播模式转变成以用户为核心的社会化模式。

对于平台媒体来说,用户的范畴是广泛的,所有使用平台的个人、组织、机构等对于平台媒体来说均为用户,这些用户既可能是单纯的信息消费者(被称为"消费者用户"),也可能是普通的或专业的信息生产者或服务的提供者(被称为"生产者用户"),还有可能是第三方合作者,如软件开发商或服务商、广告商等(被称为"服务型用户")。这些用户在平台媒体的价值竞争系统里,其身份是充满权变性的。消费者用户在平台媒体的产品或服务活动中也可能扮演生产者的角色,即他们的点赞、评论、转发或分享在本质上是一种新型的劳动,能够产生新的价值。如一条微博被消费者用户进行评论转发,原有的微博内容被二次加工成为带有新的符号意义的产品,被转发后也将产生新的传播链条、新的传播范围、新的舆论影响。生产者用户、服务型用户在与消费者用户进行互动的时候,他们是在共同塑造内容商品、共同消费彼此的注意力。生产者用户之间、生产者用户与服务型用户之间的互动,也使彼此成为产消合一的用户。这是平台媒体用户关系多元复杂的表征,所有的用户的参与行为或互动过程,就是身份权变的过程。从这个层面来说,用户既是价值的消耗者,也是价值的创造者。

2. 重构与用户的价值生产关系

在移动互联时代,用户不单是注意力市场的主要组成部分,还是注意力市场的建构者。新兴的社会化媒体、自媒体正是洞悉用户的建构能力,以交互为导向实时提供并打开用户参与注意力市场建构的渠道和大门,让用户的点评、转发、分享和上传行为,以及用户在虚拟社区、粉丝社区进行的各种互动活动成为价值生产与创造的主要方式。用户已经从媒体价值链末端的信息消费者与价值的消耗者,变成媒体价值链环节中的生产者与价值的创造者。传统媒体利用信息不对称、掌握垄断性资源或把控为数不多的传播渠道来建构注意力市场的模式已被颠覆,传统的价值链已无法建构新的传受关系。

主流媒体建构的各类融媒体平台,从当前的建构宗旨和平台功能结构来看,其经营和管理的重心在供给侧的生产者用户,需求侧的消费者用户的价值开发还在探索中,与平台媒体的用户价值开发与价值创造尚有一些差距。主流媒体在建设融媒体平台时,需要重新审视用户的功能地位,重视用户的价值创造能力,重构与用户的价值关系。让更多类型的用户参与平台的内容生产与信息传播,真正打破传统的传受界限与受众模式,向用户模式转变,以实现与用户共享共创价值。

(二) 融媒体平台价值共创机制建构

1. 从"单边"到"多边"的价值共创机制

在传统的媒体产业价值链中,媒体组织通过调动、组织资源进行信息生产来满足受众的需求,其价值生产主体主要由媒体组织内部专业性人员(编辑、记者、媒体经营管理者、媒体广告推介人员等)组成,价值生产的重心是新闻产品,价值实现的方式是新闻产品被受众阅看、阅听。这是以产品为主导逻辑的单向供给的价值生产模式,传者是价值生产与创造的主体,广大的受众是价值实现与消耗的终端。这种以产品为主导的单向供给模式具有信息不对称、线性化生产的特征,缺少与用户的交流与互动,根本不能满足信息化时代受众的需求。尤其是在自媒体、社会化媒体兴起的时代,在传播话语权向受众转移的时代,传统媒体的单边价值生产行为,只会带来价值创造的危机。

主流媒体试图通过建构融媒体平台来化解激烈的行业竞争所带来的危机,因而建构的重心仍然是在如何提高新闻产品质量、新闻生产效率上,为此,在技术、内容、渠道、终端的融合建设上投入大量的人力与物力进行技术设备的升级、内容生产与呈现方式的改进、传播渠道纵横拓展,终端呈现方式的多元化改进。这些建设措施对于提高媒体组织的生产力无疑是有作用的,但随着社会化媒体平台的崛起,信息生产已经被社会化大生产方式所取代,不再全部依赖于组织化生产。因此,不管媒体内部新闻生产流程打造得多么精细,内容传播渠道建构得多么多元,如果不将用户纳入价值生产与创造体系,不按平台竞争逻辑重构价值创造机制,都无异于"闭门造车"。

在平台竞争时代,信息的社会化大生产意味着生产制作权、传播发布权、舆论话语权由集中控制转向分散,更多的用户参与信息的生产、传播与分享。传统主流媒体需要将用户纳入融媒体平台的价值生产与创造体系,打破单边的媒体价值生产模式,构建符合新时期平台经济发展需求的多边的价值生产与创造模式。

对于融媒体平台来说,应根据平台的功能来确定用户的范畴。按照"十四五"规划推进媒体深度融合的要求,媒体要以"新闻＋政务服务商务"的方式深度参与到政治、经济、社会、文化的方方面面,充分发挥信息传播的中枢作用,成为推进文化、经济、社会和政治建设的主要力量。这就意味着"媒体＋"像"互联网＋"一样具有连接、整合社会的功能。融媒体平台应该成为实现"媒体＋"的基础设施和核心枢纽。按照"媒体＋"的结构功能,融媒体平台的用户范畴就极为广泛,所有参与(或使用)融媒体平台的个人、组织、机构等都可以被视为融媒体平台的用户。这就大大扩展了融媒体平台的用户市场。传统媒体的用户一般是指受众,而融媒体平台的用户不仅仅是受众,还包括使用平台的政府机关、企事业单位、社会团体、个人等。

传统的媒体市场中,作为生产者的媒体与作为消费者的受众界限分明,双边市场结构简单。在融媒体市场中,生产者就不仅仅是媒体自身,还包含与平台进行合作的各种主体。他们也为平台生产或提供信息,成为平台生产主体的组成部分;与此同时,他们也是平台服务的对象群体,接受平台提供的空间和各种技术服务。按照平台双边市场的运作机理,融媒体平台应该与所有的用户建立价值共创关系。

就当前许多融媒体平台的价值生产关系来看,无论是内控型还是聚合型的融媒体平台,其生产主体仍以媒体内部的专业人士为主,即便有其他合作媒体单位加入,但双方的关系多以服务为主,共享共创机制还有待建立。作为消费主体的用户,其主动性和能动性还没有被激发出来,原因就在于参与价值共创的大门还没有真正敞开。绝大多数融媒体平台还仅是用来进行内部资源整合的工具,或用来进行跨界连接与整合的工具。

融媒体平台要建构与用户价值共创机制,首先就要打破单边主义的桎梏,建立多边的价值共创关系。这就需要融媒体平台向所有用户打开供给侧的底层结构,使所有用户都能参与价值生产。以前媒体的价值生产的核心是新闻生产,实现价值创造的是高品质的内容和传播形式的创新。随着"媒体＋"的功能结构的建立,媒体的价值生产就由新闻生产扩展到多种多样的信息生产与服务,其价值创造的方式也变得多元。其次,融媒体平台应与用户建立长期稳定的合作共享机制。融媒体平台可以通过正式契约来管理与用户的关系,如制定平台规章制度、制定用户权责利的章程、签订合同等。正式契约关系的建立,一方面有利于融媒体平台进行用户关系管理,另一方面可以激发用户参与平台的价值生产与创造的热情。此外,融媒体平台应该特别重视消费者用户的价值创造性。因为平台经济时代的消费者用户已经成为一种生产要素和合作因素,会对行业的生产效率产生重要的影响。[①] 所以就以融媒体的新闻生产来说,无论是在议程设置环节,还是在策划选题环节、内容生产环节,还是交流反馈环节,都离不开消费者用户的参与。

2. 从竞争到竞合的价值共创机制

随着媒体跨界融合的推进,媒体市场的竞争发生急剧变化。首先,是竞争范围的扩大,媒体的竞争从媒体行业内部转向跨行业。融合之前,每个媒体作为独立的竞争主体,与其他媒体比拼;进行融合之后,每个媒体既要跟其他媒体在受众市场比拼,还要与其他非媒体组织,如互联网平台公司在用户市场比拼。其次,是市场竞争的重心从受众转向用户。媒体所要争夺的用户市场与非媒体的用户市场越来越重叠,"媒体+政务/服务/商务"的功能扩展意味着用户市场的拓展,因此其用户市场的范畴扩大至整个平台世界,而文化旅游平台、电子商务平台、支付平台、交通导航平台也会因可以为用户提供热点信息或资讯搜索服务而间接具有媒体的功能,其用户范畴向媒体用户扩展。

在媒体参与更大用户市场竞争的时候,竞合比竞争更具有优势。所谓竞合就是媒体主动与其他行业进行跨界合作,共同打造具有核心竞争力的共享共创平台。以共享共创平台为中心进行生产要素、行业要素、社会要素的高效整合与配置,既要实现内部资源的整合,也要实现跨媒体、跨行业的资源融合。在平台竞争的时代,媒体只有不断突破行业边界,与用户、其他媒体组织以及其他行业建构起"多边"共创的价值生产关系,才能获取市场竞争优势。在此背景下,融媒体平台应该成为主流媒体建构竞合价值共创的重要基地。

借助融媒体平台实现与其他平台的跨界合作。媒体组织在获取用户方面,亦可以与其他媒体平台合作,以互相授权的方式相关联,共享流量、共享用户,实现共享共赢。通过与各方的跨界融合,在新闻生产、技术服务、发布渠道、传播推广、投资运营等方面形成具有时代特色的合作链条,能够真正地把共享、共创的

---

① Fuchs V.,《The service economy》,哥伦比亚大学出版社(Columbia University Press)1968年版。

理念融入主流媒体的发展之中,建构多主体的价值生产关系。

首先,各主流媒体为打造融媒体平台,在技术层面与各大互联网平台公司展开了合作。如人民日报社与腾讯于2016年签署媒体融合发展创新战略合作协议,双方约定在内容、渠道、平台、经营、管理等方面深度合作,构建媒体融合大体系。新华社与阿里公司合作成立"新华智云",专门进行媒体融合平台的建设。由新华智云研发的"媒体大脑"已经成为新华社最具特色的智能媒体平台。中央广播电视总台应用"5G+4K44+AI"新技术,与三家电信运营商、华为公司合作建设了我国首个国家级"5G新媒体平台"。中央广播电视总台的首个音频平台——云听App,在按照"台网并重、先网后台、移动优先"原则进行内部资源整合,打造"央广+央视+国广+央广网+央视网+国际在线+央视频"等新媒体矩阵的同时,展开与国内最专业的音频广告营销团队合作,与主流汽车厂商合作开发的车联网产品。在省级融媒体平台建设中,也出现与许多科技公司、通信公司进行技术合作的案例,如河南大象融媒与全球第二大CDN(内容分发网络)服务商网宿科技合作,于2018年建成国内首个融媒云中心平台。

其次,各大媒体借助融媒体平台或融媒体中心进行跨界合作。如以四川日报报业集团为龙头的"四川云"融媒体中心,不仅与电子科技大学展开技术研发合作,还积极与区域内的科技公司联合发展,形成了打破区域、行业界限,覆盖全省各地区的"中央厨房"发展格局;江西"赣鄱云"平台在"一张网"内频频开展区域合作,在数据共享、技术共享、用户共享等方面获得了极大成效。2020年5月,湖北广电"长江云"、北京广电"北京时间"等12个省市新媒体共同成立了全国第一个云上区块链新闻编辑部;同年9月,浙江安吉、安徽濉溪、江苏太仓和江宁等地联合成立了长三角县级融媒体中心高质量发展联盟。这些跨区域合作的目的是利用区域一体化发展促进县级融媒体矩阵建设的资源、渠道互补,在实现社会效益与经济效益统筹提升的同时,促进高效率、集约化、低成本的区域发展共融,以媒体合作促进区域创新发展。

以上跨界合作是各大融媒体平台建构多边价值共创关系的基础。最关键的是还要建构长期发展的价值共创机制,将一些短期的、临时的合作行为以战略协议或长效合作制度稳定下来。此外,在加强技术、平台、渠道、内容、人才等资源共享共创的同时,各融媒体平台还应该加强需求侧用户的共享共创。消费侧的用户不能被视为传统受众,他们更应该被当作具有能动性和创造性的用户,他们的消费需求和习惯偏好、消费的轨迹和行为应该被收集整理成数据。对这些数据的挖掘和分析理应成为价值共创的起点。

（三）融媒体平台与用户价值共创模式的建构

1. 产品共创模式

近年来，随着媒介融合进程的加快，尤其是媒体"中央厨房"建设的开展，各大媒体相继生产和推出了许多的融媒产品。这些融媒产品获得市场青睐，赢得民众喜欢，产生了良好的社会价值。据人民日报社和新华社内部资料统计显示，在2014至2017年间，两家媒体就生产推出数百件融媒产品，其中每年浏览量过亿的就有三四十个。其中由人民日报社推出的"H5产品"《穿越时光，这是我保家卫国的样子》，参与人次超过10亿，成为庆祝建军90周年最具传播效果的融媒产品。新华社推出的"点赞十九大，中国强起来"的融媒产品，引发网友参与5.12亿人次，点赞量1.2亿次，页面浏览量30亿次，成为最具影响力与传播力的"互动"性融媒产品。这些融媒产品带有鲜明的价值共创特色，打开了民众参与新闻生产的大门，产生了新的社会价值。本书选取几个有代表性的融媒产品作为案例，对其价值生产进行分析，剖析其价值形成机理，探寻更多的价值共创方式，为媒体提升产品价值增值能力提供理论与实践参考。

案例分析：融媒体产品的价值共创
一、价值共创理论视阈下的融媒产品

21世纪初，普拉哈拉德和拉马斯瓦米两位管理学大师提出"价值共创"思想。他们认为随着环境的变化尤其是网络技术的发展，顾客角色发生根本转变。顾客不再是消极的购买者、价值的使用者或消耗者，而是价值生产的积极参与者。价值不再是由企业单方面创造，而是由顾客与企业共同创造。2004年瓦戈和勒克斯两位市场营销学者提出，在市场营销由以商品为主导的逻辑转向以服务为主导的逻辑之后，价值不再是企业以商品的形式创造，而是由顾客和企业共同创造。顾客不再是被动的商品接收者、价值消费者，身处价值创造活动之外；相反，顾客是主动的、积极的参与者，价值由顾客来决定，且价值是由企业和顾客共同创造的。2009年，梅尔兹（Merz）提出，品牌价值是由企业和利益相关者共同创造的，且品牌价值共创过程是企业、品牌和所有利益相关者之间一个持续的、社会的、高度动态和交互的过程。[1] 再后来又有许多的

---

[1] 李朝辉，《顾客参与虚拟品牌社区价值共创研究》，中国社会科学出版社2014年版。

学者对价值共创理论进行了多层次的研究,形成一种核心思想:随着互联网技术的发展和社会化媒介的广泛使用,价值不再是在传统的企业生产与顾客消费的交换中产生,而是由企业、顾客、利益相关者在互动过程中通过资源的整合和能力的使用而共同创造的。① 价值共创理论为我们研究媒体的价值生产提供了新的视野,为我们研究媒体与受众的关系提供了新的思考。运用价值共创理论来分析融媒产品,有助于我们进一步了解媒体、受众(用户)、价值之间的关系。为便于分析与呈现,笔者选取《人民日报》"H5 产品"《穿越时光,这是我保家卫国的样子》(简称"军装照 H5")和新华社"点赞十九大,中国强起来"系列互动产品(简称"点赞十九大")来进行案例分析,用图表的形式加以呈现。

通过表 4-1 分析,不难发现融媒产品具有明显的价值共创特征:

(1) 生产主体多元,且媒体用户成为价值的共同创造者。一款融媒产品从选题、策划、创意到执行、推出,是由多个主体参与生产的。媒体、媒体用户、媒体第三方合作者(也可称为媒体利益相关者)都成为产品的生产者、价值的创造者。

(2) 产品生产跨界、分工合作明显。因为有多个生产主体,融媒产品的生产常常是跨界进行的。在媒体内部需要出现跨部门、跨领域来进行融媒产品的生产;媒体在与第三方合作时,更是跨行业、跨地区、跨媒体的。

(3) 产品具有可互动、可分享、可体验的交互特性。新华社"点赞十九大"系列互动产品,充分利用了互联网技术和互联网平台,第一次以音频为主打形态开展大型主题报道,创造了"可读、可听、可看、可互动、可分享与可体验"的互动报道的新标杆,是跨界融合标志性产品。② 互动是价值共创的基础,因为如果没有互动,也就不可能有价值共创。

(4) 产品价值生成渠道多元,价值效应巨大。再好的产品,也需要良好的传播渠道,才能实现最终价值。融媒产品的传播渠道是多元的,传播的载体是丰富的,实现的价值是多层面的。媒体、媒体用户、媒体利益相关者既是生产者,也是传播者,他们通过一系列的资源的整合和能力的使用共同完成价值的生产,在实现社会价值的同时也实现了各自的价值。

---

① 张明立、叶建华、王伟,《基于角色参与的虚拟价值共创分析——以"中国好声音"为例》,《广义虚拟经济研究》,2015 年第 1 期。
② 李俊,《用声音致敬新时代——新华社"30 亿级"互动产品是如何炼成的》,《中国记者》2017 年第 11 期。

表 4-1 融媒产品个案分析

	"军装照H5"				"点赞十九大"				
产品名称									
产品推出时间	2017年7月29日				2017年10月13日				
产品价值的生产者	《人民日报》新媒体中心、"金点点"工作室	腾讯天天P图	"未来应用"(北京流量源泉科技有限公司)	媒体用户	新华社产品研究院、新华网融媒体产品创新中心、新华FM工作室	偶像(主要为一些形象正面的知名人士)	中国邮政	ofo共享单车	媒体用户
产品价值生产者的分工、合作	创意设计、脚本编写,数据收集,最终产品测试,活动部署、维护监控	提供图像处理技术,监控产品的运行	呈现"军装照H5"页面,接收用户上传和下载照片	上传个人照片	创意设计、活动统筹、可视化与轻应用、音频技术处理、最终产品测试、活动监测维护	录制个人点赞音频、视频	参与十九大个性化首日封、明信片的制作	扫码开锁、点赞音频	参与点赞
产品价值的生成渠道	《人民日报》两微一端;媒体用户的微信、微博、QQ				新华社两微一端;音频专业网平台"蜻蜓FM";各大互联网平台,包括年轻人聚集的哔哩哔哩和AcFun(简称"A站");媒体用户的微信、微博、QQ;中国邮政;ofo				
产品价值的生成	弘扬爱军爱国的主旋律,实现了社会价值;提升了报社的品牌价值,彰显《人民日报》的品牌价值;民众在参与、互动、分享中展现自我情感,传递正能量,实现了自我价值				彰显了十九大在人民人心中的巨大感召力,实现了产品的社会价值;展示了新华社在媒体融合和系统化创新中积累的强大新力和新华传播力,实现新华社的品牌价值,实现新华社社会责任的企业形象,凸显出党和新华社的品牌价值,实现新华社责任的企业形象,实现新华社的品牌价值;中国邮政和ofo公司树立了富有社会责任的企业形象,实现其品牌价值;社会知名人士和民众通过参与互动、实现自我价值				

二、融媒产品价值共创形成机理

探讨融媒产品价值共创形成机理,也就是要对融媒产品价值共创形成原因、形成过程、形成结果展开分析,找寻价值共创的规律,为媒体跨界融合发展探寻更多更好的价值共创方式。

(一)融媒产品价值共创形成原因分析

(1)媒体市场基础由受众变成用户,媒体用户成为媒体市场的主导力量。在传统的媒体市场逻辑中,媒体是市场的主导性力量,媒体决定生产什么、传播什么,媒体受众只是被动地接收。随着社会化媒介的兴起与广泛使用,媒介领域正在由被一撮最专业人士所经营转变成由全球个人用户参与的领地,媒介也正在从一种特殊的经济部门转变为一种有组织的廉价而又全球适用的分享工具。① 媒体市场基础由受众变成用户,媒体与受众的关系从传与受变成生产与消费。以媒体用户为中心成为市场的主导逻辑,媒体的生产与传播愈加重视用户的消费需求和消费体验。各大媒体开始改变传统的生产方式,将媒体用户纳入价值生产体系中来。

(2)媒体用户的消费需求和消费行为发生改变,用户个性化需求增加,主动性、能动性变强。一方面,用户借助于网络空间越来越多地参与到媒体的信息生产与传播中来,从消费媒介转向利用媒介,从媒介围观到媒介参与,用户既是消费者也是生产者;另一方面,不受经济利益驱动的用户出现,用户接触媒体、消费信息的目的是免费分享或交换信息。利用媒体进行信息交换与分享,成为用户实现交往和自我价值的一种方式。因而从使用与满足的动机来看,用户渴求通过参与融媒产品的价值创造来实现自我满足。

(3)网络技术和数字技术的广泛运用,万物互联互通,无论是媒体、用户、其他组织或主体都变成网络中的节点,节点之间可以进行有目的的链接、互动与共享。如人民日报社和新华社都已搭建起聚合型"中央厨房",具有强大的超链接与协同分享能力,既可以聚合、调配、整合各类资源,又可以调动使用内外资源的各种能力。这些为媒体与用户及媒体利益相关者进行价值共创提供了可能。

(二)融媒产品价值共创形成过程分析

通过分析众多融媒产品的生产过程、传播过程,可以清晰地看到媒体、用户、媒体利益相关者(在此特指媒体第三方合作者)是怎样通过互动、合作与分享完

---

① 克莱·舍基,《认知盈余:自由时间的力量》,中国人民大学出版社2018年版。

成了价值创造。在生产阶段,媒体负责进行主题开发、创意、设计、制作;用户提供个人资源或投入个人的知识、情感与能力,参与产品主题的生产或通过互动促进主题的实现;媒体的第三方合作者提供技术支持或参与产品制作。在传播阶段,媒体充分利用自身掌握的传播渠道进行产品的传播,用户可以利用媒介进行产品的传播与分享,有些媒体第三方合作者成为传播载体(例如"点赞十九大"中的ofo共享单车成为传播载体)。与媒体传统的价值生成过程明显不同的是,融媒产品的生产传播过程就是价值生成的过程。传统的新闻生产与价值实现是直线链条式的,即媒体采写编辑生产出新闻产品,再将新闻产品传播出去,受众接触新闻产品,新闻作品被受众接受(消费)从而实现新闻作品的社会价值。

而融媒体产品的生产与价值实现过程是复合式的,新闻产品生产的过程、传播过程与价值实现的过程是同步的,实现的价值是多元的。即作为受众的用户和利益相关者直接或间接参与新闻产品的生产与传播,在此过程中分别实现了新闻产品的社会价值、用户的自我价值、利益相关者的品牌价值(或社会价值)。新闻产品的价值实现并不是在价值链的末端,而是在价值链的任意一个环节。用户不再是传统意义上的价值消耗者,而是价值的创造者。

(三) 融媒产品价值共创结果及影响分析

媒体、用户、利益相关者通过互动、体验与分享完成融媒产品的价值共创,在实现了社会价值的同时,也分别实现了各自的品牌价值或自我价值。价值共创颠覆了传统媒体的价值生产模式,创造了新的价值生成方式。价值共创无疑是产品价值增值的有效方式。它的有效性就在于:一方面充分调动了用户的能动性,让用户参与生产。让用户参与并协助专业人员的内容生产,无疑扩大了价值产生的渠道,降低了传媒产品的市场风险,提前接受市场检验,重构了传媒产业价值链。另一方面通过跨界合作进行了边界的创新,从而开辟了新的价值增长点或增长渠道。

三、基于价值共创提升媒体产业增值能力

当前主流媒体所面临的转型是跨界融合,跨界融合的本质就是要进行产业价值链的延伸或重构,实现产业价值的增值。价值共创是价值增值的有效方式,媒体应该开拓更多的价值共创渠道,以此提升自身产业价值增值的能力。

(一) 通过用户链接、用户互动、用户重构等方式来进行价值共创

在移动互联网时代,由社会化媒体驱动的人际互动行为不断地丰富与深化,

媒体的市场基础由受众变为用户,用户越来越主动地参与媒体内容生产,用户进行价值创造的作用日益增大。媒体应该将用户纳入价值生产体系中来,与用户共同创造产品。"与用户共同创造是传媒内容生产的新形式,是价值创造的新方式、新路径,是数字化时代尤其是移动互联趋势下传媒价值创新的关键。"①媒体可以通过以下路径来实现与用户共同创造。

1. 创建有效的用户链接

在移动互联网中,大部分用户是漂移的,用户的注意力是碎片化的。要将这些漂移的、碎片化的用户注意力聚合起来,就必须建立有效链接。第一,准确识别并定位用户。这就需要媒体充分利用媒介测量技术和工具(大数据、人脸识别、现代传感定位系统等)去检测用户的漂移空间,去锁定其进行媒介消费的行为轨迹。第二,对用户进行画像。也就是要收集、整理用户行为数据,建构多维度的指标交叉分析模型,清晰勾勒出用户的消费动机、消费形态、消费需求、消费趋向。第三,根据用户画像,建立有效链接。有效链接就是要与目标用户建立稳定而紧密的人际关联,使用户不再是价值链末端的被动消费者,而是价值链任意环节的参与者。有研究表明:链接的节点越多、链接的活跃性越大,越容易产生稳定而紧密的人际关联,稳定而紧密的人际关联最能让消费者和生产者实现价值共创,从而产生可观的经济价值。②

2. 开拓用户互动方式

人际互动行为的存在是价值共创的基础,也是其实现的依托手段与重要前提。这可以从两个方面做起:一方面,媒体应该开拓用户参与内容生产的方式,吸引并激发用户的参与感。现在用户的价值感越来越源于参与感。"参与感"不仅仅是吸引用户进行互动的诱饵,它还可以让消费者充分发挥自我才智,最大限度地集聚智慧,进行价值创造。另一方面,媒体应该开拓用户分享(共享)方式,比如通过粉丝集群、品牌社群等虚拟社区的建立与维护,来激励个体消费者之间通过互动交流促进彼此关系和群体凝聚力,使用户将焦点放在共同关注的对象(媒体产品生产、品牌形象、品牌体验等)上,并通过虚拟社交活动实现信息的交流与分享,实现情感体验与价值满足的共同分享。

---

① 高超,《传媒产业价值链的战略式创新路径》,《中华文化论坛》2015 年第 7 期。
② 杨学成、陶晓波,《从实体价值链、价值矩阵到柔性价值网——以小米公司的社会化价值共创为例》,《管理评论》2015 年第 7 期。

3. 借力用户重构

所谓的用户重构是指用户对媒体的内容进行重新解构，创造出新的产品来。譬如同人文化的兴起就源于用户重构。用户重构是用户自主进行价值创造的行为。有研究表明，用户参与价值共创的行为有两种：一种是参与媒体内容的生产；另一种则是用户生产内容或用户与用户之间互动合作生产内容。用户重构属于第二种价值共创行为。用户重构行为的产生源于用户想摆脱控制与指导，欲通过自己的方式来解读或生产内容，达到个性化需求的满足，实现自我价值创造。用户通过重构行为的实施，一方面可以摆脱媒体的控制，增加个人的选择范围和自主选择权，同时将个人的文化资本和智力资本融入内容产品和消费过程；另一方面可以开发新的、多样化的消费方式，来满足自己的多样化需求。媒体应把握用户重构过程中呈现的规律，借力用户重构实现与消费者价值共创。

(二) 通过跨界连接、协同分享来进行价值共创

1. 通过建构价值矩阵来进行跨界连接，实现价值共创

现代企业竞争的优势越来越取决于虚拟价值链，虚拟价值链平行于实体价值链而又有异于实体价值链。虚拟价值链常常通过对实体价值链中的每个生产环节进行信息的收集、编码、存储、选择、组织、合成，从而生产出新的产品或提供新的服务。虚拟价值链正是通过互联网信息化这种方式来促进和提升实体价值链的增值能力，创造出新的价值或价值增长点。在移动互联时代，媒体事实上也是在物质世界与虚拟世界中竞争，换句通俗的话来说就是线下与线上竞争。为了争取更大的市场空间和竞争优势，许多主流媒体加快了虚拟价值链的建设。比如当前正在如火如荼进行的"中央厨房"建设工程，就是媒体在进行虚拟世界的建设，在着力构建虚实结合的价值矩阵。价值矩阵的建构不仅可以更好地聚合各类资源，而且可以进行更大范围的跨界连接。跨界连接能够打破行业壁垒、突破时空限制，使媒体与媒体之间、媒体与其他组织之间、媒体与用户之间在更广阔的空间内进行合作。跨界连接为传统媒体实现跨界融合探出了新的路径，为价值共创提供了新的空间。

2. 通过价值共生关系的建构进行协同分享，实现价值共创

数字化网络降低了人们获取信息、分享信息的成本，使发现和分享变得廉价，让全世界的人都成了潜在的参与者。而自媒体与社会化媒介的兴起与广泛使用，使数字化分享变得简单、便捷。数字化分享不同于传统的竞争式分享，竞争式分享是需要花费一定的边际成本，且东西分享出去以后你便不再拥有（比如

报纸、杂志);数字化分享几乎无须花费任何边际成本,通过复制粘贴的方式就可以把东西分享出去,分享之后你还继续拥有。因而越来越多的不受利益驱动的用户出现,分享成为他们接触与使用媒体的目的。媒体应该重视这一变化,围绕"分享"与用户进行价值创造。

首先,媒体应该与用户建立新型的价值共生关系。在万物互联互通的时代,任何组织和个人都将变成网络中的一个节点,尤其随着社会化媒介的兴起,媒体、媒体利益相关者、用户都将变成社会化网络中的节点。媒体与用户之间的关系不再是单纯的生产与消费、传播与接收的关系,而是更为复杂多元的链接关系。此时,媒体生产者应该放下高高在上的身段,化身为网络中一个普通的节点,一个可以有多个对外链接的端口、可以随时随地互联互通的节点。通过节点之间的链接,媒体生产者与消费者搭建起协同分享的渠道。节点与节点之间的链接越多,进行价值共创的渠道接口就越多;节点与节点之间的分享互动越多,就越能产生稳定而紧密的价值共生关系。

其次,媒体可以通过细分社群,利用社群进行协同分享。基于社交网络建构起的社交场景为数字化分享提供了日益便捷的空间,越来越多的社群活跃在社会化网络中,成为最具分享力的节点。如存在于微信、微博、QQ群、陌陌小组等移动社交平台的社群,它们的互动使信息传播更具有开放性和病毒式的扩散效应。社群不仅重塑了人的生活态度和情感认同,还产生了更加稳定而紧密的人际关联关系。社群分享越多,链接的机会越多,互为渠道的结合点就越多,也就更容易使有限的市场空间无限扩展,从而产生分享经济。媒体应该与目标社群展开更多的人际互动、协同分享,形成稳定链接,进而实现价值共创。

2. 基于平台个性化推荐机制的价值共创模式

平台媒体的价值由平台、用户、利益相关者通过关系的互动和资源的整合共同创造。平台多元主体之间的互动、平台资源供需的匹配常常依赖于算法推荐机制。算法不仅可以将海量的信息与海量的用户进行连接与匹配,还能促进用户与平台、用户与用户之间的多元互动,以新的结构性力量建构起价值共创的关系,推动资源整合与价值共创。

(1)利用算法推荐机制建构大规模的用户市场。与用户进行价值共创的前提是吸引用户,建构起大规模的用户市场。在数字时代,受众的注意力是碎片化的、游离的、漂浮的。相比无限增长的内容和渠道来说,集中、稳定、可聚合的注意力资源更加稀缺。吸引或捕获受众的注意力、建构注意力市场,是各类媒介为了生存与发展而孜孜以求的目标。随着"今日头条""一点资讯""天天快报"等聚合类新闻客户端的兴起,算法驱动的个性化推荐成为吸引数字时代受众注意力的有效方式,成为一种新的结构性力量。

个性化新闻推荐主要通过算法把关、个性化推荐、协同过滤等方式吸引用户,建构大规模的用户市场。个性化推荐是利用网络爬虫、搜索引擎、数据挖掘、机器学习等技术,来聚合海量的资讯信息,并对海量信息进行分析、筛选、分类排序,再比对用户的阅读兴趣和媒介使用习惯匹配信息、推荐信息。这一过程是以机器的运行法则(也即算法)来进行信息的捕获、分类、推送的,这与传统媒体依据权力主体的意志与价值取向来选择、编辑、传播信息资讯是截然不同的。算法把关代替了人为把关,成为信息资源配置的核心力量。首先,算法通过各种技术对信息内容进行捕捉,它既可以抓取各类媒介的信息,也可以快速整合汇聚于客户端的各类信息,使聚合平台成为海量的消息源。其次,算法依靠人工为它写入的运行法则进行数据挖掘与计算,智能分析出消息源中每时每刻热门的、值得用户关注的资讯,然后对其进行分类排序,决定其推送的主次。再次,算法会对用户的使用习惯和兴趣爱好进行测量、跟踪与记录,并据此来决定信息编辑与推送的模式。所有这些都意味着传统媒体的把关过程和议程设置的功能逐渐交由算法来操纵和实现,把关算法成为一种新的权力,在信息来源渠道、信息的捕捉与筛选、信息的编排与推送、信息的消费与反馈等各个环节产生支配性力量。

内容推荐和协同过滤是个性化推荐的两种方式。基于内容推荐就是根据用户的历史阅读行为选择与用户已读内容相似或拥有同等类标签的内容进行推荐。用户的点击、评论、收藏、点赞以及转发等阅读行为的发生,在某种程度上代表着用户喜欢或对内容感兴趣,因而系统基于原有内容,选择相似内容进行推荐。协同过滤的逻辑在于利用拥有共同兴趣或经验的群体的喜好来推荐用户可能感兴趣的内容,也就是算法会综合相同或相似用户群体的阅评行为来预判用户群的兴趣偏好,再结合个体用户的阅读偏好进行相同内容的推荐。于是就出现"越相似越推荐""越喜欢越推荐""越流行越推荐",像滚雪球一样围绕兴趣将越来越多的用户卷入其中,从而建构起规模庞大的用户群,形成大规模的注意力市场。

(2)利用算法推荐机制建构新型的传受关系,增加用户交互。个性化新闻推荐机制的算法致力于满足用户的个性化需求。推荐是以用户兴趣为依据的,通过对用户社交信息和行为数据的挖掘,系统判断出用户兴趣偏好,再为用户选择匹配的符合其信息偏好的资讯内容,并适时推送。个性化新闻推荐创造了"千人千面"的信息传播与接收局面。这种"千人千面"的传受关系彻底打破了传统媒体一对多的传受关系,使用户成为真正意义上的中心,用户的个性化需求得到重视并在很大程度上得以满足。

实现个性化推荐的前提是以用户为中心,以准确快速满足用户的需求为根本目的。用户关注的、用户喜欢的、用户想要的,是平台媒体选择新闻信息、推送新闻信息的标准。这与传统的新闻价值取向不同,也与传统媒体进行生产经营的功利性追求不同。若说传统媒体在制度、权力、利益阶层、文化导向等各种因素的影响下担负着提供信息、引导舆论、教育大众、提供娱乐等功能,与受众的关系是主动与被动、引导与跟从、教化与驯服的关系,那么个性化推荐打破了这种二元对立的结构关系,建构了以用户为主体的二元互动结构关系。

(3) 利用个性化推荐重构价值共创的关系结构。英国社会学家安东尼·吉登斯在探究个人的社会行动与社会结构之间的互动关系时提出了结构化理论。吉登斯认为,在社会的构成中,个人的行动与社会结构并非一种彼此对立、相互排斥的关系,而是一种相互转换、循环共生的双重建构性关系。一方面,结构不仅对行动具有制约作用,它同时还是后者得以展开的媒介。对于行动来说,结构同时兼具"使动性"和"制约性"。另一方面,结构是行动的结果,只有通过行动者的行动,结构才能真正得到体现和延续。[1] 结构化理论中的"结构",指的是社会再生产过程中反复涉及的规则与资源。[2] 规则与资源的掌控者与使用者借此拥有某种权力,成为影响社会运行的力量。

在结构化理论视阈下审视媒体,无论是旧媒体还是新媒体都是社会系统的子系统,不可避免地受到宏观的社会结构的影响。作为子系统,它们又有着自身的规则与资源。在注意力市场方面,媒体既可以利用宏观的社会结构,也可以利用自身的系统结构来影响市场的形成与发展。传统媒体的结构性力量往往体现在:一方面,它可以通过资源的配置来进行有目的的内容生产,通过议程设置来影响受众的注意力,借助媒介测量来争夺注意力市场;另一方面,它又常常利用信息不对称和垄断性资源获得更多的话语权,扮演着维护社会稳定、塑造社会认

---

[1] 郭忠华,《主客体关系的对立与融通——诠释吉登斯的"结构化理论"》,《东方论坛》2008年第2期。
[2] 安东尼·吉登斯,《社会的构成:结构化理论纲要》,中国人民大学出版社2016年版。

同和主流意识形态的角色。[①] 媒体通过控制新闻源来把控信息传受的渠道,通过制度赋权获取垄断性资源,比如通过政治制度、经济制度提供的权力范式获得媒介特有的权力,从而对注意力市场形成规制性影响。

个性化新闻推荐主要是由机器系统通过大数据测量与算法分析捕获每位用户的兴趣偏好,然后通过协同过滤机制迅速匹配相关资讯(或内容),并推送给特定的用户群体的一种新型分发方式。在这个过程中,数据测量、算法把关、个性化推荐成为调配资源、建构传受关系、赢取市场份额的方式和手段。个性化推荐正在重塑新闻业态,对新闻生产常规、新闻分发渠道与用户内容消费等各个环节都产生重要影响。[②] 并且算法实现了"权力革命",算法本身暗含的权力关系在新闻传播的全环节中具体地体现出来[③],从而成为塑造平台与用户互动关系的结构性力量。

(4)利用算法推荐机制赋能用户,使用户成为价值共创的参与者。吉登斯认为,所谓"能动不仅仅指人们在做事情时所具有的意图,而是首先指他们做这些事情的能力"[④]。在传统媒体时代,媒体是单向线性传播,"媒介即控制",媒介是控制者和把关人,而受众是被控制者与把关对象,受众能动性受到很大限制,对媒介活动的影响也很有限。进入移动互联网时代,数字技术对受众的赋能与激活,使受众摆脱了特定的渠道或时间流的束缚,拥有了选择和参与传播的更大自主性和能动性。[⑤] 受众从原来的媒介接受者变为产消合一的"用户",原有的媒介传受关系发生根本性变革,用户逐渐摆脱媒介霸权的种种压制与束缚,能动性开始复苏与显现。

用户参与的能动性,有助于建构更加良好持续的互动关系。首先,用户利用算法解决信息过载。海量内容时代,用户想获得自身需要的信息并非易事。用户在满足自身个性化信息需求的实践中,运用个性化新闻推荐这种规则与资源,在极短时间内从海量内容中获得自己需要的新闻资讯,提高了信息搜寻的效率,用户让算法成为解决信息过载的有效手段。其次,用户通过自身行动产生数据。

---

① 喻国明、杨莹莹、闫巧妹,《算法即权力:算法范式在新闻传播中的权力革命》,《编辑之友》2018年第5期。
② 喻国明、侯伟鹏、程雪梅,《个性化新闻推送对新闻业务链的重塑》,《新闻记者》2017年第3期。
③ 喻国明、杨莹莹、闫巧妹,《算法即权力:算法范式在新闻传播中的权力革命》,《编辑之友》2018年第5期。
④ 安东尼·吉登斯,《社会的构成:结构化理论纲要》,中国人民大学出版社2016年版。
⑤ 詹姆斯·韦伯斯特,《注意力市场:如何吸引数字时代的受众》,中国人民大学出版社2017年版。

算法内容推荐是以用户提供的个性化兴趣为基础的，如果没有用户个人信息的提供和阅读行为的发生，推荐机制的算法便无法判断用户兴趣，推荐也不可能发生。但用户所有可见可测的行为动作，只有通过形成数据并被系统识别和挖掘，才能真正实现兴趣判断和推荐。在这里，数据扮演了传递用户能动性的角色。用户通过行动提供数据，才是真正影响、改变和建构内容推荐的机制和手段。再次，用户数据的积累清晰表达兴趣。用户对个性化新闻推荐平台的欢迎与主动使用，会促使其增加阅读的时间与次数，而这也就越能清晰展现自己的兴趣，从而使算法对用户兴趣的计算日趋精确，所推送的信息也就更加适合用户的需求。最终用户阅读的满足感和愉悦感也就更强。如此循环反馈，有助于建构更加良好的互动关系。

用户的能动性有助于提高算法推荐机制匹配市场供需的能力。用户的能动性意味着在个性化推荐的结构化世界里，用户作为注意力的提供者，对注意力的意图占有者（媒体）具有了反向建构的能力。一是用户的使用行为是个性化推荐的依据。在用户第一次接触并使用个性化推荐机制时，其行为可能是随意随机的，却成为算法推荐的起点。算法会根据用户此次的行为进行下一次的推送，如果所推送的内容满足用户兴趣，算法会继续推荐相似内容；如果所推荐的内容不是用户兴趣所在，算法则会调整推荐策略以达到对用户兴趣的满足。二是用户的兴趣是个性化推荐赖以持续配置资源的必要条件。个性化推荐是以用户兴趣为导向的。用户兴趣可以分为长期兴趣和短期兴趣，长期兴趣比较稳定，而短期兴趣则时刻在变化。个性化推荐会通过数据挖掘、算法识别每一个用户的兴趣及变化，实时生成用户"个人兴趣图谱"，并根据用户的使用行为不断进行完善和更新"个人兴趣图谱"。然后在此基础上对用户进行相关内容的推送。三是用户行为数据的累积促使算法推荐更加精准。用户的每一次点击、阅读、评论、点赞和转发等行为都会被系统捕捉，形成数据并反馈至推荐系统，成为算法判断用户兴趣偏好的标准。数据积累越多，算法就越能清晰描绘用户的兴趣偏好，从而提高精准推送的效率。总之，用户在实现个性化信息消费的实践过程中，通过能动性的发挥可以让机器的计算和推送不断地精确化、个性化，以"驯化机器"的方式不断转换或更新个性化推荐的结构，实现对其再作用再生产。用户正是通过在能动中反向建构个性化推荐，不仅成为价值共创关系的建构者，而且通过持续的互动反馈提升了算法推荐机制匹配市场供需的能力。

（5）利用算法推荐机制进行价值共创应警惕的问题。算法推荐机制在资源配置、价值共创关系的互动方面具有强大的规制性,但其规制性的实施却依赖于用户的行为数据和兴趣偏好;而用户在被规制的同时,能通过自己的主动选择行为来影响算法推荐。两者之间是互动互构的关系。正是这种互动互构的关系,才从真正意义上突破了传统媒体建构用户市场的单向低效的局限性,使用户不仅仅是可供开发的注意力市场,也是注意力市场建构的参与者、共建者。在信息经济中,注意力是最重要的商品之一,还是真正稀缺的社会资源。注意力一旦形成一定的市场规模,便具有巨大的经济价值或社会意义。算法推荐机制凭借其工具便利性能迅速吸引并聚集用户,建构大规模的注意力市场。这种建构功能如果发挥得当,将有助于引导用户不断进步,促进社会信息健康流动和发展,使平台媒体取得较高利润和社会认可。若使用不当,则会给用户和社会带来诸多不利影响,也会对平台媒体信誉和持续发展造成损伤。现阶段,个性化推荐中算法的价值观问题较为严重,算法的各种偏见也引起了多方质疑。算法推送存在四个方面的"个性化圈套",即工具奴隶圈套、圆形监狱圈套、信息茧房圈套和价值迷失圈套;引入算法的媒介以"座架"的方式规制人、塑造人,控制着人和人的生活方式。① 个性化推荐形成"信息茧房""过滤气泡",使用户处于越来越闭合的信息环境中。这种封闭性结构会强化用户的态度和信仰,长此以往,可能让这些态度和信仰更加不可替代、更加极端。最终导致用户与其他群体、用户与社会产生隔阂与断层,使社会处于分裂的危险之中。② 从用户的层面来看,用户通过自身能动性的发挥,参与了注意力市场的建构,为其添加了"自我意志",对个性化推荐的建构作用形成一定的消解和反作用。但"个人凭借权力对结构造成'相当'影响的情况还是很少见的,绝大多数的个体行动对结构影响微乎其微。因此,社会结构的制约性与个人行动的自主性之间的互构,并不是一种平等的互构"③。个性化推荐机制中媒体与用户之间的互构过程,也存在这种不平等。算法推荐机制对用户的制约性要远大于用户对算法推荐机制的能动性,双向建构呈现出不平衡状态。最突出的表现是用户发挥了能动性,其行动可以改变算法所推荐的内容,但不可能对整体算法架构施加太多的影响。此外,用户通过行动提供数据对内容推荐的影响与改变,很大程度上是一种"意外后果"。用户在使

---

① 郝雨、李林霞,《算法推送:信息私人定制的"个性化"圈套》,《新闻记者》2017 年第 2 期。
② 詹姆斯·韦伯斯特,《注意力市场:如何吸引数字时代的受众》,中国人民大学出版社 2017 年版。
③ 董才生、王远,《论吉登斯结构化理论的内在逻辑》,《长白学刊》2008 年第 3 期。

用个性化新闻推荐机制满足信息需求的过程中,并未主动表达自身兴趣,也并未想主动改变算法提供的内容与算法程序,但其行为数据被算法判断为兴趣偏好的表达,从而产生意外后果。这些意外后果作为一种未被行动者认识到的条件,系统地反馈回来,成为下一次行动的前提。这是用户能动性的发挥受到制约的有力表现。我们不得不思考,媒体在使用个性化推荐建构价值共创关系时如何规避以上问题。首先,应该充分发挥个性化推荐机制中媒介结构与用户的互动互构特性,通过技术的不断更新进步,建构一个更加开放的结构,让用户的能动性充分发挥出来。技术的问题应该也可以通过技术来解决。媒介不能借助测量和算法将用户圈养、孤立起来,而是在测量用户、分析用户的同时,为用户打开参与内容生产、选择、传播共享的大门。其次,要让个性化推荐不仅仅满足个性化信息消费需求,还应该促进用户更多表达自己的观点,分享更有公共价值的东西。如果技术无法解决这些问题,人的价值就应该充分利用起来,帮助其更好地提供信息服务。如今日头条等公司在经历整改后及时扩大了编辑审核团队,一方面拦截有害信息,一方面又发掘优质内容,在一定程度上弥补了算法的不足。随着技术的发展和人们使用技术能力的提高,基于算法的个性化新闻推荐机制建构价值共创的能力会越来越强,也会向着更好的方向发展。

3. 基于社交互动的价值共创模式

价值共创过程是企业、顾客和利益相关者之间持续的、社会的、高度动态和交互的过程。① 对于融媒体平台来说,建构一种持续的高度动态的交互模式,才能促进系统主体的价值共创。

利用社交互动与用户建构关系连接,利用社交媒体开展多元互动,这是与用户进行价值共创的有效方式。因此,融媒体平台首先要建构与用户进行社交互动的有效连接平台端口,加强与用户的人际关联。有效连接就是要打破媒体与用户的疆界,与目标用户建立稳定而紧密的人际关联,使用户不再是信息生产与传播的被动消费者,而是价值生产链任意环节的参与者。其次,要与用户进行持续不断的交流与互动,以创造价值。如新华社的"点赞十九大""与时代同框""1978你的回答"等融媒产品就是通过与用户的交互,由新华社提出价值主张(为党的十九大点赞、记忆并颂扬改革四十年),由广大用户在参与活动的过程中

---

① 张明立、叶建华、王伟,《基于角色参与的虚拟价值共创分析——以"中国好声音"为例》,《广义虚拟经济研究》2015年第1期。

实现其价值主张,从而完成价值共创行为。再次,通过社交媒体增加与用户互动,共同创造极致体验。随着社会化媒介的兴起与智能移动终端的广泛使用,用户的消费体验更多在社交媒体和智能手机、ipad 上实行,动动手指、滑动屏幕就能完成各种消费。这种指尖上的消费模式完全改变了媒体的价值基础,个体消费者接触和使用媒体的目标不再仅仅是新闻产品或服务,而是更多地表现为获得产品或服务过程中的用户体验。用户体验成为用户实现或满足个性化消费诉求的主要方式,也是媒体获取注意力市场的关键。共同创造体验源于企业与用户的互动。通过互动媒体可以吸引更多的用户或用户社区参与内容生产或新闻产品的传播,而用户通过互动可以更好地感知或获得个体的价值感、成就感。因而融媒体平台的建设者一方面在新闻产品的设计、生产、传播流程中要融入更多的互动环节,另一方面要为互动提供足够的技术支持,使用户便于参加互动、实现个性化创想。

致力于社交互动娱乐的短视频平台——抖音,就成功建构了以互动仪式链为特征的价值共创模式。本书以抖音为个案,对其模式进行分析,从中揭示可资借鉴的规律。

[案例解析]抖音的互动仪式链与价值创造

2017 年,被称为短视频爆发的元年。据艾瑞咨询发布的《2017 年中国短视频行业研究报告》显示,2017 年短视频市场规模已达 57.3 亿元人民币,同比增长 183.9%。由今日头条孵化推出的抖音短视频 App 于 2017 年下半年异军突起,成为当前最走红的短视频应用平台,抖音日均最高播放量达 20 亿次。此处基于互动仪式链理论对抖音的交互行为、交互机制、价值共创过程展开分析,探求其成功的缘由,以期为其他市场主体提供行业参考。

一、互动仪式链视域下的抖音

"互动仪式"一词由社会学家欧文·戈夫曼提出,是指一种表达意义的程序化活动。社会学家兰德尔·柯林斯认为,互动仪式是人们最基本的活动,是一切社会学研究的起点。因为社会中的大部分现象,都是由人们的相互交流,通过各种互动仪式形成和维持的;人们的一切互动都发生在一定的情境之中,其中至少包括由两个人组成的际遇。在一定情境之中的个人与个人之间的不断互动(际遇)形成链条一样的互动网络关系——互动仪式链。互动仪式链是社会结构的基础,是人们日常生活和社会交往的情境反映。互动仪式链的核心机制是相互关注和情感连带,个体之间通过互动仪式可以形成一种瞬间共有的实在,从而获得与认知符号相关联的成员身份感和情感能量。①

柯林斯的互动仪式链理论为我们研究抖音的交互行为提供了理论视野。抖音平台是一个专注年轻人的15秒音乐短视频社区,它聚合了海量的乐曲供用户选择,用户选择乐曲之后可以自由发挥与创作短视频,上传至抖音社区,社区其他用户可以随时点击观看并实时交流与互动。交流与互动是抖音平台的核心功能,从互动仪式链视域来看,抖音平台是社区成员交往的际遇空间。所谓的际遇,本质上就是个体与个体在一定的情境中产生的具有因果关联与反馈循环的互动过程。抖音社区充满各种"记录美好生活"的际遇,记录(摄制)、分享(上传)、点评与转发是社区成员之间进行互动的基本方式。抖音平台里的音乐短视频是成员之间进行情感连接与共享的媒介符号,海量的短视频聚合了"抖"文化的身份认同与情感共享。如在抖音社区出现的抖音达人,不仅是网红群体,而且是达人粉丝的一种群体认同,他们因为对某些话题或事件的共同关注而发展出共同关注焦点,并彼此感受到对方的节奏与情感,从而产生相互连带的情感共享。

二、抖音的互动仪式链

互动仪式链不会凭空产生,它依赖于一定数量的人群在特定的空间里进行情感连接与共享,形成共同关注和群体团结,从而推动更大范围或更大规模的交互行动。通过分析抖音一年多的传播活动,可以看出它从以下几个方面建构起平台社区的互动仪式链。

(一)为身体在场提供了际遇空间

仪式本质上是一个身体经历的过程,身体在场是互动仪式的开端与基础。只有当个体与个体在特定的时空相遇,相互感知,并相互关注时,互动才会产生。抖音为用户(即仪式的参与个体)提供了线上和线下的空间。抖音运用互联网技术、新媒体技术为用户建构了一个虚拟空间,使用户可以虚拟在场,进行远程交流,完全突破了物理空间的限制。在虚拟空间里,用户可以充分运用音频、视频、文字、声音、各种表情符号等进行交流与互动,交互情境十分丰富和具有感染力,因而使个体之间的际遇变得丰富有趣。除了线上际遇外,抖音也为用户提供线下际遇空间。通过举办各种活动,让抖音爱好者聚集在一起,通过身体在场产生

---

① 兰德尔·柯林斯,《互动仪式链》,商务印书馆2009年版,第2页。

更真切的交流与互动。比如抖音 2017 年在成都举行"抖在成都"的活动,打出的宣传语是"一个人抖音不过瘾,一群人抖音才巴适",邀请到众多抖音爱好者到现场互动。这种面对面的、具体真实的际遇,所产生的互动结果更容易团结群体、激发个人能量,形成良好的情感连带和共享观点,从而使抖音爱好者的关系、情感变得更加紧密和持续。

(二) 利用话题引发共同关注

与一般的社交 App 不同,抖音的互动是由话题来引导的。抖音 App 的界面按话题进行分类,点击即可观看同类话题下的视频;或者点击屏幕左下角进入话题的入口,创作与主题相关的视频。在特定话题的设置与引导下,用户无论是观看或参与,关注的都是趋同的内容。这就在最大程度上为用户提供了引发共同兴趣或行动的焦点,使抖音用户之间产生互动。2017 年春节,"老铁双击 666"成为流行语;2018 年春节期间,"2018 发财舞"由喜剧演员贾玲在抖音首发,而其他用户可以选择该音乐为背景,结合图像识别技术,做出特定的手势就可以参与抢红包。由此引发新话题"别走,我要发红包!"一度吸引到 10 万用户的参与,成为与春节气氛最应景的火爆话题。

(三) 利用主题开发提升用户情感共享体验

在新媒体产品层出不穷的互联网时代,只有能引发强烈情感能量的产品才能获得用户的关注,而用户的相互关注与互动进一步激发彼此情感的共享体验。抖音经常结合网络热点进行共享主题开发,如结合热门养成类游戏"旅行青蛙",鼓励用户制作上传"等蛙回家""呱儿子不在家"等音频、视频。抖音还为共享体验提供充分的技术支持,不仅在产品设计上给予用户很大的自主权,而且还提供 15 种滤镜效果和道具,使用户可以通过视频剪辑和特效实现蒙太奇的效果。这样一来,一些在生活中缺乏自信、不被关注的普通人,通过在抖音上发布经过滤镜和美颜之后的视频,获得了广泛的关注,由此获得社会自信。这种情感会促使他们更加积极主动地进行内容生产与互动分享。

(四) 着力打造符号资本,增加用户认同

符号资本是"进入互动仪式或群体所需要的文化资本和社会技巧,是成员之间沟通的媒介"[①]。抖音最初以音乐社交软件 App 的定位问世时,因在形式方面与小咖秀有相似之处,在 2017 年 3 月之前百度指数几乎为零。2017 年之后,抖

---

① 兰德尔·柯林斯,《互动仪式链》,商务印书馆 2009 年版。

音开始不断地构建和输出自身的符号资本。抖音率先借助喜剧演员岳云鹏在网络上的影响力,通过请其在微博上转发一条带有抖音 logo 的视频,随后借力鹿晗等偶像明星在平台发布新歌,塑造抖音娱乐年轻的符号形象。不仅如此,为了让用户在抖音社区产生群体归属感,又着力打造抖音达人符号。平台借助今日头条的算法推荐和去中心化的做法,使得普通用户只要坚持输出有质量的视频内容,均有机会成长为社交明星。更通过流量分成和商业回报等多种方式,对于这些抖音达人进行相应的奖励。抖音为用户提供了交换情感能量与符号资本的空间,为用户创造了无限丰富的际遇条件,为用户建构了情感连接与共享的体验情境。真正实现了"在互动中,人们对时间、能力、符号资本和其他他们能应用的资源进行估计,然后选择那些能够最大程度地增进他们感情利益的方式"①。抖音用户在社区不断获得情感能量与共享体验,进一步促进更大范围、更大规模的用户互动与分享,抖音经此形成自己独有的互动仪式市场。

三、抖音基于互动仪式链的价值创造

柯林斯认为,在互动仪式链中存在互动仪式市场,人们之间的际遇涉及双方的资源、地位、交换等因素,因而人们的互动具有市场特征。在互动仪式市场中,人们利用情感能量与资本符号进行社会交往,呈现的虽然是社会交往过程,但在本质上是一种价值生产与交换的过程。与传统商品市场的价值生产与交换不同的是,抖音的互动仪式市场生产与交换的是情感与价值体验,并且抖音的生产主体与用户的关系不再是生产与消费的关系,而是价值共创的关系。

(一)抖音的价值生产

1. 抖音的价值生产主体

抖音的价值生产主体由平台供应商、平台经营管理者、平台用户等构成。抖音平台的供应商是今日头条,它主要为互动仪式市场提供资金与技术支持;抖音平台的经营管理者就是负责平台运营与系统服务的专业人士,他们对互动仪式市场进行经营、管理和日常维护;抖音的平台用户既包括专业的视频制作者与发布者,也包括普通用户,他们是互动仪式市场的情感交互与价值体验主体。

2. 抖音的价值生产方式

抖音的价值生产方式一是通过 PGC(专业生产内容)生产模式实现价值生产。一方面,抖音通过购买专业制作公司或制作人的视频版权,集合一定数量的

---

① 兰德尔·柯林斯,《互动仪式链》,商务印书馆 2009 年版。

视频存储于平台,然后通过数据检测、数据挖掘等技术手段测量平台使用者的兴趣偏好,针对用户的个人兴趣进行视频推送;另一方面,抖音与一些网红大V、明星签约合作,一起策划活动、发起话题挑战、制作主题视频,进行推广与传播,以热点引发共同关注,吸引用户收看。二是通过UGC(用户生成内容)生产模式实现价值生产。主要是在草根用户中培育抖音达人,用利益分成的方式鼓励达人进行视频原创内容的生产与上传,充分挖掘UGC的价值创造。三是通过普通用户的收看、点赞、评论、转发等行为产生的数据实现价值生产。没有用户的行为数据,抖音很难捕捉用户的兴趣,也不能准确判断用户的行为偏好,因而无法实现个性化推荐。所以,普通用户尽管没有进行视频的制作与上传,但他们的行为数据事实上成为价值生产必要的参考要素。

3. 抖音的价值生产关系

在传统的媒体价值生产体系里,受众处于价值链的末端,被视为价值的消费者。在抖音的价值生产体系里,用户的地位已经从价值链末端上移至价值链的生产环节,形成以用户为中心的互动仪式市场。在这个市场里,一部分用户既生产产品(短视频),也消费产品;还有一部分用户在消费产品的过程中通过个体的转发、评论、分享等行为对产品进行再生产、再传播,从而创造出新的产品价值。因此,在抖音的互动仪式市场里,用户不仅仅在消费价值,他们也在参与价值的生产。抖音与用户的价值关系不再是生产与消费的关系,而是共同创造价值的关系。

(二) 抖音的价值创造

让用户参与内容生产、实现价值共创并非抖音首创。但是抖音让用户参与内容生产,主要是通过互动仪式链让用户进行情感连接与共享,从而实现更大规模的价值生产与创造。

首先,抖音利用强连接功能建构互动仪式市场,聚集用户注意力,实现价值创造。众所周知,媒介竞争的焦点是争夺用户注意力。在移动互联时代,无论是媒体、组织或个人,在互联网空间里都成为网络节点,节点与节点之间的连接越多,互为渠道的结合点就越多,进行价值创造的接口就越多;节点与节点之间的互动分享越多,就越能产生稳定而紧密的价值共生关系。节点之间的多重连接也就更容易把有限的市场空间无限扩展,从而获取规模化的用户注意力市场。现今媒体的流量之争、端口之争,其实质就是争夺与用户进行连接的节点之争。抖音自今日头条孵化而生,它拥有具有超强连接的聚合与推送平台,拥有与众多用户进行连接的端口与节点。这些端口与节点为互动仪式市场提供了容量巨大的市场空间,为用户进行大规模的线上际遇与线下交互提供了自由、便捷的条件,使得抖音成为聚合用户注意力、引发用户参与价值创造的温床。

其次,抖音通过建构互动分享情境网络,增强用户黏性与价值体验,实现价值创造。在抖音的互动仪式市场中,短视频作为产品被生产或消费,同时也作为情感被体验或交流。围绕短视频产生的互动分享行为常常出现在以下情境中:一是专业生产者(短视频专业制作者)、抖音达人与普通用户之间的互动。互动行为表现为用户点击、浏览、点评、转发,生产者回复、修改、再生产。二是用户与用户之间的互动,表现为用户对同一视频或多个视频产生的讨论、交流、转发、分享等情感交互。这两种互动情境交织成以互动分享为特征的情境网络,形成一个巨大的情感交流市场,像一个具有吸附力的旋涡,吸引每一个主体在产品(短视频)的生产与交换中交付情感、交换价值体验。这样的高交互行为无形中增加了用户黏性,丰富了用户的价值体验,并进一步激发用户参与价值创造的热情。

最后,抖音通过个性化推荐机制,促进互动仪式市场中符号资本与情感能量的有效积累与流动,从而使价值在持续的、动态的、高交互的过程中产生。抖音的价值是由平台供应商、平台经营管理者、平台用户、平台利益相关者共同创造的。作为抖音平台供应商的今日头条,为价值生产提供了核心技术和资金支持。其中,今日头条的个性化推荐是抖音互动仪式市场的核心运行机制,它可以快速聚合符号资本与情感能量,也可以精准分发和推送个性化内容(短视频),以满足用户的情感需求。也正是基于个性化推荐机制,平台经营管理者才能准确把握用户的兴趣偏好,有目的地进行主题策划、焦点话题制造,引导用户参与、及时互动反馈;而平台用户依靠个性化推荐技术可以快速获得或找到个人喜欢和乐意参与的视频社区,找到兴趣相投的群体,并通过参与互动实现情感能量交换或自我价值实现的满足;平台利益相关者(主要是广告商)也可以迅速找到与自己品牌相关的用户群体以及与用户群体进行互动的渠道或方式,如广告商常常借助抖音达人的网红效应与达人粉丝进行品牌接触与互动,从而实现精准营销与推广。

四、抖音的借鉴与反思

安东尼·吉登斯曾说,现代化是"时空脱域"的过程,时间和空间被虚化,人和物从具体的时间和空间中解脱出来,进入被传播技术和信息虚化的空间。在虚化空间,面对面的身体在场交流被身体缺场的虚拟交往所取代,人们因此处于一个由信息创造的事件丰盛但体验匮乏的世界。① 随着网络技术、数字化技术和社会化媒介的兴起,非物质的、无固定场所的虚拟空间已经取代物质实体空间,人与人之间稳定的、可见的、可感的真实交往关系逐渐被流动的、虚构的、模拟的虚化关系所取代。其结果是人的交往空间被无限延展和放大,但身体的在场体验越来越少;人的自主性、能动性越来越强,但注意力越来越分散和漂移;人与人之间的联系越来越便捷,但人与人之间的关系变得越来越陌生。正如威廉·吉布森所说,当人们处于一个由数据构织的"电控空间"时,飘忽不定的时空感会让人陷入惊喜却癫狂、奇异却失真、热闹却孤独的情境之中。② 此时此境的现代人比任何时候更需要获得沉浸、交互、同构的体验。

基于数字技术和网络技术新兴的社会化媒介,如微博、微信等各种客户端都在致力于满足现代人的交互需求。抖音是由新闻聚合类客户端——今日头条孵化推出的短视频社区,其目的是以短视频为社交载体,以好看、好玩、好用来促进人与人之间的交流与互动,满足人的交互、沉浸、同构美好生活的需求。抖音的问世顺应了时代变迁和用户需求的变化,它以用户为中心、以个性化推荐为支点,开辟了便捷的交互空间,提供了情感共享的体验渠道,建构了丰富的交互情境,形成了稳定、持续、广泛的互动仪式市场。

抖音的另一成功之处在于,它打开了用户参与价值生产与创造的大门。"与用户共同创造价值",不仅是互联网时代企业重构价值生产体系、赢取市场竞争优势的不二法门,也是传媒价值创造的新方式、新路径。抖音的母体今日头条,开辟出了一个偌大的个性化新闻需求市场,但它将用户视为需要个性化服务的对象,自己则扮演着精准服务员的角色。抖音平台,则将用户视为具有能动性的创造者,抖音鼓励用户创造、上传并分享短视频,将其纳入价值生产体系,共同创造价值。

抖音的成功对于新旧媒体来说,均有可借鉴之处。在传统的媒体市场逻辑中,媒体是市场的主导性力量,媒体占据着信息生产与传播的主导权,控制着为数不多的传播渠道。它们以自身的价值考量为基础,选择、加工、生产、传播信息来建构注意力市场,它们甚至能借助于政治、经济、文化、社会等各种结构性力量来掌控传播链上的每一个环节,使信息生产和信息消费具有强大的规制性。而

---

① 胡泳,《众声喧哗:网络时代的个人表达与公共讨论》,广西师范大学出版社 2008 年版。
② 同上。

受众的主体性被忽视,个性化需求得不到满足。进入互联网时代,数字媒介技术赋予受众更多的自主权利,他们不仅可以在各种媒介空间自由出入,而且还获得某些信息生产与传播的自主权,结果就是传播领域的权利下放,受众自主权不断提升。传统媒体的结构性力量被消解,其建构注意力市场的模式逐渐失效。传统媒体需要学习抖音,顺应时代的变迁,以用户为中心来重构自身的价值生产体系,积极寻找与用户进行价值共创的方式和路径。

抖音的存在也引起了一些隐忧,这来源于它的个性化推荐机制。个性化推荐使用算法把关和推荐,鼓励用户收看或浏览他们喜欢的内容,过滤掉他们不想要的内容,事实上创造了一个封闭性结构,使人们沉迷于一成不变地消费那些他们喜欢或赞同的内容。这种封闭性结构会强化用户的态度和信仰,长此以往,可能会让这些态度和信仰更加不可代替、更加极端,最终会导致用户与其他群体、用户与社会产生隔阂与断层,使社会处于分裂的危险之中。[①] 此外,依赖数据进行的算法把关,使得平台的价值判断屡次出现问题。一些违反社会主流价值观或具有误导性的视频被平台审查通过并传播,造成极坏的社会影响。如在抖音广告中出现侮辱英烈邱少云的内容;有模仿热门的空中翻转视频,导致儿童遭遇危险;还有偷盗奔驰车标引发用户竞相模仿。这些都提醒抖音以及其他新媒体在追求商业利益的同时,也要慎思企业的社会责任,积极寻找一条可持续发展的道路。

本章小结

本章从价值链管理和价值共创理论的视角,分析了移动互联时代媒体市场的竞争已经转向以平台为核心的竞争,媒体的竞争优势取决于媒体与平台用户进行价值共创。与用户价值共创是一种价值生产与创造过程,因而需要建构相应的流程来设计、安排、调控或管理共创过程的各个环节。由于用户的非专业性或草根性,若不进行有效管理,其交互、共享、共创的行为并不是都产生好效果的,有时甚至会造成破坏或损失。因而还要制定相应的奖惩制度,设立安全应急机制、成立平台社区责任制,有效引导并管理用户的价值共创行为,使其促进平

---

① 詹姆斯·韦伯斯特,《注意力市场:如何吸引数字时代的受众》,中国人民大学出版社2017年版。

台的价值产生与创造。此外，为使用户价值共创成为可持续的、有竞争力的价值创造系统，媒体还需要不断提高或改善用户信息交互与平台共享的能力，让用户在信息交互、平台共享与价值共创过程中开展更多的价值生产与创造，使"中央厨房"成为价值增值的平台空间。

  价值共创是媒体建构竞争优势的来源，为保证媒体组织具备持续的竞争优势，主流媒体应该着力建构融媒体平台的核心能力。建构的重点是以"信息交互、平台共享、价值共创"为核心的能力系统。信息交互不仅是平台共享、价值共创的前提和基础，而且信息交互本身也是一种价值共创活动。共享既是一种行为，也是一种关系，是移动互联时代进行价值生产与创造的主要方式。价值共创是数字经济时代平台进行价值创造，获取竞争优势的主要来源。本章从理论和实践操作层面为融媒体平台建构以交互、共享、共创三大核心能力的价值创造系统提出了详细的建设策略。本书以案例的形式深度解析了融媒体产品共创模式、基于个性化推荐机制的价值共创模式、基于互动仪式链的价值共创模式。

第五章

融媒体平台价值生态系统的建构及产业模式创新

主流媒体借助数字技术建设融媒体平台,进行价值链的优化与产业结构的调整。随着数字2.0时代的到来,人工智能、大数据、云计算、物联网、5G通信等将成为社会生产和社会生活的公共基础设施,跨界、融合、流动、共享成为新常态。媒体产业的边界将更加开放,媒体的功能愈加多元,媒体的生产将更加智能。媒体将在更大范围、更加广阔的层面嵌入社会系统,成为各行各业的连接器与服务器。为此,主流媒体需加快融媒体平台的价值生态系统的建构,基于生态位战略确定平台的市场结构,建构适应数字经济发展的平台商业模式,通过系统创新和协同治理实现产业模式的持续创新。本章首先从数字经济时代的媒体产业竞争趋势出发,详细解析在数据成为新的生产要素及价值创造能源后,媒体的竞争将从价值链竞争转向价值生态系统的竞争。然后基于价值生态系统理论探讨融媒体平台建构价值生态系统的可行性路径,以及进行媒体产业模式升级与创新策略。

第一节 媒体产业竞争的转向:从价值链到价值生态系统

数字经济时代,数据成为新的生产要素、新的价值创造能源。数据的流动与共享,打破了传统的业务边界,使各种资源和要素可以跨边界使用与整合。数据还借助数字技术(主要是算法)参与价值创造,并与产品相结合,形成"数据+算法+产品"的运作机制和商业流程。如今,"数据+算法+产品"也已成为新兴平台媒体的主要商业模式。未来任何组织的发展都需借力数据、算法、平台来实现产业结构的优化与产业模式的创新。数字经济的发展还带来经济组织的变革,数字化平台不仅是数字经济发展的基础,而且是加速资源优化配置的组织系统。以数字化平台为中心形成的价值生态系统将取代传统的价值链系统。媒体产业的竞争将集中在价值生态系统的有效运行与良性发展上。

一 数字经济时代的价值生态系统

数字经济,是指以使用数字化的知识和信息作为关键生产要素、以现代信息网络作为重要载体、以信息通信技术的有效使用作为效率提升和经济结构优化的重要推动力的一系列经济活动。[①] 与信息经济以"信息"为核心生产要素不同的是,数据成为数字经济最核心的要素。在经济活动中,数据成为高速流动的介质,在网、云、端上集聚信息、输送资源、增加价值;而大数据、云计算、移动互联网、人工智能、智能终端等成为数字经济时代的通用技术,数据利用这些技术驱动产业融合,催生出新的经济形态——"平台经济+共享经济"。

在新兴的数字经济中,数据将作为最重要的生产要素参与价值创造,而数据背后的算法则成为价值创造的核心动力机制。平台为算法和数据提供运作的空间,同时又依靠数据和算法维持运转。"数据+算法+平台"成为主流的经济运作方式,平台将成为经济活动中最有活力的组织系统。平台的发展,创造了全新的商业环境,产生了新的价值生态系统。平台可以将无数的供给者和需求者连接在一起,实现精准匹配,使双方以最低的沟通成本实现信息的高效流动。超大规模的用户数及其背后庞大的生态体系使平台成为结构复杂、功能丰富的价值生态系统。

二 平台价值生态系统的构成及特征

在生态系统论视野下,平台价值生态系统是指由平台企业(即平台所有者)、

---

① 汤潇,《数字经济》,人民邮电出版社2019年版。

平台用户、平台的互补企业(即互补产品或服务的供应商)、其他利益相关者(跨平台合作方、与平台有间接利益关联的各种组织等)及周边环境共同构成的网络。平台生态系统还被视为由平台组织借助互联网技术所搭建起来的系统,是支撑平台组织、平台互补产品提供者和平台用户之间共创价值的结构。在复杂生态系统观里,平台价值生态系统在本质上是一个由低到高、层层自组织涌现的复杂适应系统;行动者是构成复杂适应系统最基础的元素。行动者包括人类行动者(平台用户、平台组织、互补性企业、利益相关者)和非人类行动者(5G、人工智能、大数据等)。

价值生态系统不似自然界生态系统自发形成,而是由特定的组织根据特定的目标构建而成。平台价值生态系统的构建目的是吸引用户、聚集用户,并促进用户互动,形成具有网络效应的双边市场。价值生态系统的建构者为实现这一目标就需要运用技术手段为用户搭建一个"栖息地"(平台),并制定相应的标准和规则来引导和协调用户的行为。如媒体平台的价值生态系统由媒体企业来建构。

从组织结构来看,平台的价值生态系统由平台企业、用户、利益相关者、技术系统及周边环境构成。从功能结构来看,平台的价值生态系统由扮演建构者的平台企业、扮演生产者和消费者的用户、扮演第三方合作者的组织、扮演分解者的各种技术支持系统以及所处的环境构成。平台企业负责整个价值生态系统的运转,而用户是最核心的价值创造者,各种技术支持系统将帮助平台企业挖掘用户数据价值、优化用户体验,是促进价值生态系统良性循环的关键要素。

生态系统常常是一个相互联系、相互作用的复杂有机体,具有信息传递、能量流动、物质交换的功能。平台的价值生态系统具有一般生态系统的功能特征,但又不同于一般的生态系统。首先,平台的价值生态系统主要存在于由信息技术构成的虚拟空间,具有网络的开放性与共享性,可以容纳任意数量的栖息者,完全突破了地理空间的限制。其次,平台的价值生态系统的主体是多元的、自主的。用户是平台的核心主体,是所有栖息者的统称,用户的构成成分复杂多样、身份各异。从用户的功能属性来看,有提供产品或服务的生产者,有只获取产品或服务的消费者,还有既提供生产又进行消费的产消合一者。与传统价值链中的顾客有着本质不同的是,用户具有自主性和能动性,是价值生态系统建构的起点,也是价值生态系统存在的基础,还是价值生态系统实现价值创造的核心主体。再次,平台的价值生态系统是开放的、动态的。开放性表现在资源开放,即系统所提供的资源并非由平台自产自销，而是由平台引入或聚合外部系统的资源提供给消费者，如很多的腾讯视频平台，除了一部分自制的视频资源外，大量的视频资源来自其他合作方，如电视台、MCN（多渠道网络服务）机构、自媒体等。开放性还表现在组织结构的去中心化，"大平台＋小前端"消解了自上而下、等级森严的金字塔组织结构，构建了更多无边界的、松散的、自由灵活的网络状的组织。动态性则表现为价值生态系统并不是一蹴而就、一成不变的结构体系，而是一个随着系统主体和环境变化而不断演化的系统。此外，平台价值生态系统还具有自组织演化的特性。平台化是一种开放的系统，系统内的单元细胞（各种主体、社群）是自由的、无差序的协作状态，是共生互利的关系。因此，平台的生态系统可以实现无指令的自我演化与发展。

三 平台价值生态系统的动力机制

在价值生态系统中，所有主体的活动都呈现出高度的数据化，即所有行为主体的活动都被识别和记录成数据，而数据可以借助数字技术进行流动与共享，产生价值。算法是数据转变成价值的动力机制。所谓算法，是指以大数据、云计算、人工智能、物联网技术为基础，可以用计算机程序实现的、基于数据分析、面向特定目标的一套指令或方案。[①]

海量的数据如果不被算法挖掘和分析，是没有价值的；只有经过了一定程序的统计、存储、计算、分析，数据里包含的信息和规律才能被识别和利用。平台上存在海量的用户，用户的身份和需求千差万别，只有依靠算法对用户数据进行分析和处理，才能将供需关系和供需匹配进行精确匹配，才能保证平台市场机制的正常运作。

数据驱动的本质是算法驱动，数据参与价值创造的过程是算法在行动和参与。因此有学者认为，在平台的价值生态系统中，算法作为非人类行动者，在价值生产与创造、供需匹配、共享共创关系的建构方面扮演越来越重要的作用。算法是隐形的价值创造者，是与人类行动者共同创造价值的核心力量，是平台价值生态系统可持续发展的动力机制。

综合来看，价值生态系统的基础和核心是以新一代互联网技术、大数据、人

[①] 彭兰：《生存、认知、关系：算法将如何改变我们》，《新闻界》2021年第3期。

工智能、物联网、区块链为神经网络，以算法为动力机制，以种群为单元细胞，以自组织演化为特征的在线组织系统。如今，随着数字技术和数字经济的进一步发展，诞生出多种类型的价值生态系统，有阿里巴巴、腾讯、百度等超大型的价值生态系统，也有以视频、游戏、阅读、健身、理财、教育、医疗为主的专业价值生态系统。价值生态系统的存在形态通常以 App 或网络客户端为主。

四 数字经济时代媒体产业竞争的转向

数字经济时代，即时通信技术彻底改变了信息传播的模式，点对点的碎片化传播、社会化的信息生产、个性化的新闻推荐成为主流的传播方式。以平台为中心，以"互联网+"为逻辑、以"C2B"（从消费到生产）为范式的产业竞争正席卷媒体行业。"大平台+小前端"将成为普遍的组织形式。所谓的大平台就是以云计算、大数据、人工智能等为原型架构，可以支撑大规模线上活动的组织系统；小前端则是指被平台赋予自主权并利用平台进行各种交易活动的，即各种各样的平台用户。如微博（平台+海量用户）、人民日报社的全国党媒信息公共平台（平台+2000多家入驻媒体）。

"大平台+小前端"是一种具备价值生态系统特征的新型产业组织。大平台是一种具有容纳多种生物群落，并为其提供各种资源以满足其物质和精神需求的功能系统，它通过某些功能特性吸引大量的用户进驻并栖息其中，进行各种交易、社交或娱乐活动，然后又根据用户的行为数据来改善系统环境，优化用户体验，开发增值服务以获取利益。而被吸引加入平台的用户，因某些共同的特征或偏好形成价值种群，各式各样的价值种群集合成价值群落，这些价值群落与支撑其发展的平台系统环境进行着物质能量的交换与循环，形成互惠互生、共创共享的价值生态系统。用户是价值生态系统的重要生产者，也是生态系统中的主要消费者，用户使用平台的过程是价值创造活动的核心环节，开放共享共创是价值实现的主要方式。以腾讯为例，腾讯通过微信建构起社交大平台，并通过微信号、朋友圈、微信群等功能的设置吸引大量的用户进驻微信平台，集聚了大量的用户资源和数据，然后通过大数据、云计算等技术分析用户的信息，构建新的服务体系（如微信支付、微商），不断提升用户体验，开发新的增值服务，扩大产业组织功能。

媒体产业的竞争不再是价值链某些环节的竞争，也不是产业价值链的延伸与扩展的竞争,而是围绕"大平台+小前端"的价值生态系统的竞争。具有建构、维护和控制大平台价值生态系统能力的媒体,才可能获得大规模的注意力市场,赢取经济效益和社会效益。

第二节 融媒体平台价值生态系统的建构

融媒体平台是主流媒体借助数字技术进行组织结构优化、实行产业升级的手段和方式。随着融媒体平台的建立,主流媒体的组织形态逐步向"大平台+小前端"靠拢,媒体的产业结构向数字化、平台化方向发展。融媒体平台逐渐成为主流媒体进行资源整合与跨界竞合的工具。随着"媒体+"深度融合的推进,融媒体平台将担负更多的功能,将连接更多的行业、组织或个体,将参与更大范围的市场竞争。主流媒体需审时度势,加快融媒体平台价值生态系统的建构,实现从价值链到价值生态系统的跃迁。

一 融媒体平台价值生态系统用户资源的建构

由于用户是价值生态系统的基础和核心,因此吸引用户、聚集用户是构建融媒体平台的价值生态系统的首要目标。在数字时代,人们借助于互联网技术和数字技术,可以轻松地从一个平台转移到另一个平台,可以同时使用一个或多个平台进行生产与消费。人们越来越像平台"游牧民",可以随心所欲地进行跨平台、跨时空、跨媒介流动。平台"游牧民"的注意力是分散的、流动的、自由漂浮的,不受任一平台的垄断与控制,因而吸引、捕获、留住平台"游牧民"的注意力愈加艰难。

主流媒体作为融媒体平台的建构者,首先要了解、发现用户的需求。在数字经济时代,用户的需求是千差万别的,媒体既可以根据长期积累的用户数据进行分析,也可以通过广泛调研获取新的用户数据进行捕捉。其次,主流媒体应该根据用户的需求设计平台的功能和运行规则。例如,平台的功能规划、页面和布局设计、UI界面配色、业务逻辑的交互;数据库的搭建、服务端的开发、项目测试、小前端的开发与设计;等等。为保障平台与用户、用户与用户之间的互动,还需要建立相应的规章制度,如注册制、服务使用协议、隐私保护协议等。再次,要吸引用户进驻平台。持续的拉新活动是吸引用户进驻平台的主要手段。通过广告宣传以提升融媒体平台 App 的知名度，或者用新媒体运营将用户导流到融媒体平台。广告宣传虽然传统，但借用数字技术和信息技术可以改变广告宣传的方式，比如用可视化、场景化的手段增加广告的到达率。借助微信、微博、视频网站等培育"粉丝"，再将"粉丝"引流，也是一种有效方式。还有就是线下地推，在人群密集的地方、人流量较多的空间，以传单、扫码、赠送礼品、校园活动等方式增加用户。中央广播电视总台在推出"云听"App 时，就以命题企业的身份加入大学生广告节赛事，以此在大学生中提高知名度。以老拉新也是吸引用户的惯用手段，"分享赚钱"、"邀请好友，获代金券"、"邀请新人，获大礼包"，这种物质奖励，一方面可以激励老用户参与平台的品牌传播，另一方面也可以获取新的用户。

用户和平台是一种松散的关系，任何平台都难以通过权威、严格的协议来约束用户。并且用户可以自由进入各种价值生态系统，多地栖息，如同一用户既可以是微信生态系统的一员，也可同时是抖音生态系统中的一员。因此，留存用户是平台建构价值生态系统的关键目标。融媒体平台需要建立用户留存机制，将更大规模的用户群留在价值生态系统里。一是要建立用户反馈机制，及时收集、分析用户反馈，并根据用户反馈进行持续的改进与创新，不断提升用户体验。如微信从 2011 年到 2021 年总共进行了大约 100 多次的版本更新，每一次版本的更新都会进行主要功能的更新，以提升使用效果。新华社的"现场云"App 也先后进行了四次迭代，增加了更多智能化功能，提升了新闻生产与传播的效能。二是要建立个性化推荐机制。用户的兴趣、偏好各不相同，用户的个性化需求日益强烈。融媒体平台的内容资源丰富，但千篇一律的内容不能满足用户需求，因此建立个性化推荐机制对用户实现"一对一"的个性化服务与精细化运营，是留存用户的必要手段。三是要建立用户活跃度提升机制。留存用户的目的是增强用户的忠诚度，提升用户的活跃度则是为了增强用户与平台进行互动以形成更多的价值共创，使整个价值生态系统充满生命力与创造力。要提升用户活跃度，首先得有便捷的入口，可以让用户自由参与、使用方便。这就要求在小前端的设计上，更多从用户简单好用的角度出发。如微信设计开发许多小程序，就为用户提供了多样化的服务渠道，用户可以在社交、阅读、购物、充值、视频、缴费等不同端口自由切换，极大地提升了用户的使用频率。此外，建立用户成长体系，有助于提升用户的积极性。平台应该将用户在价值生态系统中的各类活动数据化，在此基础上建立分层、分等级的用户管理。如根据用户的活跃度和贡献度设计会员等级制,对不同等级的会员实行物质和精神奖励——网易云 App 会根据用户的登录次数和听歌数量设计十个等级,等级高的用户可以获得更大的云盘免费容量。

二 融媒体平台价值生态系统动力机制的建构

在数字经济时代,算法是平台价值生态系统核心驱动力。没有算法,平台系统无法正常运转,也无法进行价值生产与创造。主流媒体要想通过融媒体平台实现吸引用户、提升核心竞争力的目的,就要注重动力机制的建构。

算法赖以存在的基础是数字技术信息系统,要想使算法具备高效的运算力,就必须加强数字技术信息系统的软硬件设施的建设,对设备进行改造与维护,对软件进行升级迭代。这无疑需要投入大量的资金和技术人才,成为媒体平台转型升级的软肋与瓶颈。一些主流媒体加快了转企改制、上市融资的步伐,还有一些媒体开拓与技术公司合作的渠道,加快技术引进与开发。这都有助于搭建价值生态系统的动力基础。

算法的首要功能在于进行用户数据的分析和管理。在价值生态系统中,用户是进行价值创造的主体,对其行为及偏好进行跟踪管理是平台与用户进行价值共创的前提条件。融媒体平台要根据用户管理目标设计算法程序。如融媒体平台要实现吸引海量用户的目的,就要设计算法程序对用户的兴趣、偏好进行持续跟踪、检测与分析,按用户的需求提供相应的产品或服务。融媒体平台要想充分挖掘用户粉丝群的价值,就需要设计算法程序对用户进行标签化管理。不同的算法程序扮演不同的协调管理功能,以促进价值生态系统的良性运转。

一个稳定有序且充满活力的价值生态系统,需要强有力的供需匹配机制。供需匹配是整合市场资源,调配生产关系,提高交易能力的关键。基于大数据和人工智能的算法作为平台的核心动力,它在资源、关系、能力的匹配方面发挥关键性作用,被称为"数字平台资源配置的新范式"。做得风生水起的社交媒体平台、短视频平台,其价值生态系统的资源匹配、价值创造都离不开算法,算法作为非人类行动者,借助技术的力量,与人类行动者共同建构了大规模的注意力市场,创造了非凡的价值。以短视频平台为例,自 2016 年起,以抖音、快手为代表的短视频平台不断崛起,其用户规模、广告市场急剧增长。据 CNNIC 发布第 47

次《中国互联网络发展状况统计报告》显示,截至2020年12月短视频用户规模为8.73亿,占网民整体的88.3%。① 据艾媒咨询调查数据显示,2020年中国短视频市场规模达到1408.3亿元,2021年预计接近2000亿元。② 在数字经济时代,注意力依然是信息经济中首要的稀缺资源,短视频平台能够快速建构起如此规模庞大的注意力市场,成为价值增长最快的平台型媒体,算法功不可没。为更好地揭示算法在价值生态系统中所起的作用,本书以短视频平台为例,深入分析算法如何匹配短视频平台的供需、如何驱动整个价值生态系统的价值共创,为主流媒体建构融媒体平台的动力机制提供参考。

[案例分析]算法行动者:短视频平台价值创造的核心力量

一、算法:建构短视频平台注意力市场的动力机制

短视频平台并不是传统意义上的媒介生产组织,它是"一个聚集各方资源、集成传媒产业链中各个模块的中间性组织"③。一方面,它借由网络技术为内容生产者和阅读消费者建构交互的空间;另一方面,它又借助算法中介连接内容生产者和阅读消费者,并通过协同过滤机制和个性化推荐机制为所有生产者和消费者提供交换服务和资源整合。短视频平台在本质上是供需双边市场的中介组织。它同时还是媒介测量机制的制定者与使用者,它利用算法来建构市场规则、配置供需资源、管理用户价值交换。作为行动者的短视频平台用户,已经成为有目共睹的能动者,他们从平台那里得到很多新的工具(搜索引擎、算法推荐机制、可视化软件等),这些工具不仅能够让他们便捷地选择和消费,还能让他们在消费的过程中通过点赞、评论、转发等方式参与内容的再生产、再传播。无论是抖音、快手,还是微视频,他们主要的内容资源来自UGC。技术赋能与平台赋权使用户越来越具有产消合一的特征,他们既是生产者也是消费者,在平台市场结构中用户可以在两种角色间快速切换,成为复杂多元的行动者。

短视频平台注意力市场在本质上是由平台、用户及算法机制共同组成的价值交换系统。平台依靠算法获取用户信息,通过算法将平台内无数种临时的供

---

① 中国互联网信息中心,第47次《中国互联网络发展状况统计报告》,https://www.cnnic.cn/n4/2022/0401/c88-1125.html.
② 艾媒咨询,《2020—2021年中国短视频头部市场竞争状况专题研究报告》,https://www.iimedia.cn/c400/76654.html.
③ 谭天,《基于关系视角的媒介平台》,《国际新闻界》2011年第9期.

需关系聚合、分类,将多种利益主体或利益结构建构成一个复杂的网络交换市场,对交换市场进行持续的管理。而用户借助算法获得个性化需求的满足,同时又能通过自己的行为反向建构算法机制,从而影响平台对资源的配置,推动新的关系结构的产生。算法作为"市场信息机制"和"用户信息机制",为短视频平台与用户的交互提供了结构和规则。没有算法,平台与用户很难进行持续互动,也就很难形成大规模的注意力市场。

二、算法:短视频平台的价值共创机制

在生态系统论视野下,平台生态系统是指由平台企业(即平台所有者)、平台用户、平台的互补企业(即互补产品或服务的供应商)及其他利益相关者(跨平台合作方、与平台有间接利益关联的各种组织等)共同构成的网络。平台生态系统还被视为由平台组织借助互联网技术所搭建起来的系统,是支撑平台组织、平台互补产品提供者和平台用户之间共创价值的结构。在复杂生态系统观里,平台生态系统在本质上是一个由低到高、层层自组织涌现的复杂适应系统;行动者是构成复杂适应系统最基础的元素;行动者包括人类行动者(平台用户、平台组织、互补性企业、利益相关者)和非人类行动者(5G、人工智能、大数据等)。

平台生态系统的价值共创区别于传统企业的价值共创活动,平台企业不仅是基础架构的提供者,还是价值生产活动的主导者,它通过流程和接口等手段引导生态系统内各利益主体通过竞合互动和资源的整合进行价值创造。而平台用户也不同于传统的消费者,是借助技术赋能与平台赋权越来越多地参与价值生产,成为具有产消合一特征的行动者,他们在与其他利益主体进行交互的过程中既消费价值又创造价值。价值共创是一种持续的、系统的、高度动态的交互过程,而以 5G、人工智能、大数据等为基础的算法机制在交互的过程中扮演越来越重要的作用。在万物互联的时代,平台企业只有借助算法机制才能持续有效地推动生态系统的交互行为,才能实现价值共创。

短视频平台是以短视频为媒介形态的媒体组织,是一种平台型媒体。从社会信息系统的视角来看,平台媒体处于网络化社会信息传播的枢纽位置,是新型新闻生态系统中的重要行动者[①],它通过互联网新技术和数字媒体技术建构起一个巨大的传播网络,为参与其中的内容生产者、阅读消费者、企业组织、广告代理商及其他利益相关者提供服务交换与资源整合。从平台生态系统的视角来

---

① 张志安、姚尧,《平台媒体的类型、演进逻辑和发展趋势》,《新闻与写作》2018 年第 12 期。

看,平台媒体是基于平台战略而形成的在线的自组织社会信息传播系统①;平台媒体的技术支撑是网络新技术,以网络新技术为基础建构起的系统结构是开放的、平台化的。平台化的本质决定了平台媒体是一个参与分享、协同激励和价值共创并存的社会型平台组织。②

短视频平台作为媒体型平台企业,它的价值共创主要围绕注意力来进行。在短视频平台的生态系统中,存在大量的行动者——平台组织、短视频内容生产者(包含专业的媒体机构、MCN 机构、知名 IP、大 V、个体)、平台互补性企业主体(平台的上下游供应商、跨平台合作方)、广告商及广告公司、消费型用户等。还存在非人类行动者——大数据、人工智能、算法。短视频平台的价值创造来源于系统内所有行动者的资源和能力的整合,而整合的关键在于行动者的协同互动。平台组织是协同互动的主导者,它通过互联网技术和数字化设备搭建平台的基础设施,为平台内的其他行动者提供注意力交换的空间;它依靠算法机制建构平台系统的交互规则,并依靠算法匹配供需。而作为平台价值生产主体的内容生产者依靠算法的用户画像功能寻找目标消费用户,而消费型用户则依靠算法的个性化推荐机制获取喜欢的视频内容。没有算法,平台内的所有行动者都会处于盲目无序的状态,无法建立有效连接与互动。作为非人类行动者的算法在建构短视频平台的价值生产与交换、实现价值共创方面起着关键性作用。

三、算法匹配短视频价值生态系统的供需

(一) 算法对资源的匹配

短视频平台是以短视频为媒介产品、以流量产消为目的的交易市场。短视频和用户是交易市场的两大核心的资源,也是供需两侧需要匹配和整合的资源。因技术的赋能、平台的开放、资本的加持、流量红利的刺激,投入短视频生产的组织、机构和个人越来越多,短视频的数量日如井喷。而充满自我表达和社交需求的转型期大众,因智能设备的广泛使用和短视频平台简洁、开放、灵活多变的使用场景,而大规模涌入平台市场,成为需求旺盛的用户。海量的资源、海量的用户,如何将其连接与匹配? 人力无一胜任,非人类行动者——算法却可以大显身手。

短视频注意力市场经营的是流量经济,因而算法的逻辑是以流量为目的进

---

① 吕尚彬、戴山山,《"互联网+"时代的平台战略与平台媒体的构建》,《山东社会科学》2016 年第 4 期。
② 权玺,《平台媒体:构建平台化的自组织在线社会信息传播系统》,《当代传播》2017 年第 6 期。

行资源的匹配。算法被用于数据采集、内容聚合与分发。首先,算法对供给侧提供的短视频内容进行数据化采集和甄别,并对其进行标签化处理,即按一定的主题、风格或意义进行编码、分类、储存,形成视频资源数据库。其次,算法根据用户信息或数据建构用户模型。比如通过用户注册信息、上网浏览痕迹、消费购买记录、媒介的使用等数据对用户画像,并深度挖掘用户数据,对用户资源进行标签化处理,对用户的个人属性、行为属性、社交属性以及兴趣/偏好等按属性标签、兴趣标签、行为标签、场景标签、定制化标签等进行分类,形成用户资源数据库。接下来,算法的协同过滤机制和个性化推荐机制实行内容分发,将相同或相似主题的视频推送给想看的个人或有相同兴趣的群体。如抖音会根据用户的兴趣属性(个人偏好和习惯)来进行短视频内容的推荐,算法系统会优先推送与用户最近浏览过或经常浏览的类别相似的视频内容。快手则偏重于根据用户的社会属性,其算法会根据有相似的生活经历、相同的社会群体来进行短视频内容的推荐。而微视频是根据用户的社交属性来进行内容的推荐,其算法会依据微信好友的关系来推送视频,比如由你所观看过、点赞过的短视频系统会自动推荐给你的好友。正是基于算法,各类短视频平台的供需得以匹配,市场的资源得以整合。

(二) 算法对关系的匹配

算法对关系进行匹配,"就是能筛选、计算出合适的关系进行连接"①。短视频平台是以社交为纽带、以流量产消为目的交易市场,关系的连接是注意力市场形成的基础。在短视频平台,算法基于人类行动者的行为轨迹所形成的数据进行计算和分析,筛选出用户与视频、用户与内容生产者、用户与用户的相关性,再按照关联性或聚类性规则进行连接,并对这种连接进行持续的追踪、演算与调适,形成动态的关系反馈回路。关系反馈回路就是被连接的双方或多方,能实时了解彼此的动态或影响,从而不断调整自己的行为过程,由此形成或中断或继续、或临时或持久的关系。是故,在算法的匹配下,"平台在特定时空中所展现的状态,都是各种相对独立的利益体之间短暂的供需关系的临时集合"②。这种临时集合的关系是新型的产消关系,它是灵活多变的、流动的、充满权变性的关系

---

① 彭兰,《生存、认知、关系:算法将如何改变我们》,《新闻界》2021年第3期。
② 姬德强,《平台理论视野中的媒体融合——以短视频驱动的媒体融合为例》,《新闻与写作》2019年第6期。

结构。与传统的建制化的注意力市场关系结构相比,这种基于算法匹配的新型产消关系更具有创造力。因为生产者比以往任何时候都能及时获知市场信息和消费反馈,从而提高生产效率;作为消费者的用户比以往任何时候都具有自主性和能动性,他们可以打破产消界限,从价值链的末端跃迁到生产端,变身为价值的创造者。

正是因为算法具有随时建构新型产消关系的能力,所以以短视频为产品媒介的注意力市场,既能满足移动互联网时代社会大众对短、新、活的碎片化娱乐与临场感社交的需要,也能满足平台经营管理者、视频创造者、广告商对流量超速变现的需求。并且,由算法匹配的市场关系,在结构上具有开放性、流动性,可以在短时间内聚合大规模的信息流、关系流,成为注意力集中交换的市场,如短视频 App 中的直播带货现象。还有,因算法的聚类推荐而形成的圈层关系,也极易形成圈层传播和圈层经济,如快手的草根圈层,就聚合了大量社会中下层和中低年龄群体。

(三) 算法对能力的匹配

能力是一种隐性资源,在注意力市场中表现为市场组织者的协调管理能力、生产者和消费者对资源的使用能力、各利益主体关系的协调能力等。这些能力资源集中在一个市场内,需要整合和调节,才能产生市场价值。算法机制发挥着整合与调节的作用,这主要体现在以下几个方面:(1)算法的标签化管理,为注意力市场的所有行动者提供身份、对话、声誉、共享,以便他们与外界进行资源交换和对话协商。有些短视频平台要求用户自我贴标签,然后由算法以此为元数据,对用户进行身份标签化管理;有的短视频平台是由算法根据用户行动产生的各种数据进行计算,再贴标签。标签化既赋予用户自我描述身份的权利,也赋予用户某种身份或声誉(如流量明星、大 V、头部 IP)。标签化还简化了对话与协商的连接过程,降低了交互的成本,从整体上提高了平台生态系统建构关系网的能力。(2)算法通过评价、竞争排序,帮助行动者更好地匹配需求和资源,激发更多的参与与投入,进而提高行动者资源整合的效率。比如算法通过对短视频的完播率、点赞量、评论量、转发量等数据进行统计分析后,筛选出评分高的短视频投放到更高一级的流量池中进行更大范围的推荐。[①] 这种"流量叠加推送"进一步扩大了视频内容的传播范围,为生产者带来更多的流量变现机会,从而激发其调

---

① 田龙过、牟小颖,《短视频平台算法推荐机制对主流媒体新闻平台的启示》,《出版广角》2021 年第 4 期。

第五章 融媒体平台价值生态系统的建构及产业模式创新

动所有资源以创造好作品、新作品的热情与能力。(3)算法模块管理提高系统协同创新的能力。短视频平台的数据系统是基于云计算的新一代数据中心——模块化数据中心来部署的,短视频平台在本质上是模块化组织。基于模块化数据中心进行的算法模块化管理能够为短视频平台提供智能管理、精细运算和定制化服务。① 算法模块能够明确分解与整合平台系统内外的资源,使平台组织具有适应动态环境的能力,如依据算法模块,平台经营管理者能够很好地审查与判断视频资源的产消情况,并制定相应的管理措施,如对优秀的视频资源给予奖励(如分配更多的流量、提供资金扶持、更多的分成等),对引发不良市场反应的资源或关系给予惩罚(如关停视频账号、降级处罚)。依据算法模块,视频生产者可以进行更加独立的创新活动,使注意力市场产品的种类更加丰富,从而满足个性化时代用户的消费需求。

四、算法驱动短视频注意力市场的价值共创

任何形式的价值共创都离不开交互共享,交互是实现资源整合、建构竞合关系的核心纽带,而共享是推动价值创造、实现价值增值的有效方式。短视频平台为行动者参与价值共创提供了交互共享的空间,但是促进交互与共享的动力机制是算法。

(一) 算法中介建构价值共创关系

"算法已经成为人与万物的一种中介;算法的中介作用,既表现为认知的建构,也表现为关系的建构。"②"算法本身就是一种媒介,一种更高意义上的媒介——它正利用其联结属性建构、匹配与调适价值关系。"③在短视频注意力市场的供需关系中,算法扮演连接内容生产者与阅读消费者的"中介"角色,它通过协同过滤机制让双方在平台这个虚拟空间得以相遇,又通过个性化推荐机制让双方各得其所;还通过交互机制让双方不断交换彼此的资源,建立共享共创的价值关系网。不仅如此,算法还通过技术赋能普通用户,从内容生产的基底层开放了供给侧的结构④,让一些原本处于价值链的末端或价值网边缘的普通用户,参与视频内容的生产,实现从价值网边缘向中心移动或跃迁。越来越多的用户成为具有产消合一功能的行动者。产消合一行动者的出现,完全打破了传统注意

---

① 芮明杰、张琰,《模块化组织理论研究综述》,《当代财经》2008年第3期。
② 彭兰,《生存、认知、关系:算法将如何改变我们》,《新闻界》2021年第3期。
③ 喻国明、耿晓梦,《算法即媒介:算法范式对媒介逻辑的重构》,《编辑之友》2020年第7期。
④ 王冬冬,《相遇不相知:算法时代的文化景观重构》,《探索与争鸣》2021年第3期。

力市场单向的、线性化的价值生产关系,形成了生产即消费、社交即阅读的新型价值关系。

（二）算法洞察调节交互

算法借助人工智能技术能够对平台系统内的人或物进行数据洞察,实现对人和市场的洞察。基于数据洞察,用户的内容生产或消费动态可以一览无余,什么样的用户上传了何种类别的视频内容,被观看、点赞或评论的次数达到了多少量级,是否产生焦点性、高热度的话题效应;每个观览者的留观时长、兴趣偏好、参与意愿同样可以被观测。根据数据洞察,算法可以分析、判断或预测用户的行为偏好或趋向,并在此基础上不断调适用户之间的交互方式。热度高、能带流量的话题会被算法排序优先推荐或呈现,视频生产者因此得到更多的流量分配或与广告营销商合作的机会,从而激发视频生产者更高的创作热情。如抖音会根据算法洞察筛选出总播放量10亿左右量级的视频组织"热门挑战榜"活动,以此吸引大规模的用户参与互动,以促进更大规模的价值共创的行为。

（三）算法模块中的管理圈层互动

在短视频注意力市场存在大量产消合一的用户,这些用户的关系是自主聚合、自由离散的。如何让这些具有"游牧民"特性的用户留驻平台,长期互动？短视频平台通过算法模块,对用户的行为进行统计分类,建构模块单元,使有相同兴趣或相似话题的用户聚合在一起,形成稳定的圈层关系。抖音平台将视频博主分为"随拍、政务、剧情、亲子……"共计22个模块,而快手则根据内容性质建构了"颜值、运动、美食、游戏……"共计7大模块,每个模块又细分出几个小模块。模块化的设置有利于有相同趣缘的个体结群共栖、互动分享,形成稳定的圈层。而模块化的圈层的特征容易辨识,从而为企业品牌方或广告营销公司提供了更加明确的目标,使其可以更好地开展社群营销互动活动。

（四）算法的自适应性增强了价值生态系统自我创新的能力

算法作为一种人工智能程序,可以随着技术的发展和程序模型的改进而拥有自我学习与更新能力。算法的优化或升级,能改善短视频平台生态系统的资源整合与服务交换的效力,使系统始终处于动态的自适应和自创新的状态。算法的自适应性还产生于与平台系统内其他行动者的互动。算法在追踪、监测、计算其他行动者的行为数据的同时,也不断地根据用户社区的反馈回路调整交互规则。算法的自适应性将不断改善或增强短视频平台生态系统自我创新的能力,这将表现在很多方面,如内容分发更加准确、信息推荐更加人性化、视频内容生产更加多元和有价值,碎片化的交互变得持久,"短视频+"的网络溢出效应愈多(如"短视频+直播""短视频+社交""短视频+旅游"等)。

<h2 style="text-align:center">小　　结</h2>

算法作为非人类行动者,通过协同过滤机制和推荐机制匹配注意力市场的供需,通过算法中介、用户洞察、模块化管理和自我学习来驱动注意力市场的价值共创。算法之所以具有如此强大的建构力,与短视频平台的特质相关。短视频平台是一种模块化的平台型媒体组织,它按照模块化生态系统的架构组织资源、建构规则,但它经营的不是商品,而是基于社交关系而聚合的注意力。但是短视频的生产日如井喷,刷短视频的人恰如潮涌,要将两者进行精确匹配,非人力所能为,而以大数据、人工智能为基础的算法却能大显身手。同样,要组织调动数量庞大的用户参与价值共创,也非人力所能胜任,算法却可以通过灵活多元的资源配置,建构超大的价值共创网。算法已经成为一种新的结构性力量。但是算法终究是非人类行动者,有其技术层面的一些缺陷而造成的算法偏见、算法焦虑、算法绑架、算法崩溃等会对人类行动者产生负面影响,从而影响到整个生态系统的发展,这是在进行大规模注意力市场建构过程中需要警惕与反思的。

三　融媒体平台价值生态系统运行机制的建构

一个健康有活力的价值生态系统,需要具备良好的运行机制。这就需要对平台的各生产要素、价值主体、价值单元之间的相互关系和作用进行研究和设计,以保证平台的所有的价值生产与创造活动能够协调、有序、高效地运行,增强价值生态系统的内在活力和对外应变能力。

(一)建构以"大平台+小前端"为核心的融媒体平台组织结构

如果说主流媒体建构融媒体平台的功能目标是实现"媒体+政务/服务/商务",那么"大平台+小前端"的平台结构设计是有助于功能目标实现的。各大媒体建构的全媒体平台、各种云平台、县级融媒体中心,从平台架构来说,是以一个大平台为中心来整合平台系统内的各价值单元,建构具有自主性或灵活性的小系统,使其既与大平台母体保持紧密的价值联系,又具有独立衍生能力与创新能力。如人民日报社全国党媒信息公共平台所建构的"百端千室一后台"平台结构,就是以人民日报社全媒体新闻平台为基础,对内连接《人民日报》各类新媒体终端,对外连接全国各类中央媒体、地方媒体、行业媒体以及党政机关、企事业单位的新闻宣传部门的数百个客户端。在共享一个大平台(全媒体新闻平台)的基础上,保持各类端口后台的独立性与自主性。整个系统用技术共享、内容共享、渠道共享、人才共享等形式孵化上千个融媒体工作室,这些融媒体工作室就像一个个独立的价值单元,具有自由组合、自主生产、独立创新的功能。

1. "大平台+小前端"是一种新型的媒介结构,与传统媒体结构不同的是,它依赖互联网、大数据、云计算等技术构建组织体系,并按平台规则来运行

作为媒介空间,它的结构是开放的;作为媒介生态系统,它的生态主体是能动的,它的系统演化是具有自组织性的。

(1)"大平台+小前端"结构的开放性主要体现在:平台结构的技术支撑是网络新技术(大数据、云计算、区块链等),而网络技术所具有的开源特性决定了平台的体系架构是开放的。① 这种开放性架构使大平台的边界也是开放的。一方面,大平台作为互联网系统的一个节点,可以通过数据端口与小前端相链接,由此形成无数个交叉网络;另一方面,大平台与小前端的输入与输出系统是自由开放的,任何物质要素经过数字化处理后都可以进入系统,不受地域时空的限制。

(2)"大平台+小前端"生态系统的能动性主要体现在:大平台是虚拟的数字化的价值交换场域,场域里的内容生产者与阅读消费者是能动的。首先,媒介系统内所有的知识生产都依赖于阅读者的消费反馈,并反作用于知识生产。如Kindle平台就依赖社群读者的反馈来判断哪些类型的书籍会畅销、哪些不会畅销,从而进行书籍的选择、排列和推送。社群的消费反馈在本质上是一种能动性行为,能助推更好的知识生产。其次,内容生产者与阅读消费者的关系是双向互动的。阅读者的点赞、评论、转发是对知识生产者的回应与交流,在回应与交流中,阅读者与文本、与生产者、与其他阅读者不断交换新的信息价值,甚至还共同创造出新的价值。双向互动使平台的关系结构始终处于能动的状态。再次,知识生产即消费,阅读消费即生产。例如,抖音平台,每一个用户既可以观看视频,又可以上传视频;还可以通过点赞、转发或再加工别人的视频,实现既消费又生产的目的。这种产消合一的行为是用户能动性最充分的体现,它完全颠覆了传统媒体专业性、权威性、独占性的生产模式,也打破了线性的传受方式,使被动的

---

① 权玺,《平台媒体:构建平台化的自组织在线社会信息传播系统》,《当代传播》2017年第6期。

第五章 融媒体平台价值生态系统的建构及产业模式创新

受众具有了主动性、能动性。

（3）"大平台＋小前端"平台价值生态系统的自组织性主要体现在：从组织生态系统的视角来看，大平台是遵照自组织逻辑而演化发展的一种自组织媒介系统。首先，大平台通过边界的开放与互动参与机制的引导，赋能系统内个体、群体和组织进行充分互动和生产，并根据用户反馈不断调整、重构文化商品的供给方式，其产消过程不是固定的，而是流动的，是在不断自我重构中的。① 其次，大平台的参与主体种类繁杂、数量众多、身份多元。在不断的接触、交流与互动的过程中，各种参与主体自动形成有关联的群体；个体与群体、群体与群体又在新的互动中形成新的网络关系，从而产生关系协同、交叉的网络效应。再次，因为参与主体的能动性，所有参与者的身份和角色可以自由切换，生产即消费。如此一来，大平台整个系统的价值生产与创造是非线性的，其价值增值的方式是裂变式的。在参与主体社交互动机制的作用下，大平台可以不断进化成一个具有自主更新和自我强化功能的价值循环增加系统。

2."大平台＋小前端"还是一种新型的市场结构，具有双边或多边市场的特征

媒体平台是知识生产者与阅读消费者进行（注意力）价值交换的虚拟市场。与传统市场不同的是，这个虚拟的市场是产消合一的双边或多边市场。所谓产消合一，是指生产者即消费者，消费者也可以变成生产者，在平台上用户可以在两种角色间快速切换。所谓双边或多边市场，是指在一个网络系统内具有两个及其以上的市场主体，这些主体相互连接和彼此影响，形成一个完整的网络；单一的市场主体不能构成平台。②

"大平台＋小前端"平台就是把两个或多个不同的用户群体联系起来形成一个完整的价值交换网络，并建立有助于促进知识生产者和阅读消费者进行价值交换的基础架构和规则。以日渐兴起与发展的社交平台——微信为例。微信是一个大的社交平台，它以微信大平台为中心，直接建构了具有各种功能的小前端（微信阅读、微信支付、微视频、微信直播），此外还通过微信小程序间接建构了许多小前端，从而构筑起一个庞大的微信价值生态系统。这个生态系统具有产消

---

① 姬德强，《平台理论视野中的媒体融合——以短视频驱动的媒体融合为例》，《新闻与写作》2019年第6期。
② 吕尚彬、戴山山，《"互联网＋"时代的平台战略与平台媒体的构建》，《山东社会科学》2016年第4期。

合一的多边市场特征。产消合一的市场特征表现为:微信平台以用户的社交关系为基础,基于用户信息的挖掘与计算,为用户精准推送、制定个性化内容①,并通过社交功能模块促进用户进行交流与分享。在交互机制的作用下,平台上的知识生产与阅读消费不再是线性的,生产者与消费者的身份界限也逐渐模糊,社交即阅读,生产即消费。用户的点赞、评论与转发既是阅读消费行为,也是再生产行为。不仅如此,用户与作者、用户与用户之间的讨论、聊天,又会促成新一轮知识的产生与传播,推动更多注意力价值的交换。这些交互过程是非线性的、交叉的、无限延展的。多边市场特征表现为:传统的媒体市场是建制化的大众传媒主导下的双边供需市场结构,供需关系是单向度、二元对立的,出版社、作者、报纸、杂志、广播、电视等是固有的供给者,普通大众或受众是固定的消费者,双边供需的角色和身份是确定的。而以互联网为基础的社交平台,由于存在着大量的产消合一的用户群,供给者和消费者的身份是权变性的、去结构化的,即在不同的场景或关系中,产消的身份是互换的,其供需关系是临时的、动态的、交叉的。社交平台就像一个多边市场的"中介者",它将多种利益结构或利益关系建构成一个复杂的网络集市。如微信阅读的内容生产与阅读消费是一种临时的供需关系,但微信阅读平台通过模块化管理与配置,将无数种临时的供需关系聚合、分类,建构起庞大的知识交换市场,每一个参与知识交换的用户既是供给者又是消费者,每一次知识交换行为都是新的关系结构的建立。

(二)主流媒体需基于"大平台+小前端"的媒介结构与市场结构特征,来建构融媒体平台的供需机制,以保障整个价值生态系统资源的高效合理的配置,使其良性有序地运转

在移动互联时代,传统出版社、大众媒体的影响力日渐式微,其依赖于信息不对称和制度赋权而形成的结构性力量对注意力市场的建构日渐减弱。而以互联网技术为基础的媒体平台,以其开放、多元、互动、共享的形式重塑传受主体,以多边和多变的灵活配置方式调节市场供需,成为建构注意力市场的关键性力量。注意力市场的供需关系越来越依赖平台来建立和维护。

1. 建立互动互构的匹配机制

在传统的注意力市场,出版社、新闻媒体常常依赖制度赋权和对信息渠道的控制以获取垄断性资源,并借助第三方测量机构来收集受众的信息和消费反馈,

---

① 孙红蕾、郑建明,《基于社会化阅读理念的新市民阅读推广研究》,《图书馆》2017年第9期。

第五章 融媒体平台价值生态系统的建构及产业模式创新

以此影响受众的注意力,在注意力市场的供需关系中占据主导地位。而受众作为注意力的提供者,常常因信息不对称和对信息渠道的依赖而成为被引导、被捕获的对象。整个市场交易的重心是对受众注意力的二次售卖。

媒体平台是以社交为核心需求、以流量产消为特征的交易市场。社交是平台用户进行生产与消费的原动力,而流量的获取与变现则是供需交易的核心。平台作为多边市场的"中介者",首要功能就是匹配供需。进行供需匹配的前提是吸引供需双方入驻或选用平台——平台只有聚合足够多的内容生产者与阅读消费者,才能形成交易市场。平台进行匹配的手段是个性化推荐。进行个性化推荐首先是对需求侧进行用户画像,即利用大数据技术对平台用户的网络行动轨迹、阅读兴趣、人口社会化特征等进行收集、挖掘和分析,以此为基础建立用户数据库。与此同时,平台又会根据用户的阅读需求不断地搜索、汇集、整合供给侧的文化商品信息,利用算法推荐和过滤机制将需求与供给进行个性化的匹配,满足千人千面的交互需求。不仅如此,平台还通过大数据持续监测供需两侧的交互行为,通过机器学习、算法把关提升匹配的效率。现如今,受欢迎的社交阅读平台,如今日头条、澎湃新闻、微博、微信,它们的共同点就在于拥有强大的匹配能力,能够将分散的、碎片化的消费需求与灵活多样的供给即时连接、精准配送、适时调控。

平台的匹配机制是否完全左右了供需关系,重新规制了注意力市场呢?在这里我们需要对平台用户的能动性进行分析。互联网时代用户的核心需求是表达和社交,即包含自我展演、自我表达的身份认同需求以及对建设和维护虚拟关系的社交需求。[①] 而数字技术的赋能使越来越多的用户具备表达和社交的能力,他们浏览、点评、转发、分享,甚至再生产、再创造,这些行动均以数据的方式提供给平台系统,成为平台匹配资源的起点。而用户数据的积累清晰反映和表达了用户的兴趣与偏好,从而成为平台匹配供需的依据。如果没有用户的主动"留痕"与持续的交互行为,平台无法通过个性化推荐实现供需的匹配。平台利用个性化推荐机制在配置资源、建构注意力市场方面具有强大的规制性,但用户主动参与的能动性,打破了传统的传受主体二元对立的市场结构与供需关系,一种新的互动互构的供需机制正在建立。

---

① 姬德强,《平台理论视野中的媒体融合——以短视频驱动的媒体融合为例》,《新闻与写作》2019 年第 6 期。

2. 建构技术赋权和权益激励下的价值共创机制

平台作为多边市场的"中介者",在建构注意力市场的过程中,常常采取技术支持与权益激励措施吸引用户参与内容生产,使 UGC 成为平台价值生产的主要方式。技术支持就是通过提供一些实用、易用的图文编辑、视频剪辑等软件或搜索引擎、可视化工具等,以供平台所有用户使用。权益激励就是平台制定一些物质的、精神的奖励措施,以吸引平台用户参与内容生产与互动。如视频类社交阅读平台腾讯短视频,就采用经济激励(频道间差异化补贴、流量主分级调控)、精神激励(线下活动、转发视频)和能力激励(线上训练营、线下行业交流会)来吸引和激励用户参与内容生产;知识问答类百度知道、新浪爱问、知乎等也采用物质激励(有奖征集活动、金币奖励、重金悬赏等)和精神激励(会员名誉级别奖励、公开表彰等)以增加用户的参与和互动。

一些普通用户原本处于价值链的末端或价值网的边缘,但在数字化新媒体技术赋能与平台权益激励下,普通用户也能加入信息生产与内容创造的行列,他们或与知识精英、网络大 V、知名 IP 等专业化的内容生产者频繁互动,或自创自产内容打出一片天地,实现从价值网边缘向中心移动或跃迁。普通用户参与内容生产,与平台、专业化生产机构、知识精英以及其他利益相关者共同创造价值,实现平台价值共创。价值共创已经成为社交阅读平台建构注意力市场供需关系的新方式。有名的社交阅读平台如掌阅、咪咕读书都非常重视与用户价值共创。掌阅通过设计以"广场+热门圈子+热门推送"的 UGC 生态圈,来推动用户参与价值共创,并通过打造 IP、建构掌阅阅读矩阵、丰富社交渠道等方式来延展用户价值共创;咪咕读书则通过设立内容评价、内容分享、内容再生产等机制来促进用户参与内容生产,并为用户参与价值生产提供权益激励与活动支持。

四 融媒体平台价值生态系统治理机制的建构

治理是一组关于谁来参与生态系统、如何进行价值分配以及如何解决冲突的规则集。[①] 良好的治理可以让生态系统健康有序地发展,可以持续地为系统内所有的参与主体创造价值。通常而言,平台生态系统治理主要包括正式治理

---

① 杰奥弗雷·G. 帕克、马歇尔·W. 范·埃尔斯泰恩、桑基特·保罗·邱达利,《平台革命,改变世界的商业模式》,机械工业出版社 2017 年版。

机制和非正式协调机制。正式治理机制指用契约或合同的方式来实现责权利的划分,对价值共创主体间交互规则进行确定;非正式协调机制是指利用嵌入生态系统关系中的社会和行为协调手段(比如信任、专业、开放、互补等)来维持价值共创主体间的关系。正式治理机制能够降低价值共创中的风险和不确定性,保证价值主体的价值协同;非正式协调机制能够维持价值共创主体间关系协同,保证价值共创的连续性。两种机制在价值共创过程中缺一不可。①

融媒体平台是一个以用户为中心、以社交为纽带的价值共创生态系统,用户价值共创是一种基于关系协同而进行的知识生产与价值交换的过程。关系协同是以合作与共享等信任关系为连接纽带,来进行资源配置与价值交换的合作模式。根据价值共创合作方式所形成的关系模式的不同,关系协同又可分为契约型、组织化的价值共创关系协同,即正式合作;以及共享型、社群化的价值共创关系协同,即非正式合作。② 因此,融媒体平台应根据不同的关系协同建构相应的治理机制。

(一) 契约型关系协同治理机制的建构

融媒体平台的经营管理者可以通过正式契约来明确用户与平台及利益相关者之间的权利和义务,降低各方对机会主义行为的防范,增强彼此进行知识生产与价值交换的意愿。正式契约的方式,一是签订正式的合同,以协议、条款的方式将各方的行为规范在一定制度范围内,以保障用户及相关利益者的价值协同。如许多社交阅读平台会与特定用户(如知名博主、网络大V、流量IP)签约,以合同的方式确立正式合作关系,并约定彼此的权益。二是制定明确的规章制度和管理机制,对所有参与主体的行为进行管理,以维护和改善价值共创的生态环境。比如制定明确的奖惩制度以规范价值共创主体的交互行为,制定相应的报酬体系与激励机制以调动用户参与价值共创的积极性,鼓励用户转发、分享知识和其他资源以提高知识生产与价值交换。三是通过技术标准的制定和社交管理工具的运用,对用户交互方式与交互渠道进行管理。如短视频社交阅读平台会对视频时长及上传格式进行约定。

(二) 共享型关系协同治理机制的建构

平台模式下的价值生产与消费更多的是共享型、社群化的价值共创关系协

---

① 钟琦、杨雪帆、吴志樵,《平台生态系统价值共创的研究述评》,《系统工程理论与实践》2020年第2期。
② 陆朦朦,《协同创新理念下出版知识服务价值共创机理研究》,《科技与出版》2020年第12期。

同,因而建构基于非正式合作方式的协调治理机制显得尤为必要。在融媒体平台的价值生态系统中,用户的社交娱乐是自由的、能动的,用户可以源于兴趣而形成临时的关系协同,也可以基于信任而形成长期的关系协同。用户的关系协同依赖彼此的信任与分享,而网络的虚拟与不在场,以及用户主体利益诉求的复杂多元,往往使基于信任的关系纽带变得异常脆弱。这就需要平台经营管理者提供相应的治理措施,以促进用户之间的信任与合作。协同治理的关键就是减少不确定因素,增加更多的共享机会。治理措施,一是为用户提供高效便捷的沟通渠道,让参与社交娱乐的用户易于连接、便于获取彼此需要的信息,从而降低关系协同的成本。二是建立声誉系统,尊重用户的隐私,如利用匿名技术为用户提供身份保护。平台借此提高用户之间、用户与平台之间的信任,从而促进更多用户分享。有研究表明,组织间的"信任"会大幅降低知识共享过程中的不确定性,减少对于共享行为的阻碍,增加共享行为的意愿。[①] 三是为用户提供更多自我管理的工具,使用户拥有更多自主分享的权力,满足用户自主表达与分享的需求,让用户关系协同常态化、长期化。知乎、得到、微信等平台就为用户提供了许多自我管理的权限,如自创书单、自定义分享。

第三节 融媒体平台产业集成与模式创新

融媒体平台价值生态系统的建构过程,也是主流媒体利用新媒体技术和新一代信息技术不断进行产业模式创新的过程。通过融媒体平台,一些主流媒体开始按照互联网运行规律将传统的产业价值链进行重构,着力打造以虚拟价值链为基础的价值生态系统,对内进行价值生产流程的变革,对外进行无边界的产业链扩展与并购。融媒体平台将成为媒体与其他产业之间进行纵向或横向联系的纽带,成为不同产业主体进行资源共享、价值共创的创新结合体。

一 融媒体平台的产业集成模式

随着媒介融合程度的加深和5G技术的落地使用,媒体产业经济的运行由

[①] 白景坤、张雅、李思晗:《平台型企业知识治理与价值共创关系研究》,《科学学研究》2020年第12期。

规模经济、范围经济向集成经济转化。在"互联互通"的移动互联时代,开放性成为媒体产业的新属性,媒体的竞争不再受困于规模扩张的制约,而是转向系统内外资源的整合利用。许多主流媒体通过产业结构的改造和产业价值链的拓宽,推动内外产业要素的流动与共享,形成不同产业主体的共同联动、协作生产,实现异质性资源的互补,由此形成产业集成经济。从经济学原理来看,媒体产业集成就是某一媒体基于核心业务通过与媒体相关性产业或支持性产业的集成融合来形成新的利润来源。从经济学原理来看,媒体产业集成就是传统媒体产业与新兴媒体或其他相关性、支撑性产业结合或融合的过程。媒体产业集成的本质是将单一产品平台建构成具有复杂生态系统的平台,使其具有更多维的价值创造功能。

(一)媒体产业的纵向集成

主流媒体通过融媒体平台将产业链的上、下游产业纳入平台系统中来,让信息、内容、技术、资金、人才等资源在统一的平台上交互、共享,形成平台一体化优势,从而获取集成协同创新的外溢效益。比如广电传媒集团通过将上下游的相关企业如网络设备提供商、终端设备供应商、数据服务商、技术提供商、应用提供商、渠道提供商、内容生产机构、文化创意公司、影视剧制作公司、广告公司等纳入平台价值生产体系,形成以"内容—服务—营销"为核心的产业集成,通过平台共享共创实现各部分的价值协同。成功的纵向集成将大大释放平台一体化的优势,减少对相关行业的依赖,降低外部不确定性带来的风险。[①]

2014年经过体制改革和产业结构的调整,新的上海文化广播影视集团(SMG)确定全面推动与实施从传统媒体机构向新型媒体集团的战略转型,加快推进互联网媒体生态系统的建设。其中很重要的一步就是利用百事通启动"平台+X"的产业纵向集成模式。其中,以新媒体和互联网技术为基础建构云电视平台,"+X"则是指以平台为中心联结多个上下游企业,涵盖内容生产、网络技术服务、终端服务、大数据服务、广告营销公司。为保障纵向集成,SMG对集团内部很多相关的内容进行有效整合,逐步演化成一个个独立运行的事业部,这些事业部直接面对市场。2015年SMG成立互联网节目生产中心,深度整合传统媒体的内部资源,挖掘适应IPTV发展需求的优质内容,通过优质IP的共同开

---

① 喻国明、赵睿,《从"下半场"到"集成经济模式":中国传媒产业的新趋势——2017我国媒体融合最新发展之年终盘点》,《新闻与写作》2017年第12期。

发,不断打造跨电视、跨网络、跨终端的节目内容。2016年SMG将原电视新闻中心、外语中心、看看新闻网进行整合,组建台直属的"融媒体新闻中心",该中心统合了集团所有新闻业务板块,覆盖全媒体渠道。此后,SMG建立了一个集团管控平台,平台集成财务总监、技术运营总监、法务总监等各种专业性的服务支撑系统,为集团的"融媒体新闻中心"及云电视平台服务。

(二)媒体产业的横向集成

横向集成把若干独立运行的半自律子系统按某种联系规则统一起来,构成更复杂的系统或过程,产生集成效应。为了向新媒体市场拓展产业价值链,传统媒体集团通过横向整合不同传媒机构的内部资源,建立更多信息渠道端口,增加多元化的生产与传播渠道以实现业务增值。媒体以模块化分工为前提,将产业链上各个组织、部门单位、服务等分解为若干独立运行的子系统,然后再按照平台运行规则将所有子系统统一起来,构成功能更为复杂的系统,以推动产品与服务升级,从而提高媒体的价值创造能力。

以人民日报社的产业横向集成为例。为推进媒介融合,建构数据化、移动化、智能化的融媒体体系,人民日报社先建构"中央厨房"以推进内部的产业集成。"中央厨房"按照指挥模块、采集模块、加工模块、技术模块、信息交换模块与分发模块来建构子系统,每个模块系统功能明确,如指挥模块系统(汇集了人民日报社旗下所有媒体的总编辑)全面统筹人民日报社旗下所有媒体的相关新闻活动;采集模块系统(由旗下媒体所有前方记者组成)负责新闻素材的采集,写成品稿件或提供多种多样的素材给后台;技术模块系统[由美编、UI(User Interface)设计、UE(User Experience)设计、H5程序开发,音视频编辑等技术人员组成]专门负责数据新闻可视化加工制作。"中央厨房"融媒体平台统筹新闻策划,产生集约效率;在内容生产上,聚合产生规模效益;在产品传播上,协同产生放大效应。2017年,人民日报社在人民日报社数据中心平台基础架构之上建构"媒体融合云服务平台",该平台可以对报社全媒体生产管理系统各模块和资源的自主申请、自动分配、全局监控、按需调度进行统筹管理,还可以为人民日报社社属媒体或外部媒体提供全媒体数字资源管理云服务、网络与社交媒体分析云服务、用户行为分析云服务、媒体共享协同加工云服务等。人民日报社借助"媒体融合云服务平台"将"中央厨房"的功能和产业结构进一步升级。在产业结构层面,将"中央厨房"改造升级为全国党媒信息公共平台,对外开放平台端口,接纳其他各层级和各种类别的党媒机构或部门,向相关性媒体或关联性机构延伸产业价值链。在技术系统层面,基于众筹、众包等基础能力构建了媒体超市体系。"中央厨房"将十几家跟媒体技术相关、在各自领域领先的公司的专业能力做成技术工具,汇集在融合云上开放给全行业使用。"中央厨房"还设计了两套H5页面制作工具,一套是供普通编辑记者使用的基础级模板,一套是供设计师使用的专业级模板。需要做专业H5页面、虚拟现实视频的媒体可以直接在融合云上发包,而有能力有意向的团队可以使用技术工具"接包",做完后交付产品即可。"中央厨房"技术体系的全面开放,意味着全国的媒体或其他党政机关的宣传部门都可以参与"中央厨房"的内容生产或服务活动。人民日报社借助"媒体融合云服务平台"不断推进产业的横向集成,将"中央厨房"建构成种群丰富、功能多样、结构复杂的价值生态系统。

人民日报社的横向集成效应带动了国内众多媒体集团的效仿。如新华报业传媒集团为顺应媒体融合时代发展,参考人民日报社"中央厨房"模式建构了"中央信息厨房",按照策划平台模块、编辑平台模块、发布平台模块、辅助平台模块对集团旗下的14报、8刊及网站、手机报、微博、微信、客户端的内容生产进行统筹集成,形成资源共享。接着,又通过《新华日报》、中国江苏网、"交汇点"移动新闻客户端的横向集成,打通了纸媒端、PC端与移动端的连接,所有端口的子系统都汇聚在同一个大系统中,产生横向协同效应。湖北广电集团按照"新闻+政务"的模块建构"长江云"系新媒体平台价值生态圈,通过"长江云"云端横向集成全省广电系统的新闻报道和全省的政务服务。"长江云"新媒体平台既是湖北广电App的汇聚平台,又是湖北官方政务信息汇聚平台。"长江云"全面整合湖北广播电视台的资源、整合全省广电系统的资源,大力推进传统媒体与新媒体的融合发展,积极推进全省县级融媒体中心建设,在提高传统广播电视的传播力、公信力、影响力和舆论引导力方面发挥了重要作用。在"政务"服务方面,"长江云"App开设"全省政务通"平台入口,汇聚了全省政务微博、微信、App等终端,可以实现政务信息一键获取,政务微博微信一键关注,政务App一键下载。"长江云"已成为湖北省重要的公共服务平台。为向社会提供全方位的精细化服务,建构服务于湖北省的移动化公共服务体系,"长江云"与腾讯在政务移动平台建设、政务的微信开通、认证及平台系统搭建方面进行战略合作,进一步拓展价值生态链。

（三）媒体产业的混合集成

在媒体加快深度融合的进程中，许多媒体集团全力打造新的融媒体传播体系。传媒产业之间、传媒产业与其他产业之间联手合作，共同开发用户市场，从而形成混合集成模式。

浙江日报报业集团通过横向和纵向集成，全面建设传媒、数字娱乐、智慧服务和文化产业投资的"3+1平台"的大传媒产业，平台服务领域涵盖新闻、数字娱乐、影视、动漫游戏、文化创投、政务、民生。这一举动将集团旗下的《浙江日报》《钱江晚报》等38家传统主流媒体，与浙江手机报、浙江在线新闻网站、"浙江新闻"客户端、腾讯·大浙网、媒体法人微博和微信公众号、边锋浩方网络平台及App等200多个新兴媒体进行整合，形成以"浙江手机报、浙江新闻"客户端、浙江在线新闻网站、浙江网视等四大媒体构成的"核心圈"，以云端悦读Pad客户端、边锋网络平台、边锋互联网电视盒子、钱报网、腾讯·大浙网新闻板块以及各县市区域门户为主体的"紧密圈"，以微博、微信等第三方网络应用和专业App为主体的"协同圈"。三圈协同构建起纵横交织的新媒体平台价值生态系统，在一定程度上提高了浙报集团的竞争力。2017年浙报集团又建成融媒体智能传播服务平台"媒立方"，"媒立方"平台由"内容数据仓库及其应用系统、用户数据仓库及其应用系统和新媒体云服务平台"三个子系统构成，具有舆情研判、统一采集、中央稿库、多元分发、效果评估等功能。"媒立方"是一个开放的全媒体平台，可以聚合集团内外资源，协同生产。

湖南广播电视集团最近几年全力建设"芒果TV生态圈"。以湖南卫视和芒果TV平台为中心，在横向上集成视频网站、互联网电视、移动互联网视频、芒果TV等多平台、多终端的娱乐视频业务。2021年又新建"小芒"电商平台和短视频平台"风芒App"，横向拓展价值生态链；在纵向上构建"内容+渠道+终端+应用+用户"的立体生态体系，最终形成"湖南卫视为核心的电视频道+芒果TV为核心的互联网视频平台+电广传媒为核心的内容经营平台"的全媒体系统。湖南广播电视台还与华为、中国移动公司进行战略合作，开展5G、AI、VR等新技术的应用研究，倾力打造智慧广电，不断加强芒果生态的业务拓展与转型升级。

此外，随着网络技术、信息技术、通信技术不断发展，更多形态的三网融合进一步推动了传媒产业的结构变化，跨界融合已经成为主流趋势。媒体与网络技

第五章 融媒体平台价值生态系统的建构及产业模式创新

术公司、电信公司的合作愈来愈多,进一步扩大了媒体产业混合集成的边界。2016 年 CCTV-1、CCTV-3、江苏电视台、浙江电视台等多家电视台与阿里云计算合作,进行跨年晚会的直播互动;湖北卫视与微信合作,开展"微信'摇一摇'+电视"模式的服务活动,红遍全国。随着 5G 技术的落地应用,传媒产业的市场之争将让位于机构之间广泛和频繁的合作共赢。新华社与阿里合作,成立新华智云公司,全力打造"媒体大脑"智能传播体系;央视网与百度智能云达成战略合作,双方拟共建人工智能媒体研发中心,试图将"云+AI"能力深入应用到央视网各个场景中。①

二 融媒体平台产业集成有待提升和优化

利用自主可控的融媒体平台进行产业集成,建构适应数字经济发展的价值生态系统,是建设新型主流媒体的主要路径。就已有的融媒体平台产业集成实践来看,尚存在一些问题,概括起来主要有以下几个方面。

1. 缺乏积极网络效应,平台协同创新机制有待建构

平台最重要的功能在于通过聚合数量众多且零散的资源,建构开放的规模化的双边或多边市场,并利用算法动力机制来进行资源、关系和能力的匹配,并以相应的平台激励机制吸引和激发多边群体之间的互动,形成规模化的网络效应,从而达到价值激增的目的。

平台要实现以上功能,首先要建构明确的平台市场模式。从平台经济发展实践来看,平台市场模式主要有两种建构路径:第一种路径是建构自主可控平台,并以核心业务为主体,整合系统内外其他资源,形成一个大而广的生态系统,如阿里、腾讯、百度、京东、美团等。第二种路径是加入已经存在的平台生态系统,成为系统中的一个种群,在保持自身独立的前提下合理利用平台系统的资源。就平台市场模式的结构来看,一般有双边市场模式和多边市场模式。双边市场模式是简单的平台经济模式,其中平台经济主导者(即平台核心企业)是市场结构的中心,扮演市场管理者和中介者的角色;而生产者和消费者各自构成平台的供给侧和需求侧,是平台市场进行买卖活动的双边主体,双边市场主体同属

---

① 刘珊、黄升民,《5G 时代中国传媒产业的解构与重构》,《现代传播(中国传媒大学学报)》2020 年第 5 期。

于平台用户。早期的淘宝网是典型的双边市场结构。多边市场模式就是在具有双边市场模式的相同功能下，平台还有独立的第三边市场群体，如其他企业或平台作为核心平台企业的追随者加入平台生态系统，并为供需两侧市场提供服务，三边主体同属于平台用户。如美团以美食外卖为核心业务，随着平台的发展，美团也开展买药、出行、电影、快递跑腿等业务，吸引药店、出租车和共享单车、酒店、影院、快递等企业、经销商的加盟，从而建构起多边混合的市场模式。

融媒体平台是以内容信息产业为主的平台，平台模式以"内容生产、内容消费、广告"为主体的三边市场，即所有内容生产者为平台的供给主体（简称"B端用户"），构成平台的供给侧市场；而所有的内容消费者作为平台终端用户（简称"C端用户"），构成平台的需求侧市场，而广告商及广告公司作为营销主体，成为平台的第三方使用群体，是独立的一边。这三边市场只有达到一定的市场规模且相互之间进行持续的资源和能量的交换，媒体平台才能成为真正意义上的互联网平台。从融媒体平台的市场模式建构实践来看，当前的建构路径主要是以"建构自主可控的媒体平台系统为主"，以融入其他平台系统为辅。事实上，在媒体融合的最初阶段，传统媒体在没有经验和平台技术、人才的情况下，借用第三方平台（如微博、微信）开拓产业链，虽然扩大了一定的用户规模，占据了新媒体市场的一些份额，但是也面临用户价值增值的问题。问题的关键就在于新增的用户停留在第三方平台，向媒体自控平台引流效果不佳，导致盈利效果不好。现今，随着媒体深度融合进程的推进，政府支持传统主流媒体建构自主可控平台，而传统主流媒体出于发展的强烈需要也积极进行自主可控平台的建设。"中央厨房"式融媒体平台、县级融媒体中心大范围开建。随着各类融媒体平台建设的推进，媒体产业开始集成。从当前产业集成的现状来看，许多的融媒体平台聚合了一定数量的内容生产者（B端用户），但并没有吸引或增加大量的消费者（C端用户），也就是说产业集成并没有产生积极的网络效应。

"网络效应"是一个经济学概念，后来随着平台经济的发展，常常被用来描述在平台双边市场中，平台一边的用户数量增加或减少会对另一边用户数量的规模产生影响，或者平台一边用户数量的增加或减少会影响同边其他用户。积极网络效应的产生通常取决于：一个管理完善的平台，快速有效的匹配机制和便于用户角色转换的机制。积极的网络效应会带来需求规模经济，促进平台进行用户规模扩张，从而扩展由网络效应衍生的价值。反之，一个管理不完善的平台系统，会降低需求经济的规模，使平台用户流失，导致平台陷入困境。网络效应在平台商业模式中可以发挥极大的效用,是平台竞争的重要力量。根据平台双边或多边市场结构,网络效应可以在单边、双边和多边中产生。单边网络效应表现为平台市场的某一边用户(生产者或消费者)规模增长时,将影响同一边群体内其他使用者所得到的价值。如微信开设企业微信号,因平台给予企业很多优惠条件,吸引了不少企业相继加入,而其他企业受此影响也争相加入,从而产生单边用户规模激增的效应。双边或多边效应有交叉效应或跨边效应,平台一边用户规模的增长或减少,将会影响另一边用户使用平台所得到的价值,即生产者对消费者的效应或消费者对生产者的效应。例如,美团平台优质商家的增加会吸引更多用户的使用,从而使平台双边的用户规模都获得扩大;反之,用户的流失会导致商家无利经营从而也退出平台。

融媒体平台在进行产业集成的过程中,常常因为平台内外协调机制不健全,平台管理不完善,而产生消极的网络效应。如有的媒体建构起了数字化平台,但在内部业务流程改造和组织结构调整方面遇到阻力,以前具有半自律功能的子系统要被统合到一个大系统,按照新的生产流程进行内容的生产与传播,具有不适应性。例如,一些媒体建起了"中央厨房",但在实现"一次采集、多种生成、多元传播"方面,效果不尽如人意。更困难的是平台的绩效考评机制往往落后于生产机制的调整与完善,大大降低了人员的积极性与主动性。最后即便资源被聚合,也没能产生整合效应。在融媒体平台产业横向或混合集成的过程中,同样出现许多问题,如媒体之间打破资源流动壁垒的代价较大,一些横向合作协议停留在纸面上;在集成过程中,各合作主体存在利益再分配问题,效益分配不合理、以邻为壑的心态都会在一定程度上影响集成协同效应。例如,一些省域的报业集团与广电集团进行横向集成,组建新的融媒体中心,建构新的产业体系。但在组建的过程中,由于两种不同类型的媒体进行机构的重组和业务的统合,困难重重,结果出现"一个中心两张皮"的现象。还有许多省级融媒体平台鼓励县级融媒体平台加入省级平台系统,但是两者之间关系是松散的。由于没有明确的责权利关系,导致平台的供给侧的用户规模增加了,但并没有吸引消费者用户规模的增长。

2. 缺乏足够的用户洞察,用户注意力规模化市场有待建构

所谓用户洞察就是对用户的社会体征、消费习惯、喜爱偏好、使用习惯等进行数据收集和分析,建立用户数据库。在数字经济时代,用户数据成为平台运营的核心资源,平台的一切经营行为都将依据用户数据展开。在移动互联网时代,

数字化场景连接一切,用户越来越在意场景消费体验的满足。而跟踪用户的消费需求,建构以场景传播、场景营销为特征的商业模式,是平台竞争的重心。

融媒体平台所推进的产业集成,基本立足内部业务流程再造和产业价值链的延伸,在用户洞察方面却用力不足。为了抢占注意力市场,传统主流媒体试图通过生产融合、渠道融合、终端融合,来改进内容生产方式、提高产品质量、扩大传播范围,以此来吸引用户注意力。但是在实践过程中,产品品质的提高可能会吸引一部分注意力,产生爆款性流量,但很难持久。并且从长期来看,平台竞争的逻辑不是单个产品的竞争,而是基于用户的洞察而展开的整个生态系统的竞争。

另外,有许多融媒体平台尚处于初建阶段,在用户聚集、用户沉淀方面技术和经验不足,导致用户规模不足。一些融媒体平台在用户运营方面缺乏吸引终端用户的有效手段;一些融媒体平台也在积极探索利用智能算法获取用户数据,但是在具体的用户行为数据分析和用户画像的描摹上,与今日头条、一点资讯等行业领先的资讯平台仍有很大的差距。融媒体平台对用户数据的掌握与分析能力不足,不能精准进行用户定位,平台与用户的互动受限。由于缺乏核心的智能算法技术,许多融媒体平台借助第三方技术或平台进行产业集成,因核心技术掌握在第三方手中,用户数据的采集、挖掘由第三方进行,用户的核心信息没能共享,所以将其他平台用户引流到融媒体平台的期望常常落空。

如今,对于许多融媒体平台来说,基于用户个性化的需求,如何在一个平台上实现内容原始数据的调度、接入,如何实现智能化、场景化、可视化的新闻生产与传播,如何在更大范围接入社会化内容的生产资源,如何做到更加精准地送达用户,这些问题都亟须探索和解决。如何建构新的连接生态、如何让用户参与内容生产、如何进行粉丝运营或社群运营等这些更重要的问题,也都还需要持续研究和探索。

3. 缺乏多元的盈利模式,有待开发可持续发展资源

任何类型的平台企业,都需要有明确的盈利模式。作为中介型的平台企业(如淘宝、京东等),其核心的盈利模式是收取佣金和服务费;作为资讯类、社交媒体类的平台企业,其核心的盈利模式有广告售卖、知识付费、版权交易、信息服务费等。而综合性平台企业,盈利模式就非常多元,如腾讯,因其有非常复杂的生态系统,系统内种群丰富,进行资源和能量交换的需求旺盛,其盈利模式就多种多样。

融媒体平台在开发新媒体市场、进行产业集成时,其构建的主要盈利模式以

"广告售卖"和"付费"为主。这两项盈利方式在用户注意力漂移、分散的移动互联时代,经营都面临困难。首先,因为缺乏足够的用户洞察,消费端用户的注意力不易获取,也就不能形成规模化的注意力市场。其次,融媒体平台虽经过产业聚集可以共享用户资源,但是缺乏场景营销与品牌传播的能力,致使用户留存率不高,用户价值得不到开发和利用,品牌传播的效果也不佳,广告商投放广告的意愿不强烈。很多融媒体平台的运营基本上依靠财政拨款支持,很多新媒体页面都没有广告投入。

在 Web3.0 时代,智能化生产与场景消费成为媒介经济的重要特征。尤其是 5G 技术的使用,将进一步提高媒体智能化生产的水平,超高清和沉浸式产品越来越多。5G 技术将实现人与人、人与物、物与物之间的互动传播,而虚拟技术将建构更加生动自如的营销场景。场景消费将成为普遍的日常生活。融媒体平台有待引进更多的技术与服务,以提高技术创新与产品服务创新的质量,加强场景营销与品牌传播的能力。提高用户的消费体验,增强建构用户注意力市场的核心能力。

三 融媒体平台产业模式创新策略

传统主流媒体融媒体平台借助产业集成建构起的价值生态系统,因缺乏能产生网络效应的协同创新机制、足够的用户洞察和多元的盈利模式而面临发展的困境。传统主流媒体需要重新审视平台在整个社会系统和行业系统中的生态位,确定平台发展战略,建构协同创新机制,促进积极网络效应的产生。还需要提高用户洞察能力,建构用户价值共创生态圈,以获取规模化的注意力市场,同时提高场景营销的能力,打造平台的品牌效应。

(一) 确定平台生态位战略,建构产业协同创新机制

1. 融媒体平台的生态位战略

在生态系统理论中,生态位(Ecological Niche)主要指一个物种在生物群落或生态系统中的地位和角色。[①] 在媒介生态系统中,媒体生态位是指某一媒体在时间和空间上所占据的位置及其与其他媒体之间的功能关系与作用。通过对媒体生态位的分析,既能考察出媒体同所处环境和其他媒体的关系,也能洞察媒

---

① 孙儒泳、李庆芬、牛翠娟、娄安如,《基础生态学》,高等教育出版社 2002 年版。

体利用生存环境中一系列资源的综合状况。

实施生态位战略,首先就是要明确融媒体平台的战略定位,也就是要对平台的商业模式做出选择。根据在整个产业竞争环境里所占有的资源和组织系统所拥有的条件,明确融媒体平台的核心功能及业务范畴。其次,根据核心业务设计平台的商业模式,也就是设计平台的市场结构,确定定价策略,明确盈利方式。如定位做内容生产的融媒体平台,就要设计建构以内容生产者、广告商、内容消费者用户为主体的三边市场结构。其中,内容生产是平台的核心业务,平台的盈利方式以内容来吸引用户,从而实现由广告、版权交易、知识付费而产生的收益。而定位做"新闻+政务+商务"的综合信息服务融媒体平台,就要建构以"内容、信息服务"为核心业务,以消费端用户为中心,以多平台为架构为体系的商业模式,平台的盈利将以服务收取的平台佣金或服务增值费为主。

媒体的生态占位不同,建构融媒体平台的商业模式理应不同。当前我国传统主流媒体在政府与市场力量的推动下进行的融媒体平台建设,由于建设时间短、政治任务重、体制机制转型滞后,在平台建设过程中,对平台的功能结构设计及市场模式的建构缺乏明确的生态定位,导致所进行的产业集成目标不明确、集成的方式大同小异、集成效应低于预期。

2. 建构具有积极网络效应的用户价值共创生态圈,使平台流量产消规模化

无论何种类型的平台,要想获得规模化的用户注意力市场,就需不断挖掘、策动更多的用户参与平台的知识生产与价值创造,通过建构价值生态圈来促进持续高效的用户互动,形成具有积极网络效应的价值网,使流量产消规模化。用户参与平台价值共创是平台获取注意力、建构规模化市场、实现平台价值的主要方式。融媒体平台企业作为服务交换和资源整合的主导方,可以通过价值共创关系与价值共创网络的建立,来促进用户价值共创,建构具有共享共创特性的价值生态圈。

对于融媒体平台而言,用户是指所有参与平台价值生产与交换的主体,这常常包括内容生产者、阅读消费者、企业品牌方、广告商等。平台的价值主要由用户来创造,而用户进行价值生产与创造离不开平台的技术支持与各种管理服务。用户与平台要实现价值和价值的增值常常也离不开一些利益相关者的合作与支持,如平台上下游互补企业(技术及设备供应商、版权商、IP衍生合作伙伴、跨平台合作方等)会在不同的价值生产阶段或流程中扮演合作共创的角色。因此,建构好用户、平台、利益相关者三者之间的关系,是进行价值共创的前提。首先,平

台方要吸引并留住大规模的用户,这可以通过提供高质量的内容资源、建构丰富有趣的阅读场景和提供便利的交互工具以降低用户的技术成本等方式来实现。其次,平台方要与用户及利益相关者建立明确的权益关系,使价值共创行为得以持续开展。如许多社交阅读平台会通过注册制或会员制的方式来明确用户的权限。再次,平台方要与用户及利益相关者建立起互惠互利的关系。这就需要提高资源整合的能力,因为资源的整合就是价值链中的参与者通过交互活动将其资源链接起来以实现互惠互利的过程。

3. 建构模块化管理系统,实现协同创新

产消合一的用户具有"游牧民"自主聚合、自由离散的特性,由其组成的用户关系是动态化、多样化的网络结构。千人千面、结群共栖、圈层区隔、跨界"游牧"是平台模式下用户作用关系异常复杂的写照。融媒体平台要想推动用户价值共创,就需要根据用户"游牧民"的特性,进行模块化管理,建构功能分明的价值共创网络单元,形成圈层经济。模块化管理是为快速有效组织复杂产品和进程,将系统划分为核心子系统和与之互补的周边子系统来进行功能定位与角色管理,使每个子系统既具有独立生产价值的能力,又具有与其他子系统协同创新的能力。① 为实现模块化管理:(1)设计并建构模块化组织结构。根据用户的社交阅读需求,设计核心子系统(如阅读信息设置模块、阅读信息交流模块、搜索模块、用户行为数据监测模块、用户信息管理模块等)和一些周边系统(交易支付系统、IP衍生产品管理系统、跨平台合作管理系统等)。通过这些子系统的设计和建构,为用户提供功能明确的价值生产与交换的网络空间。(2)根据模块化系统结构进行资源的配置与整合,即围绕不同的生产核心灵活配置资源。不同的用户有不同的功能性需求,平台可以利用模块化管理来引导用户选择感兴趣且适合自己的区域进行活动。比如对于喜欢阅读讨论或聊天的用户,平台可以通过话题模块、讨论区模块或聊天功能模块的设置将其聚合,并为其提供相应的交互工具;有的用户需要产品信息植入、品牌推广、IP流量变现,平台则可以提供置顶模块、广告模块、直播带货模块来满足用户。(3)建构价值共创网络单元。以模块为单元进行价值生产与创造的用户,极易形成具有核心交互能力的模块簇群,在分享与传播方面更具有圈层效应。以模块族群为单元建立价值共创网络,是

---

① 杰奥弗雷·G. 帕克、马歇尔·W. 范·埃尔斯泰恩、桑基特·保罗·邱达利,《平台革命,改变世界的商业模式》,机械工业出版社 2017 年版。

平台形成圈层经济、实现平台价值的有效路径。

(二) 提高用户洞察能力，建构具有竞争力的市场机制

1. 提高平台用户洞察的能力

对于平台企业来说，平台的所有使用者、追随者都可以视为用户。对融媒体平台来说，无论是处于B端的内容生产者，还是处于C端的消费者，还是广告商，都是平台的用户。因此，对用户的洞察就不是传统意义的仅对消费者的洞察。

在融媒体平台建立之初，许多媒体一直致力于对B端用户的开发和利用，就是不断地吸纳、聚合与整合内容生产资源，如"中央厨房"式的全媒体平台先是整合内部的内容生产资源，其后又不断地吸纳其他媒体或企事业宣传部门的内容生产资源。其目的是打造内容生产矩阵，提高产品质量，以此来吸引C端用户，然后再吸引广告商。这是传统商业模式在互联网上的映射，有其可取之处，但也存在不可避免的局限。可取之处，就是融媒体平台仍是以内容产业为核心的价值生态系统，价值的生成逻辑是由优质产品吸引消费者再吸引广告商；其局限之处，就是没有按照互联网平台的价值生成逻辑来运行。平台的价值生成逻辑在于：通过网络连接供需，形成双边或多边市场，让有利益相关性的诸多群体进入市场并彼此交流互动，产生规模化的需求经济，从而实现价值或价值的增加。平台主导方作为市场的建构者、管理者就需要对供需双边的用户需求有清晰的洞察。

对用户的身份、情绪、行为进行洞察，是平台运营的基础。随着大数据和人工智能技术的发展，越来越多的平台应用人工智能的原理和技术手段爬取网络用户数据信息，通过智能算法辅助完成对用户浏览、购买行为的数据处理，以及对用户内容文本的态度和情绪进行分析。还有使用生物传感器从用户的生理体验中收集信息，完成分析并通知多个算法。如新华网所属的媒体研究所与荷兰国家数学和计算机中心（CWI）、北京航空航天大学机器人共同开发了我国第一代智能生物传感器之星——Star智能机器人，Star可以通过新华网络自主生物传感器收集用户体验信号，并将其转换为数据，进而对数据进行完整的分析，形成用户体验报告，并及时反馈系统。基于生物传感器技术，可根据用户需求生成各种产品，可以进行数据挖掘和精密营销，可以提高媒体与用户的交互。致力于计算传播的科学家和技术人员还在研发和设计更为精简的行动人群之监测模

型,用以观测网络系统中不同价值群体之间的互动影响。

2. 基于用户洞察建构平台的管理模式

在传统媒体向新媒体转型——建立新闻网站、新闻客户端、融媒体中心时,其实已经集聚和储存了不少用户数据,但是用户数据的智能化挖掘和分析一直没有很大进展。对海量数据进行持续追踪、挖掘和分析,形成数据库,变成智慧数据,数据才会有价值。在数字经济时代,用户数据已经成为各种平台的核心资源。只有对用户进行深入的洞察,才能建构用户数据库,为平台的运转提供清晰的目标。

用户数据是平台决定采取何种管理模式的关键。平台要想发展壮大,平台主导者首先要根据发展目标制定合理有效的平台规则和定价策略,以便管理用户关系。平台的发展目标不同,平台的管理模式和运作机制就大不一样。如以新闻内容生产为主的融媒体平台,在对平台用户的身份审核、平台的开放权限设置上就会非常严格。没有新闻生产资质的单位或个人就不能进入内容生产端,用户评论区的把关管理也会相对严格。而以非新闻生产和信息服务为主的融媒体平台,在用户过滤机制和平台开放权限设置方面就会宽松得多,为了增加内容的丰富性,平台会对用户开放底层架构,使非专业生产团队和个人都可以自由加入平台,平台也应采取更多的激励措施鼓励用户参与生产。我国相当多的传媒集团一方面要担负舆论引导、维护主流意识形态安全的责任,另一方面也要做好多元经营的业务,参与市场竞争。因而采取双平台发展与管理的模式,如湖南广播电视集团建立"湖南卫视+芒果TV"双平台发展模式,卫视频道负责新闻业务的生产与传播,其内容生产端主要由集团内部的记者、编辑、导播专职人员组成,不对外开放内容生产端。而芒果TV则负责新闻以外的内容生产,其生产端对外开放,允许民营、私营、个体等生产者进入,而终端用户市场的开放度也非常大,允许大量的交互行为。还有许多的广播电视集团专门成立MCN机构,来组织内容的市场,以提高B端用户的丰富性与创造性,为平台打造流量池。这些管理模式一方面顺应了我国国情,另一方面还处于探索阶段,平台市场效果还不明显,离市场化的商业化的平台媒体还有很大的差距,还需要做更多的模式创新。

3. 基于用户洞察建构平台的激励机制

要建构一个具有竞争力的平台生态圈,需要平台主导者能根据用户洞察建构公平合理有效的激励机制。首先,平台需要根据供需双边市场的用户需求来确定定价策略。定价策略是平台激发网络效应,构筑生态圈的手段。许多平台企业通过设定"付费方"和"被补贴方"来建构用户市场。所谓"付费方"就是平台确定一边市场的用户需向平台交纳佣金或服务费,"被补贴方"则是指平台对一边市场的用户提供费用上的补贴或者免费。如淘宝平台上的卖家就是"付费方",卖家通过支付额外的费用以获得增值服务;而买家就是"被补贴方",不需要付钱就可以登录平台浏览成千上万的商品。而一般平台媒体则将广告商设定为"付费方",而内容生产者和终端用户是"被补贴方",如今日头条对广告商收费,而对内容提供者付费,对终端用户免费。有一些平台媒体也会对终端用户收费,如爱奇艺、腾讯视频的会员制,就是将一部分有个性化需求的用户进行会员制管理,对其收取会费,使其可以享受免受广告打扰、同步看院线大片、看优质的影视剧等特权。一个平台采取何种定价策略取决于平台的发展状态和市场竞争形势。对于融媒体平台来说,在平台建设初期,常常面临"有米下锅无人吃饭"的情况,就是平台有内容但没观众,没观众就不能吸引广告商。因此,平台应该对观众(即C端用户)进行补贴,如以有奖扫码下载App、注册签到有礼、新人有奖等各种优惠补贴方式来吸引用户使用平台。还有就是融媒体平台要对平台进行品牌传播,塑造良好的品牌形象以吸引用户、留住用户。当然,更关键的是要根据用户的需要提供个性化的内容,因此平台还需要对内容生产端的用户进行激励,使其有创新的热情生产有吸引力的产品。例如,风头强劲的短视频平台,为了提高短视频的生产力,就会对生产短视频的用户进行分级补贴,创作数量多、点击率高、转发量大的生产者会受到平台的扶持,如提供额外的流量、提供创作资金、视频优先推送等。灵活的定价策略和恰当的激励机制是平台激发网络效应、获取大规模注意力市场的有效方式。现今,许多融媒体平台在平台定价和激励机制的建构方面缺乏经验,还需要培养或培训有平台思维和运营能力的团队和员工。

(三)进行品牌传播的场景革命,开发多元盈利模式

在数字经济时代,品牌的数字化传播无疑是将产品推向市场的有效方式。在平台竞争中,融媒体平台既要打造平台的品牌形象,也要为平台的内容产品进行营销传播。建构数字化场景,增加平台与消费者之间更多的"连接、互动与分享",使用户成为品牌传播价值的实现者和增值者。

1. 建构"连接、互动"的应用场景,增加品牌接触点

融媒体平台应该精确定位品牌的应用场景,为品牌与消费者搭建可以快速

连接、即时互动的通道,使两者身处同一个信息空间以增加品牌接触点。消费者只有与品牌亲密接触,才会对品牌进行关注。如何建构应用场景?这就需要采用定位系统识别消费者的空间位置,使用移动设备和移动通信网建立连接通道。例如,滴滴出行利用定位系统为车与行人提供连接;携程网通过"非常准(App)"将航班信息与乘客连接;耐克通过"耐克跑步"将耐克品牌与跑步爱好者连接。这些连接构成不同的信息空间,就像建构了一个"集市"供人们进行信息的交流。只是这个"集市"是虚拟的,但却是互动的。

应用场景连接的目的就是为了加强消费者与品牌的互动,因为互动可以使消费者由被动变为主动、由围观变为参与、由疏离变为亲密。那么这就要求应用场景里应该设计一些方便用户参与品牌互动的环节,并提供技术和服务支持。例如,韩国一则著名的跑步运动鞋品牌推广,就是在地铁月台的防护墙上装上一个带有鞋柜的游戏显示屏,然后采用定位传感系统识别从此经过的人,一次识别出两人并将识别出的人脸显示在屏幕上,提醒二人进行跑步按键游戏对决,获胜的一方可以从鞋柜即刻挑选一款喜欢的运动鞋。这则品牌推广活动非常受欢迎,销售效果也很好。其原因就在于它为品牌和消费者提供了连接与互动,将本无关联的行人带入一个与运动相关的场景,通过游戏比赛活动将被动变成主动,将疏离变为与品牌的亲密接触。

2. 搭建"沉浸式"消费场景,提升品牌传播效应

融媒体平台应该基于应用场景搭建便利的消费场景,使身处同一信息空间的品牌和消费者之间产生信息交流或价值交换。如阿里集团通过"淘宝网"将商品与消费者连接在一起,并进行在线买卖。消费场景的建构需要网络平台、移动通信平台、大数据技术、虚拟现实、H5等。在移动互联时代"传播成为一种数据驱动下的信息流动过程,数据联结着传播的各个要素和环节"①。数据也是品牌信息传播的基础。大数据技术的运用可以充分挖掘、无限细分、精确把握消费者的个性需求和日常消费习惯,为品牌捕获目标消费者。而网络平台和移动通信平台作为社会化媒体的一部分,也可以通过云端的数据分析用户,为用户提供适合的信息、社交、服务等。

搭建消费场景的目的就是要促成品牌消费行为的产生,这要求所构建的消费场景能为用户提供沉浸式体验。沉浸式体验既包括人的感官体验,又包括人

---

① 李继东、胡正荣,《从控制到联结:人类传播范式的转变》,《中国社会科学报》,2015年4月1日。

的认知体验。只有包含丰富的感官经验和认知活动才能创造出最令人投入的体验行为。虚拟现实是能带来沉浸体验的有效方式,因为虚拟现实的本质就是提高现实感,让用户参与到媒介产品的互动和游戏中,产生身临其境之感。如依托于虚拟现实技术的"Buy+购物平台",就是以消费者体验为中心,注重感官心理的综合感受,致力于利用计算机图形系统和辅助传感器,生成可交互的三维购物环境①,为消费者提供沉浸式体验。此外,H5作为第五代超文本语言②具有开放性和兼容性,企业在品牌传播时运用H5可以设计创造出各种动态的、直观的、可供分享的场景,使消费者在这些场景中获得一个完整的"沉浸式"体验。"沉浸式"体验有助于提高消费者对品牌的深度认知,消费者通过亲身参与品牌的互动与体验获得直观感受。不仅如此,企业还可以通过搭建"沉浸式"消费场景及时获取消费者的消费反馈,可以及时调整品牌传播的方式或策略。

3. 构建便捷的支付场景,促进品牌增值

融媒体平台应该选用合适的支付场景,为消费者完成品牌的消费提供及时便利的支付空间。移动互联技术重新定义了消费时空观,消费不再局限于特定的时间、地点,而是随时随地。品牌要满足即时消费,就需要为用户提供随心所欲的支付条件,那么就需要与能提供支付功能的企业合作,实现跨界连接。德国一家银行与一个公益组织合作,在户外广告荧屏上内置刷卡支付系统,每当行人想自愿捐助时,可以拿出银行卡在广告荧屏上的卡槽刷一下,而荧屏上伴随的显示是一片面包被切下,一双饥饿的手获得了面包片;或者是束缚在一双手上的绳子被割断,人获得了自由。最后捐助者会收到银行对账单,对支付结果予以确认。这样的跨界连接,获得了双赢。银行通过提供支付,参与了公益事业,不仅树立了企业良好的社会责任形象,也传播了该银行的服务品牌;而公益组织借助银行的支付功能在宣传公益事业的同时即可获得捐助款;对于捐助者来说,捐助的方式更形象,捐助的渠道更方便,捐助的价值感更强烈。

4. 建构多元分享的传播场景,共创品牌传播价值

数字化媒介的广泛使用,完全改变了媒介与媒介用户的关系。随着自媒体和社交媒体的发展,用户借助于网络空间越来越多地参与到媒体的生产与经营中来,用户的主动性、自发意识越来越强烈,用户内容生产已经成为时代潮流;移

---

① 韩肖华,《虚拟现实(VR)技术在"Buy⁺"中的设计与运用》,《设计》,2016年第13期。
② H5:超文本语言是指页面内可包含图片、链接,甚至音乐、程序等非文字元素。

第五章　融媒体平台价值生态系统的建构及产业模式创新

动互联使媒介信息消费的空间由固定变得漂移,如今媒介用户接收信息、消费信息是随时随地,且是多媒体、多终端、多渠道的即时性消费;随着共享经济的到来,不受经济利益驱动的用户出现,用户进行媒介信息消费的目的发生变化,用户接触媒体、消费信息的目的是交换信息或免费分享。企业只有正视这些变化,建构多元分享的传播场景,才能为品牌传播提供更好的价值增加渠道。

首先,平台应该具有跨界整合传播场景的能力。比如能将应用场景、消费场景和支付场景进行有效整合,形成多元跨界的品牌传播场景。著名品牌可口可乐公司为了提高它的"零度可乐"的品牌与销售,曾成功建构了多元跨界场景,收效颇丰。在户外,可乐公司搭建了一个巨型可乐饮用广告牌,该广告牌不仅供看而且可以使用。消费者只要按下饮用开关,可乐液体就顺着长长的输水管流出。可乐公司还在宣传单页和某些杂志的内页,加附带有二维码的吸管,用户手机扫码即可获赠一张优惠券,可去任意销售点兑换。与此同时,可乐公司在智能手机上推出一款"音乐神搜"软件,只要广播上响起可口可乐的音乐、电视上出现可口可乐的瓶子,打开"神搜"软件,手机界面即刻出现可乐水杯,将水杯对准广播或电视屏幕里的瓶口,就有可乐液体注满水杯的画面与声音,注满一杯即可去任意销售点兑换一瓶可乐。这就是一场整合运用多种场景的品牌传播,即整合了户外媒介、平面媒介、电子媒介等传播应用场景,建构了即时消费场景与多种支付场景,充分满足了消费者互动、沉浸、多元的体验需求,扩大了品牌传播的价值。

其次,平台还必须充分挖掘和利用媒介用户多元分享的需求,将潜在的消费者变成品牌价值的共创者。比如,利用日渐兴起的社群,来建构协同分享的传播场景。网络社群的兴起正在为商业打开新的价值空间,社群经济成为新的价值增长形式。一方面,互联网为人们提供了"公开寻找知己"的通道,使人们更容易获取感兴趣的同人或社群;而社会化媒介的广泛使用也降低了人们发现同人或社群的成本,还为同人或社群提供了共享空间。另一方面,社群具有协同分享的能力。社群的形成源于人的内在动机和社会化动机,内在动机就是希望在同人群里获得自治和胜任感的满足;社会动机就是对成员资格和分享内容的渴望。[①] 正因如此,社群里的人往往具有共同的兴趣和价值追求,他们也乐于彼此协同分享。对平台来说,因为社群具有可以被识别的符号特征,平台可以通过细分社群,找到与品牌相契合的消费群体,将其作为协同分享的传播渠道;再借助

---

① 克莱·舍基,《认知盈余:自由时间的力量》,中国人民大学出版社 2018 年版。

于社群的凝聚力与分享力,把社群用户变成对品牌有着真实感情和价值认同的粉丝和拥护者,而这些拥护者常常会主动通过社交网络进行品牌分享和传播,从而影响到更多的消费者。这样一来,社群里的每一位成员都将变成品牌的价值传播者,变成品牌价值的共创者。社群的协同分享传播成本低廉,却使传播价值倍增。

数字技术、移动互联技术和社会化媒介的广泛使用,深刻改变了商业、媒介、社会与人的关系,使品牌传播面临革命性的变革。依靠传统广告的长期投资已经不能满足消费者的个性化需要和价值追求,融媒体平台只有顺应时代的变迁,通过跨界连接、整合运用入口场景、消费场景、支付场景来建构"互动、沉浸、多元"的消费体验空间,以增强品牌的连接点、触发点与消费点。此外,还应该充分利用不断兴起的社群或其他亚文化群体,通过协同分享的方式,让消费者主动参与到品牌传播活动中来,把用户变成对品牌有着真实情感和价值认同的粉丝和拥护者,使用户成为品牌的传播者,从而实现品牌价值的递增。

融媒体平台通过数字化场景营销,可以创造多元的盈利模式。因为数字化场景是移动互联时代特有的"信息系统",是实时的、移动的、跨界的、融合的,它有着无数交叉的进程和模式,可以为品牌传播提供无限的空间,为品牌的增值提供多元的爆发点。

本章小结

在数字经济时代,数据成为最核心的资源。平台企业的竞争将围绕数据的采集、挖掘、分析而展开。"数据+算法+产品"已成为新兴平台媒体的主要商业模式。而5G技术的应用将打破更多行业的壁垒,使越来越多的产业趋向融合跨界。数字化平台成为融合跨界的主要桥梁和枢纽。"大平台+小前端"将成为各行各业进行资源整合、建构无边界产业价值生态系统的普适性模式。平台竞争的重心从双边市场的规模化需求经济的竞争转向整个价值生态系统的竞争。平台只有拥有良好价值生态系统,才能维持生态圈的有序发展与持续竞争,才能获得更长久的生命力。

本章在价值生态系统的理论视野下分析了平台价值生态系统的构成、核心动力机制和运行机制。在此基础上探讨了融媒体平台如何建构适应数字经济发展的价值生态系统。首先,融媒体平台要吸引并留住足够丰富的用户资源,才能建构种群多样的生态圈。其次,融媒体平台要建构以大数据、人工智能为基础的智能算法体系,因为算法不仅是平台的核心动力机制,还是进行用户洞察的工具,是平台网络效应的激发者。没有算法,平台将无法调配海量信息、匹配供需资源,整个生态系统都将陷于无序状态。一个健康有活力的价值生态系统,还需要具备良好的运行机制,因而融媒体平台还要对平台功能结构进行精心设计,建构合理高效平台的市场机制,建立明确的用户激励机制,以及用户价值共创机制。最后,复杂的生态系统还需要协同治理,融媒体平台要进行模块化管理,以契约型协同治理来明确系统内不同种群或栖息者的责权利,以共享型协同治理来管理用户价值共创。

融媒体平台价值生态系统的建构体现在实践层面就是产业模式的发展。传统主流媒体与新媒体深度融合的过程中,出现以融媒体平台为核心的三种产业集成模式,产业纵向集成试图将上下游的相关联的产业纳入价值生态系统,产业横向集成试图将不同媒体、不同行业的相关性产业纳入价值生态系统,产业混合集成试图跨界解构无边界的价值生态系统。这些实践受到各种现实因素的影响,尚处于探索阶段,平台模式缺乏积极的网络效应,没能产生应有的集成效应;用户洞察不够,缺乏有效的市场运行机制;盈利模式单一,缺乏规模化的注意力市场。融媒体平台的经营管理者应从平台生态位战略出发,建构平台的协同创新机制;提高用户洞察能力,建构管理机制和激励机制;锤炼场景传播能力,进行品牌营销,建立多元盈利模式。

第六章

结论与展望

自2014年媒体融合上升至国家战略以来,党和国家领导人对建设新型主流媒体、建构现代传播体系倍加重视,先后出台了多项关于推进媒体深度融合的指导性政策。在政策的指引下,在政府和市场的双轮驱动下,我国传统主流媒体进行了自上而下大范围的融合转型。其中建设融媒体平台(或中心)成为各大媒体进行平台化转型的主要方式。进行平台化转型是数字经济时代媒体参与市场竞争的必经之路。数字经济时代是平台崛起并左右市场竞争格局的时代。以互联网平台为基础、以智能化生产与服务为特征的新媒体,完全颠覆了传统的新闻生产与传播方式,打破了行业边界。平台型新媒体已经成为建构大规模注意力市场的新的结构性力量。传统主流媒体只有向平台型媒体发展,重新建构组织结构和管理体系,建构自主可控的融媒体平台,进行产业模式创新,才能有实力参与平台化的市场竞争,才能占据主流舆论地位,确保意识形态的安全。

近些年来,我国传统主流媒体尝试建构了以"中央厨房"为特征的融媒体平台、以云网端为特征的省级融媒体云平台,以及县级融媒体中心。这些融媒体平台建设对推进媒体新闻业务流程改造、加快新旧媒体从"相加"到"相融"方面起到了一定的作用,但是在继续推进跨界融合方面却遭遇瓶颈。需要从理论与实践两个层面进行分析和讨论:融媒体平台应该怎样建设才能具备市场竞争优势,助推传统主流媒体向新型主流媒体跃迁?为此,本书从平台竞争的视角来探讨融媒体平台的价值链重构与价值生态系统的建构问题,为当前各级媒体解决融媒体中心建设所遇瓶颈提供新的思路，为推进媒体深度融合、建构新型主流媒体提供理论支持与实践参考。

第一节　研究结论

本书基于实地考察、深度访谈、参与式观察等方式对我国传统主流媒体近些年来的融合转型进行了持续的调查与研究，并通过对"中央厨房"这种典型的融媒体平台模式进行深入分析，研究揭示融媒体平台建设的实质就是进行价值链重构，按照数字化平台的竞争逻辑进行用户关系的重构与核心能力的建构。根据数字经济发展趋势及平台竞争的态势，本书还提出主流媒体需要建构融媒体平台的价值生态系统，才能推进产业模式持续创新，实现真正的跨界融合。

一　平台化转型是传统主流媒体从"借船出海"到"造船出海"的必经之路

21世纪是互联网平台崛起的时代，平台正快速地颠覆传统的商业模式，建构"海量聚合、智能匹配、高频交互、个性化供需"的商业模式。这种模式渗透进传媒行业，掀起传播的平台革命。如雨后春笋勃发的社交媒体、自媒体、短视频媒体均以互联网平台为基础架构，以移动互联网、物联网、大数据、人工智能、云计算等为核心系统。这些平台型媒体可以高速快捷地进行资源整合、信息加工、内容生产、个性化匹配，还可以为用户提供进行无边界的交互、共享与共创的条件。平台型媒体脱颖而出，成为流量的收割机，在短短的几年内便发展成拥有大规模注意力市场的强势媒体，给传统主流媒体带来极大的生存压力。

传统主流媒体展开两种路径进行反击和自救，一种是"借船出海"，即到新媒体的平台上开设账号，如到微博平台上开设媒体官方的微博账号，到微信平台上开设公众号，到今日头条平台上开设头条号，到抖音平台上开设抖音号，等等。另一种是"造船出海"，即筹建自主可控的融媒体平台，人民日报社建构"中央厨房"、新华社建构"现场云"，各省级媒体的融媒体云平台，如湖北广播电视台集团的"长江云"、江西日报社集团的"赣鄱云"、陕西广播电视台和西部网共同建构的"丝路云"等。"借船出海"的优势在于利用新媒体的平台技术和商业模式，能快速吸引注意力,扩大影响力;"借船出海"的劣势在于受第三方运营模式和盈利模式的限制,流量变现的利润太少,相当于贡献给第三方平台大量优质的内容,而收入不成比例。"造船出海"的优势在于自主可控,尤其是意识形态安全、舆论引导方面有很好的把关;"造船出海"的劣势在于平台建设起步晚,技术、资金、人才都欠缺,体制机制改革阻力大。

二 在政府和市场的双轮驱动下,传统主流媒体进行大规模的"造船"行动。"造船"的关键在于重构融媒体平台的价值链、重构平台与用户的关系、建构平台的价值生态系统

人民日报社的"中央厨房"模式成为全行业学习的标杆,在短短几年内"中央厨房"建设遍地开花。2018年县级融媒体中心上升至国家战略层面,在国家级、省级等媒体主体的积极参与下,"中央厨房"模式继续下沉,带动县级媒体进行平台化转型。这种大范围的平台化建设,将之前零散探索的或踟蹰不前或安于现状的各级媒体卷入转型的洪流。一些起步早、实力雄厚的国家媒体和东部发达地区的省市级媒体,通过"中央厨房"建设逐步探出一条适应时代发展和自身实际需要的平台模式;而一些中西部地区的媒体集团或媒体单位对融媒体平台建设缺乏明确的定位,在建设实践中出现简单的模式复制、形式挂牌、同质化建设等现象。

从平台理论视域分析和思考当前融媒体平台建设中出现的问题,从表面上看,似乎是由于建设时间短、没有成熟的经验,也缺少技术、资金、人才的支持。但深入其内,问题的症结在于融媒体平台建设主体缺乏平台思维,没有遵循平台的运行机制与市场逻辑,导致平台建设只有形(平台的物理空间),而没有神(平台的运行机制)。从互联网平台的成长共性来看,任何类型的平台建设都不可能一蹴而就,大体都会经历从简单的产品平台向平台企业再向平台生态系统发展,其平台功能也将从简单的技术操控到双边(多边)市场供需匹配再到复杂的价值生态系统跃迁。传统主流媒体当下建构的融媒体平台,其功能尚处于产品平台的建设阶段,平台可以对已有的存量资源进行整合(如对内部新闻业务流程的整合,对传播渠道或终端的整合)。要想进行跨界融合实现无边界创新,则应该将融媒体平台打造成具有信息交互、资源共享、价值共创能力的生态系统。为此,融媒体平台建设应按照平台的成长逻辑,首先着力进行平台的价值链重构,其次

进行用户关系的重构及核心能力体系的建构,最后进行平台价值生态系统的建构,以此持续推进平台产业模式的创新。

三 主流媒体进行价值链重构就是要打破传统的资源配置方式和价值生成逻辑,重新建构以虚拟价值链为核心的平台价值生成系统

在原有的价值链体系不能满足媒体的发展与创新时,就需要重构价值关系与价值创造逻辑。在数字经济时代,媒体经历数字化转型,向数字出版、移动出版方向发展,虚拟价值链以一种新的价值创造逻辑切入媒介经济领域,成为资源配置、关系整合、建构市场的利器。

进行融媒体平台建设,就是在推动主流媒体向"互联网+"转型,由实体经济向虚拟经济转化,由线性的价值创造链向复合多元的价值创造网转变,由单向度的价值传播转向双向交互的价值共享共创。而要实现这一切转变,就需要媒体进行大刀阔斧的体制改革和组织变革,进行业务流程再造,重新建构适应平台运作的机制,建立相应的人才薪酬体系。但在融媒体平台的现实建设中,常常出现体制机制僵化、观念创新乏力,组织结构、业务流程改造不彻底,没有明确的商业模式和盈利模式,造血功能不足等问题。因而解决问题的根本还是要突破制度性困境和市场结构性困境。因而,先要从平台的属性定位开始,按事业性和企业性两种不同的属性进行平台价值链的重构。事业性平台就专注于新闻内容的生产,做有"四力"的新闻内容平台;而企业性平台就按照市场化运作,按照企业经营管理的要求建构平台的价值链体系,参与行业内外市场的竞争。

四 在价值链重构中,最需要重构的是媒体与用户的关系,以及围绕用户价值共创关系,建构核心能力体系

移动互联网时代,媒体进入平台竞争。新兴的平台型媒体占据的市场竞争优势越来越大。从表面上看,似乎是因为平台型媒体具有技术优势和先天的互联网基因,受到市场和资本的青睐。但追根溯源,平台型媒体最核心的竞争优势是来自用户的价值共创。首先,平台型媒体从底层打开了用户参与内容生产的大门,所有的平台用户既可以是生产者,也可以是消费者,用户可以在平台自由切换产消身份。其次,平台型媒体具有用户画像的能力,可以根据用户的需求进

行个性化推荐,还可以根据用户反馈,不断优化个性化推荐机制,从而能不断地促进平台与用户、用户与用户之间的交互,而交互本质上就是一种共享共创。再次,平台型媒体具有建构或管理各种社群的能力,能够利用社群进行价值共创。总之,平台型媒体完全颠覆了传统意义上的传受关系,赋予用户更多的自主性与能动性,用户从价值链的末端逐渐跃迁到价值链的核心环节。

主流媒体建设融媒体平台,需要重构用户的关系。首先,要确立互联网平台思维下的用户观,重构与用户的价值生产关系,建构用户交互机制。其次,要与用户建立从"单边"到"多边"的价值共创机制,从竞争到竞合的价值共创机制。再次,要建立多种形态的价值共创模式,如产品共创模式、基于个性化推荐的价值共创模式、社交互动的价值共创模式等。

进行价值链重构、用户关系重构的目的是提高融媒体平台的核心竞争能力。为此,更应该围绕与用户价值共创来着力建构融媒体平台的核心能力体系。在移动互联时代,用户、数据、平台、算法逐渐取代传统资源的地位,成为媒体发展的关键。信息交互、平台共享、价值共创成为媒体获取市场竞争优势的核心能力。

五 随着数字经济向智能经济发展,媒体产业将从价值链的竞争转向价值生态系统的竞争。融媒体平台需要建构功能更加灵活多元的价值生态系统,才能推进产业模式的持续创新

随着数字2.0时代的到来,数字经济向智能经济发展。人工智能、大数据、云计算、物联网、5G通信等将在更大范围和更广阔的层面促进跨界融合。媒体产业的边界将更加开放、媒体的功能愈加多元、媒体的生产将更加智能。媒体也将嵌入社会系统的方方面面,成为各行各业的连接器与服务器。媒体产业的竞争不仅仅是行业内的竞争,而是跨界竞争,在价值创造上不仅仅是价值链环节的竞争,而是整个价值生态系统的竞争。谁拥有生态良好的价值生态系统,谁就拥有更强大的适应能力与竞争能力。

从长远来看,主流媒体必须加快融媒体平台的价值生态系统的建设,才能适应智能经济发展的速度。融媒体平台需要建构有足够用户规模的价值生态圈,建构基于智能算法的核心动力机制,建构具有网络效应的市场运行机制,建立明确的用户激励机制以及用户价值共创机制。最后,还要建构协同治理机制,以保障融媒体平台价值生态系统的良性发展。

伴随着价值生态系统的建构,融媒体平台也需要进行产业模式的创新。当前主流媒体进行产业模式创新的路径是产业集成。无论是纵向、横向还是混合的产业集成实践,都存在一些共同的问题:产业集成所建构的平台模式缺乏积极的网络效应,未能产生应有的集成效应;对用户洞察不够,没有建立起有效的市场运行机制;缺乏规模化的注意力市场,盈利模式单一。融媒体平台的经营管理者应从平台生态位战略出发,建构平台的协同创新机制;提高用户洞察能力,建构高效合理的管理机制和激励机制;提高品牌场景传播的能力,开发多元的盈利模式。

第二节 研究展望

传统主流媒体平台化转型是一项长期的、系统的、动态的建设过程,平台化转型不仅是媒体内部的变革,还是跨行业、跨边界的生态重构。既要对过去的已不能适应或满足时代发展的价值链进行改革,又要面向快速发展的平台经济、智能经济建构新的具有竞争力的价值生态体系。传媒业的特殊属性使平台化转型问题尤其复杂,本书从价值链重构的视角对媒体如何进行平台化建设进行了初步的探讨,尚有许多理论与实践层面的问题需进行更加深入的研究。在此,对研究之不足进行反思,对未来还可以继续的研究进行设想。

一 研究之不足

无论是传统的价值链理论还是新兴的价值生态系统理论都对企业的经营管理起着非常重要的指导作用。面对外部竞争环境的变迁,价值链理论对企业如何进行价值链的优化或重构、建构新的价值创造系统具有非常强的战略指导性。我国传统主流媒体在数字经济的浪潮中,面临严峻的平台竞争,原有的价值体系已不能应对当前的竞争,亟须调整和优化价值链结构,重新建构平台化的价值生产系统。本书尝试借用价值链理论对传统主流媒体的价值链重构进行研究,以图提出策略性建设。但在实际研究过程中,尚有以下几个方面的不足,还需深入研究。

第一,我国主流媒体平台化转型是在政府和市场的双轮驱动下自上而下进行的大规模的融媒体平台(或中心)的建设,涉及的范围之广、媒体之多,难以尽数。每家媒体的级别不同,所拥有的资源和能力也不同,需要解决的实际问题也不一样,那么在进行价值链重构的战略规划上也应有区别。要去一一调查和探析显然不现实,本书基于对转型现状的综合分析,提出价值链重构的路径或方法,从理论上说是合乎逻辑和规律的,但在落地实践中恐缺少针对性。这就需要在后续的研究中,加强更多的个案研究,从多项个案研究中去探求具有普适性的战略建议。

第二,价值链重构涉及管理制度的改革,组织结构的变革,组织的运行机制、激励机制、治理机制等一系列的改革。本书对运行机制、治理机制、激励机制等方面着力研究的多,对管理制度和组织结构方面的研究不够深入。虽然体制改革一直是媒体转型的制度性困境,在平台化建设中转企改制不彻底也影响平台的定位问题。但囿于体制问题的复杂性,需要另外进行系统的研究,且本研究的重点在平台价值生态系统,因而对制度性困境及解决对策的研究有所欠缺。

第三,在传媒产业竞争转向平台竞争的形势下,建构数字化平台是媒体转型的当务之急。数字化平台是随着数字化技术、互联网技术和信息技术的发展而诞生的一种新的商业模式和市场组织形式。平台模式并不是固定的、任何企业都能复制的模式,相反,平台模式是随着技术、生态环境的变迁而不断变化或者说进化的生态系统。那么在探讨融媒体平台建设的过程中,难免会出现理论跟不上实践步伐的问题。尤其是更多的互联网平台公司出现媒介化趋势,它们跨界进入媒介领域,创造出更多的媒体平台模式,这时需要进行持续的实践观察与理论创新。

第四,根据平台的成长阶段(由产品平台到平台企业再到平台价值生态系统)来研判,很多媒体的融媒体平台还处于产品平台的阶段,根本不具有网络效应,在资源整合和供需匹配上也无法与商业性的平台媒体相比。那么本书关于平台价值生态系统的建设就是一个面向未来的应然问题,而实然会怎么样将有待实践检验。

二 未来可继续进行的研究

(一) 关于融媒体平台模式的研究

传统主流媒体现在进行的平台化转型,是在政府的主导下进行的自上而下

第六章 结论与展望

建设。建设时间短,又没有成熟的经验可借鉴,出现"中央厨房"模式被大范围复制的现象,导致平台模式简单、同质。随着媒体经济的发展和跨界融合的推进,应该探索更多的融媒体平台模式。这需要对平台思维、平台理论进行更多的了解和研究,对平台功能及系统的建构有更深入的研究。

(二)关于融媒体平台治理模式的研究

因为主流媒体转企改制不彻底,因而一直存在制度性困境。媒体的政治属性功能和经济属性功能如何在平台建设方面得到很好的安排和解决,是平台治理的关键问题。平台的开放性与意识形态的安全,平台的交互性与媒体把关,平台的自组织性与行政管控,这些问题都需要进行制度性规划和设计。在媒体产业边界越来越开放的情势下,对融媒体平台的属性定位将决定其制度安排。融媒体平台要不要按政(事)企两分开的原则,设立平台开放的边界?经营性的融媒体平台可以向商业性平台模式发展吗?这些问题都有待持续地进行研究。

(二)关于融媒体平台价值生态系统的研究

未来平台的竞争一定是基于价值生态系统的竞争,价值生态系统多元且具有良好运行机制的平台将具有竞争优势。腾讯、阿里、百度、字节跳动公司都在倾力建构价值生态系统,不断地拓展平台的生态种群,扩大市场版图。主流媒体也需要建构平台的价值生态系统,应基于平台进行更多的跨界融合,将内容生产、信息服务扩展到更多的领域,建构更加多元的商业模式和盈利模式,创新更多的产业模式。这项面向未来竞争的研究,需要引入更多学科的新的理论与方法,进行跨学科的研究,才能为建构新型的主流媒体提供更充分的、更有价值的理论支持与实践参考。

总之,尽管本研究进行了理论上的探索与实践上的考察与研究,但由于研究能力有限,本书有很多不足之处,还有许多问题有待继续深入研究。在此,恳请专家批评指正!但愿本书对媒体平台化转型有一定的帮助,同时也希望本书能够抛砖引玉,引起更多研究者对融媒体平台建设的关注。

Postscript

后　　记

　　2016年我刚刚完成教育部人文社科项目"转企改制背景下传媒组织冲突的动因分析及管理对策"（13YJA860009）。传媒的组织变革赶不上外部急剧变化的媒介生态。在平台媒体不断崛起与快速重构传媒市场的时候，传统主流媒体的数字化转型、平台化建设还在摸索着进行。2015—2017年各大媒体纷纷开启"中央厨房"融媒体中心建设。什么是媒体的"中央厨房"？"中央厨房"建设作为推进媒体融合的龙头工程会给既有的传播模式和传播体系带来怎样的改变？"中央厨房"模式推进媒体跨界融合的动力机制、运作机理是怎样的？"中央厨房"模式是平台模式吗？有许多疑问在翻腾，驱使我想做进一步的了解和研究。为此申请到国家社科基金一般项目"作为媒体跨界融合创新范例的'中央厨房'模式研究"（17BXW030）。

　　项目立项后，我便开启了媒体调研之旅。首先去了人民日报社、新华社、中央广播电视总台进行了访谈和实地调研，后来又去了十五家省级媒体调研。2018年县级融媒体中心建设被提升至国家战略层面的时候，我又陆陆续续调研了十几家县级媒体。通过调研，了解到媒体行业融合实践进程以及在实践进程中所产生的诸多问题。为剖析和探究这些问题，我研读了不少经济管理学的论著，试图从产业价值链理论、价值共创理论、平台理论等来寻求解决之道。我将所思所想写成多篇论文，其中有十四篇得以刊发。2022年3月我将这些论文整合成专著，顺利结项。结项后，我又花费了一年多的时间对结项专著进行了修改，得成此作：《价值链重构：传统主流媒体平台化转型与产业模式创新》。关于

后　记

主流媒体平台化转型的问题,我的认知和研究事实上还是粗浅的。此后还需要从平台模式、平台生态系统、平台治理等视角进一步探讨主流媒体的平台化建设问题;同时还要加强媒体产业的实证研究,增加个案或多案例的扎根研究。

本书的完成我要感谢张昆老师多年来的指引与支持。张老师指导我在武汉大学新闻传播学院完成硕士、博士的学习,在此后工作中我也得到老师许多的关怀与帮助。本书得以出版我要感谢任健老师,任老师负责牵头联系出版社,且不辞辛劳地做了许多协调工作。我还要感谢责任编辑李莺老师,从三伏天审稿、内容细节修订到最后封印设计,李老师以专业精神保证了书稿的刊印质量。最后,我要感谢我的家人和朋友,他们似阳光、雨露、明月、清风般润泽我的人生,给予我人间真爱、真情与真意。

我在完成此书的过程中,经常和儿子张贝奇聊人工智能、元宇宙、ChatGPT,我是这些新"玩艺"的好奇者,而他正在南加州大学学习这些新"玩艺"。母子的谈话里交织着学科的融合、技术的融合、行业的融合、关系的融合……我祈愿所有的融合都向着和谐共生演进!

参 考 文 献

一、新闻传播类专著

1. 蔡雯. 媒体融合与融合新闻[M]. 北京:人民出版社,2012.
2. 麦尚文. 全媒体融合模式研究:中国报业转型的理论逻辑与现实选择[M]. 北京:中国人民大学出版社,2012.
3. 万小广. 媒体融合新论[M]. 北京:新华出版社,2015.
4. 钟央. 电视新闻全媒体融合[M]. 北京:科学出版社,2016.
5. 宫承波. 媒介融合概论[M]. 北京:中国广播影视出版社,2016.
6. 中共中央宣传部新闻局. 中国媒体融合实践案例[M]. 北京:学习出版社,2016.
7. 任锦鸾,刘丽华,李波,等. 媒体融合与创新[M]. 北京:中国广播影视出版社,2017.
8. 唐绪军. 中国媒体融合发展现状:2015—2016[M]. 北京:中国社会科学出版社,2017.
9. 文远竹. 媒体融合的路径选择[M]. 贵阳:贵州人民出版社,2017.
10. 景德明,张应平. 新疆党报与新兴媒体融合发展研究[M]. 北京:知识产权出版社,2017.
11. 王平. 区域传统媒体如何救亡图存:以萧山日报为样本解读媒体融合与跨界发展的实践和探索[M]. 北京:中国广播影视出版社,2017.
12. 郭乐天. 蝶变:温州都市报媒体融合故事[M]. 北京:新华出版社,2017.
13. 新华社新媒体中心. 中国新兴媒体融合发展报告:2016—2017[M]. 北京:新华出版社,2017.
14. 邓建国. 媒体融合:基础理论与前沿实践[M]. 上海:复旦大学出版社,2007.
15. 王文科. 中国县域媒体融合发展的先行探索:长兴传媒集团变革启示录[M]杭州:浙江大学出版社,2017.
16. 郝红霞. 传媒教育:媒体融合背景下传媒人才培养路径探析[M]. 北京:光明日报出版社,2018.
17. 李进. 媒体融合进程中的马克思主义大众化传播研究[M]. 北京:人民日报出版社,2018.
18. 朱剑飞. 当代主流媒体:融合发展大解码[M]广州:世界图书出版广东有限公司,2018.
19. 段鹏. 中国主流媒体融合创新研究[M]. 北京:中国传媒大学出版社,2018.

参考文献

20. 陈琳. 新闻传播的发展与媒体融合研究[M]. 北京:中国国际广播出版社,2018.
21. 陈昌凤. 媒体融合:策略与案例[M]. 北京:中国社会科学出版社,2019.
22. 谢念. 媒体融合发展时代课题的西部探索:来自贵州省的系列调研报告[M]. 北京:人民出版社,2019.
23. 张滨阳. 全媒体战略:海外媒体融合发展新探[M]. 北京:新华出版社,2019.
24. 段乐川. 媒体融合与编辑理论创新[M]. 北京:社会科学文献出版社,2019.
25. 何福安. 纸媒到融媒:一家县级融媒体的前世今生[M]. 杭州:浙江工商大学出版社,2019.
26. 特里·弗卢. 新媒体4·0[M]. 叶明睿,译. 北京:人民日报出版社,2019.
27. 严三九. 中国传统媒体与新兴媒体融合发展研究[M]. 北京:中国社会科学出版社,2019.
28. 王语竹. 媒体融合之路探究:从延边信息港看延边广电[M]. 延吉:延边大学出版社,2019.
29. 胡怀福,周劲. 王者融归:媒体深度融合56个实战案例[M]. 北京:人民日报出版社,2019.
30. 艾冬云. 媒介融合时代的传统媒体转型研究[M]. 北京:世界知识出版社,2019.
31. 苏斌. 新时期媒体融合的创新探索与实践[M]. 南京:南京出版社,2019.
32. 梅宁华,支庭荣. 媒体融合蓝皮书:中国媒体融合发展报告(2020)[M]. 北京:中国社会科学文献出版社,2020.
33. 操慧. 县级融媒体优秀传播案例评析:以四川省为例[M]. 成都:四川大学出版社,2020.
34. 朱江丽,蒋旭峰. 媒体融合的探索与实践:2014—2018[M]. 北京:社会科学文献出版社,2020.
35. 杨永青,王国生. 融媒之道:媒体融合发展实务案例探析[M]. 武汉:长江出版社,2020.
36. 石力月. 上海区级融媒体中心建设发展调研报告(2019—2020年)[M]. 上海:上海社会科学出版社,2020.
37. 高晓虹. 中国新闻传播研究:媒体融合与社会治理研究[M]. 北京:中国传媒大学出版社,2020.
38. 马媛媛. 媒体融合背景下的社会主义核心价值观传播策略研究[M]. 北京:现代出版社,2020.
39. 谢新洲. 见微知著:地县媒体融合创新实践[M]. 北京:人民出版社,2020.
40. 黄常开. 传播力:南方报业媒体融合实践[M]. 广州:南方日报出版社,2021.
41. 《广电媒体融合发展进行时》编委会. 广电媒体融合发展进行时:全国广播电视媒体融合先导单位、典型案例、成长项目(2019)[M]. 北京:中国广播电视出版社,2020.
42. 白传之,马池珠. 电视媒体融合创意论[M]. 济南:山东人民出版社,2020.
43. 石长顺. 传媒进化论[M]. 北京:社会科学文献出版社,2020.
44. 陈明悦,等. 颠覆与想象:后互联网时代的媒介理论与媒体实践[M]. 成都:四川大学出版社,2020.
45. 丁茂战. 新时代媒体深度融合理论和实践路径研究[M]. 北京:中国言实出版社,2021.
46. 刘杉. 媒体融合时代的内容生产与信息传播[M]. 北京:中国传媒大学出版社,2021.
47. 刘涛. 融合新闻学[M]. 北京:高等教育出版社,2021.
48. 唐宁,刘荃,高宪春. 媒体融合概论[M]. 武汉:武汉大学出版社,2021.
49. 孟繁静. 探索与实践:电视媒体融合发展研究[M]. 天津:天津社会科学院出版社,2021.
50. 郝宏邦. 县级融媒体:国际化视野与本土化建设[M]. 厦门:厦门大学出版社,2021.
51. 王文科,陈建飞. 中国市县融媒体中心建设的兰溪探索[M]. 杭州:浙江大学出版社,2021.
52. 高三锡. 崭新的未来:5G链接社会[M]. 北京:中国广播影视出版社,2021.

二、经济学类专著

1. 阿里研究院.平台经济[M].北京:机械工业出版社,2016.
2. 芮明杰.平台经济:趋势与战略[M].上海:上海财经大学出版社,2018.
3. 戴维·S.埃文斯,理查德·施马兰奇.连接:多边平台经济学[M].北京:中信出版集团,2018.
4. 华挺.平台经济:互联网的中国新时代[M].北京:光明日报出版社,2018.
5. 叶秀敏.平台经济理论与实践[M].北京:中国社会科学出版社,2018.
6. 中国信息化百人会课题组.数字经济:迈向从量变到质变的新阶段[M].北京:电子工业出版社,2018.
7. 李宏,孙道军.平台经济新战略[M].北京:中国经济出版社,2018.
8. 林翔.互联网时代媒体平台经济发展的理论与实践[M].北京:国家图书馆出版社,2018.
9. 刘家明.多边公共平台战略模式研究[M].北京:中国社会科学出版社,2018.
10. 朱晓明.走向数字经济[M].上海:上海交通大学出版社,2018.
11. 刘志敏.大平台+:走向产教融合2.0[M].北京:中国财政经济出版社,2019.
12. 赵昌文,等.平台经济的发展与规制研究[M].北京:中国发展出版社,2019.
13. 倪渊,张健.网络平台环境下数据、内容、服务以及技术资源价值评估及定价[M].北京:经济管理出版社,2020.
14. 曹佳.平台经济、就业与劳动用工[M].北京:研究出版社,2020.
15. IBM商业价值研究院.平台经济:后疫情时代,获得更大生存空间[M].北京:东方出版社,2020.
16. 胡煜,罗欣伟,王丹.数字革命:新时代的产业转型逻辑[M].北京:电子工业出版社,2020.
17. 于凤霞.平台经济:新商业 新动能 新监管[M].北京:电子工业出版社,2020.
18. 汪存富.开放创新和平台经济:IT及互联网产业商业模式创新之道[M].北京:电子工业出版社,2021.
19. 经济学家圈.十四五与双循环:17位一线经济学家深度解读新发展格局[M].北京:中国广播影视出版社,2021.
20. 温铁军,等.全球化与国家竞争:新兴七国比较研究[M].北京:东方出版社 2021年
21. 迈克尔·波特.竞争优势[M].陈小悦,译.北京:华夏出版社,2005.
22. 詹姆斯·韦伯斯特.注意力市场:如何吸引数字时代的受众[M].郭石磊,译.北京:中国人民大学出版社,2017.
23. 亚德里安·J.斯莱沃斯基等.发现利润区[M].凌晓东,等译.北京:中信出版社,2000.
24. 大卫·波维特,约瑟夫·玛撒·R.,柯克·克雷莫.价值网[M].钟伟俊,钟德强等译,北京:人民邮电出版社,2001.
25. 金帆,张雪.从价值链到价值生态系统:云经济时代的产业组织[M].北京:经济管理出版社,2019.
26. C.K.普拉哈拉德,文卡特·拉马斯瓦米.消费者王朝——与顾客共创价值[M].王永贵译,北京:机械工业出版社,2005.
27. 李朝辉.顾客参与虚拟品牌社区价值共创研究[M].北京:中国社会科学出版社,2014.
28. 梅明丽.传媒制度分析和战略重构[M].上海:上海世纪出版社,2011.
29. 陶东风.粉丝文化读本[M].北京:北京大学出版社,2009.
30. 周永亮.价值链重构:突破企业成长的关口[M].北京:机械工业出版社,2016.

31. 朱建良,王鹏欣,傅智建.场景革命:万物互联时代的商业新格局[M].北京:中国铁道出版社,2016.
32. 杰奥弗雷·G.帕克,马歇尔·W.范·埃尔斯泰恩,桑基特·保罗·邱达利.平台革命:改变世界的商业模式[M].志鹏,译.北京:机械工业出版社,2017.
33. 迈克尔·J.马奎特.创建学习型组织5要素[M].邱昭良译,机械工业出版社,2003.

三、中文期刊

1. 习近平.加快推动媒体融合发展　构建全媒体传播格局[J].求是,2019(3).
2. 陈昌凤,杨依军.意识形态安全与党管媒体原则——中国媒体融合政策之形成与体系建构[J].现代传播(中国传媒大学学报),2015,37(11).
3. 陈昌凤.新闻客户端:信息聚合或信息挖掘——从"澎湃新闻"、纽约客的实践说起[J].新闻与写作,2014(9).
4. 陈昌凤,朱小妮,黄雅兰.2014年国内新媒体研究综述[J].全球传媒学刊,2015,2(1).
5. 程惠芬.媒介融合下的新闻客户端之争[J].新闻战线,2014(11).
6. 陈国权.中国媒体"中央厨房"发展报告[J].新闻记者,2018(1).
7. 陈国权.中国县级融媒体中心改革发展报告[J].现代传播(中国传媒大学学报),2019,41(04).
8. 陈玉林.人民日报"中央厨房"的打造与运行[J].传媒,2017(14).
9. 陈玲.基于平台理论的市场平台组织体系及其构建[J].求索,2010(9).
10. 李亚涛.传统出版与新媒体融合发展路径研究[J].新闻文化建设,2023(8).
11. 丁柏铨.后疫情时代的新闻舆论工作与社会治理[J].新闻爱好者,2021(5).
12. 丁新科.澳大利亚媒体融合实践的借鉴意义[J].新闻前哨,2017(8).
13. 段鹏.试论我国智能全媒体传播体系建设的实践路径:内容、框架与模式[J].现代出版,2020(3).
14. 段峰峰,肖沛雯.县级融媒体中心"四全"媒体建设探析——以湖南省为例[J].青年记者,2020(14).
15. 董天策,魏小津.5G时代媒体融合的机遇与路径——第十四届中国传媒年会5G与媒体融合分论坛综述[J].传媒,2019(22).
16. 戴婷,张亮.论现场云对广播人媒体融合的助力[J].广播电视信息,2020,27(9).
17. 方提,尹韵公.习近平的"四全媒体"论探析[J].马克思主义研究,2019(10).
18. 范以锦."中央厨房"产品不是终极产品[J].新闻与写作,2016(3).
19. 高良谋,张一进.平台理论的演进与启示[J].中国科技论坛,2018(1).
20. 郭全中."中央厨房"的扬弃与完善[J].新闻爱好者,2018(2).
21. 国秋华,刘畅.传统媒体的镜像能力与虚拟价值链的建构[J].现代传播(中国传媒大学学报),2018,40(9).
22. 国秋华,程夏.移动互联时代品牌传播的场景革命[J].安徽大学学报(哲学社会科学版),2019,43(1).
23. 国秋华.智取未来:智媒时代新闻传播人才的能力培养[J].中国编辑,2019(09).
24. 国秋华,陈乐.多边"下沉"中县级融媒体中心建设的问题与对策[J].中国编辑,2020(11).
25. 葛明驷.媒介融合要求规制融合:中国传媒业特殊管理股制度分析[J].科技与出版,2017(8).

26. 黄楚新,王丹.2014—2015中国媒体融合发展状况、问题与趋势[J].现代传播(中国传媒大学学报),2016,38(5).

27. 黄楚新,彭韵佳.2017年中国媒体融合发展报告[J].现代传播(中国传媒大学学报),2018,40(4).

28. 黄楚新,文传君.2019年媒体融合研究热点综述[J].媒体融合新观察,2020(3).

29. 黄楚新,许可.2021传媒业:破局突围 智慧发展[J].中国报业,2021(9).

30. 黄雪娇.中部地区县级融媒体发展的创新路径研究——以2018年中部六省经济十强县为样本[J].出版发行研究,2019(4).

31. 贺大为.迈向全程、全息、全员、全效:现场云的媒体融合实践[J].中国记者,2019(2).

32. 韩鸿,丁继楠.县级融媒体中心建设面临的问题与破局方向[J].电视研究,2019(5).

33. 韩婧.智媒体时代"中央厨房"转型路径探析[J].新闻研究导刊,2021,12(1).

34. 胡正荣.媒体融合向纵深发展的抓手[J].广播电视信息,2020,27(10).

35. 胡正荣.完善推进四级融合布局 加速全媒体传播体系建设[J].广播电视信息,2020,27(11).

36. 胡正荣.2021年深化县级融媒体改革的新任务和新挑战[J].现代视听,2020(12).

37. 胡泳,周庆华.马航事件中网络媒体的表现与反思[J].新闻战线,2014(5).

38. 郝萍.试论人工智能在构建"四全"媒体中的作用[J].新闻前哨,2019(12).

39. 何瑛,胡翼青.从"编辑部生产"到"中央厨房":当代新闻生产的再思考[J].新闻记者,2017(8).

40. 芦红,吕庆华.冲突管理:研究动态与展望[J].广西财经学院学报,2009,22(2).

41. 何福安.县级融媒体:打通疫情防控舆论引导最后一公里[J].中国记者,2020(4).

42. 刘滢.配合、竞合与融合——国外媒体融合的探索和尝试[J].对外传播,2014(12).

43. 刘滢."联合编辑部":国外媒体组织机构融合新趋势[J].中国记者,2014(10).

44. 刘守华.媒体融合,我们无法克隆国外模式[J].传媒观察,2014(9).

45. 刘珊,黄升民.解读中国式媒体融合[J].现代传播(中国传媒大学学报),2015,37(07).

46. 刘燕南.数字时代的受众分析——注意力市场的解读与思考[J].国际新闻界,2017,39(3).

47. 刘娅蒙.5G时代的媒介融合与县级融媒体中心建设发展——中广联合会西部学术基地、中国传媒经济2019年年会综述[J].西部广播电视,2019(24).

48. 刘芳儒,范以锦.融入与延伸:商业平台在全媒体传播体系建设中的属性与功能[J].当代传播,2020(2).

49. 吕岩梅,朱新梅,关宇奇.媒体融合背景下国外视听新媒体产业创新和政策创新研究[J].现代传播(中国传媒大学学报),2015,37(1).

50. 李彪."互联网+"时代传统媒体融合转型的做点[J].编辑之友,2015(11).

51. 李彪.媒体融合背景下的传媒集团融合转型路径及趋势分析[J].南京政治学院学报,2015,31(4).

52. 李彪,陈璐瑶.传媒微信:现状、问题及对策[J].新闻战线,2014(3).

53. 李彪.县级融媒体中心建设:发展模式、关键环节与路径选择[J].编辑之友,2019(3).

54. 李俊.用声音致敬新时代——新华社"30亿级"互动产品是如何炼成的[J].中国记者,2017(11).

55. 罗兴武,林芝易,刘洋等.平台研究:前沿演进与理论框架——基于CiteSpace V知识图谱分析[J].科技进步与对策,2020,37(22).

56. 罗曼. 中央厨房新闻生产模式对新闻品质的影响及其优化对策[J]. 湖北师范大学学报(哲学社会科学版),2021,41(1).
57. 梁波."津云"中央厨房运营探索与实践[J]. 中国广播电视学刊,2018(2).
58. 罗兴武,林芝易,刘洋等. 平台研究:前沿演进与理论框架——基于 CiteSpace V 知识图谱分析[J]. 科技进步与对策,2020,37(22).
59. 马艳,蔡民强,王宝珠等. 互联网空间的虚拟价值理论分析[J]. 广义虚拟经济研究,2016,7(1).
60. 马宪颖. 县级融媒体中心的"破"与"立"——以北京市大兴区融媒体中心为例[J]. 新闻战线,2020(1).
61. 宁黎黎,吕晓虹,张涛. 本刊融媒调研系列:县级融媒体中心建设的甘肃模式——甘肃省玉门、敦煌两地融媒体建设之路[J]. 中国广播,2019(8).
62. 彭兰. 移动化、社交化、智能化:传统媒体转型的三大路径[J]. 新闻界,2018(1).
63. 钱浩然."全程媒体"新闻报道的时代变化——以新华社"现场云"为例[J]. 传媒,2019(18).
64. 冉华,钟娅. 平台经济理论在传媒领域的应用与讨论[J]. 传媒,2018(21).
65. 苏涛,彭兰."智媒"时代的消融与重塑——2017 年新媒体研究综述[J]. 国际新闻界,2018,40(1).
66. 苏俊斌,王淑仰. 新时代·新媒体·新丝路——2019 中国新媒体传播学年会综述[J]. 新闻战线,2019(24).
67. 宋素红. 数据新闻:对传统新闻的完胜?[J]. 中国记者,2014(8).
68. 宋建武,黄淼,陈璐颖. 平台化:主流媒体深度融合的基石[J]. 新闻与写作,2017(10).
69. 宋建武,陈璐颖. 建设区域性生态级媒体平台——打造新型主流媒体的路径探索[J]. 新闻与写作,2016(1).
70. 宋建武,乔羽. 建设县级融媒体中心 打造治国理政新平台[J]. 新闻战线,2018(23).
71. 宋建武,黄淼,陈璐颖. 平台化:主流媒体深度融合的基石[J]. 新闻与写作,2017(10).
72. 王君超,张焱. 中央厨房的创新模式与传播生态重构[J]. 中国报业,2019(15).
73. 沙垚. 审时度势谋发展 媒体融合纵深行——县级媒体融合发展与加强基层主流舆论阵地建设论坛会议综述[J]. 新闻与写作,2018(09).
74. 唐绪军,黄楚新,刘瑞生. 微传播:正在兴起的主流传播——微传播的现状、特征及意义[J]. 新闻与写作,2014(9).
75. 唐维灿. 坚持新兴技术创新融合 加速区域融媒体中心建设——基于 2019 年我国区域融媒体中心发展[J]. 出版广角,2020(13).
76. 陶喜红,周也馨. 生态位理论视角下平台型媒体价值链生成逻辑[J]. 中国编辑,2021(7).
77. 文晶. 技术赋能、人才赋能、渠道赋能、营收赋能——新华社现场云探索县级融媒体中心建设的实践路径[J]. 新闻战线,2020(1).
78. 韦长伟. 冲突管理取向:应急性与常规性的结合[J]. 理论探索,2011(3).
79. 魏然,黄冠雄. 美英媒体融合现状与评析[J]. 社会科学文摘,2016(2).
80. 王强."数码受众"与"数字叙述":新媒体叙述范式的建构[J]. 当代文坛,2017(5).
81. 王晓伟,薛雅敏."融"出来的长兴模式[J]. 新闻战线,2018(23).
82. 王菲,樊向宇. 回顾与反思:中国媒体融合研究十五年(2005—2019)[J]. 当代传播,2020(5).

83. 叶蓁蓁. "互联网+"巨变刚刚开始——从中央厨房的建设理念谈起[J]. 中国编辑,2017(9).
84. 叶蓁蓁. 媒体中央厨房存在什么问题[J]. 青年记者,2017(21).
85. 喻国明. 大数据方法:新闻传播理论与实践的范式创新[J]. 新闻与写作,2014(12).
86. 喻国明,焦建,张鑫. "平台型媒体"的缘起、理论与操作关键[J]. 中国人民大学学报,2015,29(6).
87. 喻国明,赵睿. 媒体可供性视角下"四全媒体"产业格局与增长空间[J]. 学术界,2019(7).
88. 喻国明. 推进媒体深度融合需要解决的三个关键问题[J]. 教育传媒研究,2021(1).
89. 喻国明. 新型主流媒体:不做平台型媒体做什么?——关于媒体融合实践中一个顶级问题的探讨[J]. 编辑之友,2021(5).
90. 殷琦. 制播分离背景下的广电机构治理结构改革及其创新路径[J]. 现代传播(中国传媒大学学报),2012,34(5).
91. 谢新洲,黄杨. 我国县级融媒体建设的现状与问题[J]. 中国记者,2018(10).
92. 杨西梅. 探讨新媒体时代下传统广播电视与新媒体融合发展[J]. 中国传媒科技,2020(1).
93. 杨振武. 用好中央厨房机制 再造党报传播优势[J]. 中国报业,2017(1).
94. 杨学成,陶晓波. 从实体价值链、价值矩阵到柔性价值网——以小米公司的社会化价值共创为例[J]. 管理评论,2015,27(7).
95. 严三九. 中国传统媒体与新兴媒体融合发展的现状、问题与创新路径[J]. 华东师范大学学报(哲学社会科学版),2018,50(1).
96. 叶秀敏. 平台经济的特点分析[J]. 河北师范大学学报(哲学社会科学版),2016,39(2).
97. 曾培伦,朱春阳. "如何来用"到"用来如何":中央厨房的"载体化"实践改造面向[J]. 新闻界,2018(8).
98. 朱春阳. 县级融媒体中心建设:经验坐标、发展机遇与路径创新[J]. 新闻界,2018(9).
99. 朱鸿军. 颠覆性创新:大型传统媒体的融媒转型[J]. 现代传播(中国传媒大学学报),2019,41(8).
100. 朱鸿军. 走出结构性困境:媒体融合深层次路径探寻的一种思路[J]. 新闻记者,2019(3).
101. 张向东. 试论中国传媒业的几种体制形态——兼论特殊管理股制度以及管理层持股[J]. 新闻记者,2014(12).
102. 张志安,姚尧. 平台媒体的类型、演进逻辑和发展趋势[J]. 新闻与写作,2018(12).
103. 张志安,陈席元,章震. 2015中国报业媒体融合发展年度报告[J]. 传媒,2016(5).
104. 张天培. 走出"中央厨房"三大认识误区[J]. 中国报业,2017(13).
105. 张建. 中央厨房模式下纸媒转型路径分析[J]. 中国报业,2020(13).
106. 张路曦. 我国媒体融合的新模式、新问题与新趋势[J]. 上海大学学报(社会科学版),2020,37(3).
107. 张淑玲. 原生代平台型媒体的"去平台"转向——《赫芬顿邮报》的衰变及对我国媒体平台化转型的思考[J]. 中国出版,2021(10).
108. 张明立,叶建华,王伟. 基于参与角色的虚拟价值共创分析——以"中国好声音"为例[J]. 广义虚拟经济研究,2015,6(1).
109. 深化报刊体制改革必须解放思想突破难点——访新闻出版总署报刊司司长余昌祥[J]. 传媒,2008(8).

四、外文文献

1. JEFFREY F, RAYPORT, JOHN J, SVIOKLA. Exploiting the Virtual Value Chain [J]. Harvard business review, 1995(9).
2. STANLEY A C, ALGERT E N. An exploratory study of the conflict management styles of department heads in a research university setting [J]. Innovative higher education, 2007,32(1).
3. ROCHET J C, TIROLE J. Platform competition in two-sided markets [J]. Journal of the european economic association, 2003,1(4).
4. PARKER G G, VAN ALSTYNE M W. Two-sided network effects: a theory of information product design [J]. Management science, 2005,51(10).
5. STANLEY A C, ALGERT E N. An exploratory study of the conflict management styles of department heads in a research university setting [J]. Innovative higher education, 2007,32(1).